王阳明和他的对手们

肖公子 著

天津出版传媒集团
天津人民出版社

图书在版编目（CIP）数据

王阳明和他的对手们 / 肖公子著 . -- 天津 : 天津人民出版社 , 2018.6
ISBN 978-7-201-13338-6

Ⅰ . ①王… Ⅱ . ①肖… Ⅲ . ①王守仁（1472–1528）–传记 Ⅳ . ① B248.2

中国版本图书馆 CIP 数据核字 (2018) 第 084717 号

王阳明和他的对手们

WANGYANGMING HE TADE DUISHOUMEN

出　　版　天津人民出版社
出 版 人　黄　沛
地　　址　天津市和平区西康路 35 号康岳大厦
邮政编码　300051
邮购电话　（022）23332469
网　　址　http://www.tjrmcbs.com
电子邮箱　tjrmcbs@126.com

责任编辑　赵　艺
装帧设计　覃一彪

制版印刷　三河市金元印装有限公司
经　　销　新华书店
开　　本　710 × 1000 毫米　1/16
印　　张　18.5
字　　数　230 千字
版次印次　2018 年 6 月第 1 版　2018 年 6 月第 1 次印刷
定　　价　45.00 元

目录

第一章 攻心为上

（一）

公元1506年，正德元年，一个寒冷的冬日。

三十五岁的刑部主事王阳明由一群侍卫和太监押着，被绑赴到了紫禁城午门之外的御道东侧。

午门是紫禁城的正门，位于紫禁城南北轴线，通高37.95米，因该门居中向阳，位当子午，故名午门[①]。

古代，午门可以说是帝国最重要的政治场所之一，其重要性一点儿也不亚于今天的天安门。

而1506年那个冬日的午门不同于国之大典时的午门，有的只是寒风与肃杀。

王阳明被押赴到位后，廷杖行刑即刻开始。

负责监刑的司礼监太监高坐正中，来自刑部等部门的其他政府官员则陪

---

① 午门的东西北三面城台相连。北面门楼，面阔九间，重檐黄瓦庑殿顶。威严的午门，宛如三峦环抱，五峰突起，气势雄伟，故俗称五凤楼。

午门前有端门、天安门（皇城正门，明代称承天门）、大清门（明代称大明门），其后有太和门（明代称奉天门，后改称皇极门）。午门有五个门洞，当中的正门平时只有皇帝才能出入；皇帝大婚时，皇后可以进一次；殿试考中状元、榜眼、探花的三人可以从此门走出一次。

每年腊月初一，要在午门举行颁布次年历书的“颁朔”典礼。明清两代，遇有重大战争，大军凯旋，要在午门举行向皇帝敬献战俘的“献俘礼”。

坐两旁。

左边站小太监三十人；右边站锦衣卫三十人；后边站行刑狱吏百余人，手执木棍。

监刑太监向王阳明宣读了正德皇帝的诏书，或许那诏书皇帝根本就没有看过，只是大权臣、大太监刘瑾自己写的。刘瑾假天子之名，便可掌握至高无上的权力。

诏书上说，对王阳明“廷杖四十”！

宣诏完毕，王阳明叩头谢恩。

行刑狱吏扑将上来，将王阳明摁倒在地，用麻布把他从肩膀以下绑住，使他不能转身。再把他双足用绳索绑住，由壮士四方牵拽握定，然后扒去衣裤，在寒风中，露出臀部和腿部，接受廷杖。

先由军校打三下，作为开场。

然后上百名军士一边吆喝壮威，一边轮流执杖施刑。

“一、二、三……四十！”

打完，再用厚布将王阳明裹起，几个壮士一齐用力，将王阳明抛起，掷到地上。

在午门这个大明帝国最具威严的地方，对你施与兼具精神侮辱和肉体毁灭的责罚，这就是廷杖。

饱读经史子集的王阳明当然知道廷杖的厉害。说起来廷杖制度倒也是源远流长，堪为“国粹”。早在东汉时期就有过廷杖的记录，《后汉纪》曰：“明帝时，政事严峻，故卿皆鞭杖。”

按照汉代官职，九卿那都是部长级别以上的高官，动不动就会被汉明帝在朝堂上直接鞭刑了，什么“刑不上大夫”，皇帝老子一发怒谁都不能幸免！

到了隋唐时代也偶有廷杖的记录，但多出于惩戒、警示目的，远没有明代搞得那样惊心动魄、那样惨烈。

明朝一开国就把廷杖制度升华到了极其血腥的地步，开国元勋永嘉侯朱亮祖那可是战功赫赫的人物，最早是元朝的军官，英勇善战，与明军作战时，竟然击伤过朱元璋手下头号悍将常遇春，杀得明军众将无人敢上前，可谓是战斗力爆表的人物。后来朱亮祖归顺了朱元璋，多年征战，战鄱阳、下南昌、取广西、进四川，功劳无数，被授为开国辅运推诚宣力武臣、荣禄大夫、柱国，封永嘉侯，食禄一千五百石，获赐铁券，子孙世袭。当时，明太祖朱元璋钦定功臣三十四位，其中朱亮祖名列第二十七。

但就是这样一位功臣，因为作威作福、违法乱纪、诬告他人，被朱元璋召到北京，把他和他儿子一起鞭死了。

有了祖宗这样的暴虐事迹做例子，后面的明朝帝王也是有样学样。景泰帝时已有臣下被杖死的记录，当时监察御史钟同上疏请复立沂王为储君而被杖死，大理寺少卿廖庄上疏复立沂王也获杖八十。

不过，这廷杖的“操控尺度”非常大，可以说能让你欲生则生、欲死则死。行刑时，监刑的司礼监太监会吩咐“着实打”或者“用心打”，被“着实打”的，一般不死则残，轻者也要半年才能伤愈；被“用心打”的，一般绝无生还之理。有时候司礼太监甚至连话都不用说，就能用暗示决断受刑者的生死。行刑狱吏只看监杖的司礼太监的两双靴尖，如果靴尖向外呈八字形，那么他们还不至于将人打死；若靴尖向内一收，受刑者就休想活命了。

为了打出欲生则生、欲死则死的效果，行刑狱吏都受过特别训练，廷杖技术纯熟者在砖头的上面盖一张纸，一顿廷杖下去，可以将砖头打碎，而纸一点儿都不破。打出来的效果可以做到有时候看起来很重，血肉横飞，但受伤较轻，痛苦也较轻，敷上几天金疮药就可以下床了；有时候看起来很轻，皮肤也不破，但痛彻心扉，只三四十杖，静脉血管就会寸寸切断，全部肌肉组织溃烂，不死也残。

明代，廷杖是满朝文武闻之色变的残酷刑罚。到了成化帝时，廷杖渐多，一名御史就因谏万贵妃干政被廷杖几毙。但在成化帝以前，朝臣们被打屁股时还可以不去衣，有的还能垫个厚棉花垫子，即使如此，然犹卧床数月，而后得愈。

到了刘瑾弄权的时候，你还想不去衣？始启去衣受杖之端。

明史记载过其中最著名的两次廷杖大案：正德十六年（1521 年），为谏止南巡，廷杖舒芬、黄巩等一百四十六人，被杖死者十一人；嘉靖三年（1524 年），二百多名重臣遭到“廷杖”，被杖死者十七人。

天天关心朝廷动向，能直言进谏的王阳明当然知道，为了参倒刘瑾，已经有几十位大臣被处以廷杖之刑；王阳明也知道现在的廷杖更加惨烈——已经去衣受刑；王阳明更知道给事中御史戴铣、御史蒋钦已经死于廷杖之下。但王阳明还是来了，无惧廷杖的淫威，走上历史的核心舞台。

在挨廷杖之前，王阳明先在锦衣卫的监狱，也就是臭名昭著的诏狱里关了一段时间。直言上书是一回事，但等到真被扔到冰冷、阴暗的监狱里，那就是完全不同的心理震慑了。隔壁动不动就是受刑者的惨叫哀号，眼前都是不成人形的悲惨狱友，这样的监狱进来后，谁能不害怕啊？入狱之后，王阳明也有过恐惧，他也在狱中提笔写过“幽室魍魉生，不寐知夜永”。满眼看过去都是魑魅魍魉、妖魔鬼怪，晚上根本睡不着，只觉得长夜漫漫无穷尽。

就在那些漫漫无穷的不眠之夜，“滔滔眼前事，逝者去相踵”。身边接连不断，又有人死了被拖出去，而自己的人生是否也即将要画上终止符了呢？

在这种阴暗无边的压力下，估计王阳明也曾强迫自己转移过注意力。是啊，自古圣贤哪有不经历磨难的？

孟子曰：“舜发于畎亩之中，傅说举于版筑之间，胶鬲举于鱼盐之中，管夷吾举于士，孙叔敖举于海，百里奚举于市。故天将降大任于斯人也，必先苦其心志，劳其筋骨，饿其体肤，空乏其身，行拂乱其所为，所以动心忍性，曾益其所不能。”周文王曾经被商纣王监禁七年，但周文王没有胆怯、没有灰心，而是在监狱中继续研究《易经》，在艰难困苦中，周文王鼓励自己“天行健，君子以自强不息”。古圣人可以，自己不可以吗？于是在监狱中，王阳明开始将注意力转移到思索《易经》的微言大义上，“瞑坐玩义易，洗心见微奥”。

尽管要求自己坚强、要求自己效法圣人，但他也曾有过午夜徘徊、对月浩叹。“屋罅见明月，还见地上霜。客子夜中起，旁皇涕沾裳。匪为严霜苦，悲此明月光。月光如流水，徘徊照高堂。”自然，难以抑制的还有对家的思念，对亲人的思念，“思家有泪仍多病”。

在狱中，王阳明也有过对自己宦海生涯的反思，“报主无能合远投”。入狱前，王阳明与妻子已经婚配多年，感情深厚，此时对妻子的相思爱怜之情溢于言表，“宁知幽室妇，中夜独愁叹！”

真可谓祸不单行，他们夫妻结婚多年来一直没有孩子，入狱前妻子刚刚怀上了孩子，三十多岁才有望有子，这在古人里面绝对是超级晚育了，其殷切之情、期望之重可想而知。但就在王阳明入狱的时候，他的妻子因为受不了这个刺激，流产了，王阳明与其正妻此后终其一生也再未有过孩子，为此王阳明在狱中泪水长流，“萧条念宗祀，泪下长如霰”。午夜徘徊，真要问问自己，这一切值得吗？

但被监禁了几个月后，王阳明没有认错、没有摇尾乞怜，在思家、思妻、思己的情绪中，在胆怯与自励的天人交战中，王阳明迎来了惨烈的午门廷杖。

王阳明此时不过是刑部主事，在各部司官中是最低的一级，官阶正六品，又是得罪了当权的大太监刘瑾，在廷杖之下本无生理。但王阳明的父亲王华此时正担任礼部左侍郎之职，那也是朝廷中从二品的大员，更加上王华也是大明成化朝状元出身，为官多年，在朝中也是颇有几分声誉。在王阳明廷杖事件中，尽管史无明载、查无实据，但可以推测行刑人员多少还是给了从二品大员、左侍郎王华几分薄面。王阳明虽被打得血肉模糊，许久下不了床，但他还是挺过了这四十廷杖，留得一命，也未曾留下什么残疾。翻遍史料，除了入狱时的十四首诗外，再也没有找到王阳明对受廷杖之刑时的回忆与记录，去衣的羞辱、廷杖的剧痛、养伤的煎熬，都一字未提。但就于这无声处，中国思想史中可听惊雷，如果没有此番历练，王阳明终究还是一个沉浸在书本上的文人。

挨过廷杖后，王阳明还将被发配到离北京近五千里远的贵州龙场当驿丞。

贵州龙场本已是大明帝国最为荒僻的区域，那驿丞不过是负责掌管驿站中仪仗、车马、迎送之事的微末官吏，在大明官员十八级职级体系里连品级都不入。

王阳明经此廷杖后，等于从中央六品官员（时年三十五岁），一步滑落成偏远地区的微末小吏；从前途无量的状元之子，一步滑落成了被贬的罪臣，从此远离大明政治中心北京这个大舞台。

虽经历了种种恐惧与痛苦，但王阳明的弘毅之气更加蓬勃，在告别狱友时，王阳明还是顽强地写道："行藏未可期，明当与君别。愿言无诡随，努力从前哲！"不管怎样，还是要追随前哲，为天地立心，为百姓立命。

（二）

让王阳明遭此大难的人就是明朝最显赫的大太监刘瑾，刘瑾活了六十岁，这位权倾一时的人物，最后被千刀万剐，死于北京菜市口。

刘瑾生命里的前五十四年，在《明史》里就只有两句话。第一句讲了刘瑾的出身：陕西兴平人，本姓谈，六岁时被太监刘顺收养，后净身入宫当了太监，从此改姓刘。由此不难想象，刘瑾出自一个非常贫困的家庭，以至于穷得要把孩子送给太监收养，而在刘太监的指引下，刘瑾也成了太监。

《明史》第二句话记载了他漫长的几十年太监生涯里的唯一一件事：弘治年间犯了罪，依法当被处死，后得赦免，其后得以在东宫侍奉后来的正德帝。

五十四年的时光，就只有这两句话，这充分说明了刘瑾生命中前五十四年的无足轻重与卑微，但这两句话背后隐含的信息量是巨大的。

人们在关注、研究一个人时，往往总关注他成功的那一刻，看他光鲜亮丽的时候，看他的掌权岁月、黄金时代。其实生命是均衡的，在人的生命里没有一分一秒是轻易度过的，没有低潮的积累与蓄势，就不会衬托出高潮的蓬勃与力量，这五十四年的空白反衬到刘瑾当权后，别有一种恐怖感。人们关注刘瑾，往往着力于他当权后的跋扈与嚣张，着力于刘瑾的权倾天下，着力于刘瑾通过贪污获得的惊人财富，但这空白的前五十四年的人生路其实已经铺垫好了他的归宿。

一个无文化、少教育，从小到大、到老，都只在奴才堆里厮混的人，突然有一天会爬到一人之下、万人之上的高位，负责治理整个国家。放在当代政治里这几乎是不可想象的荒谬，理智的人谁会相信这个荒诞的故事会成真。

在一个正常的社会里，职业官僚需要多少年的培训磨炼才能走上重要岗位？按照明清官制，对官员们三年进行一次常规考核，如以正七品县令作为官场起点，如果一切顺利、每次考核都能顺利升迁的话，最快需要二十七年，可以升到从二品级别，获得中央政策的参与制定权。如果期间出现一些波折、遇到一些挫折，几次考核不过关、升迁无望，那就终生无望参与帝国大政。这种极其漫长、穷尽一生的官员升迁体系是非常残酷的，但正是这种极其残酷的竞争体系，让最终通过这一体系升迁到顶端的大员们个个成为经验丰富、智力超群之辈。任何时候，治国平天下对当政者的智力和经验、管理能力都是一个巨大的挑战，而官僚系统正是常态社会里，选拔出合适人才的最有效途径。

刘瑾就因为伺候了正德帝，才爬到了执掌帝国大政的位置上。我们先抛开道德层面的质疑，仅从能力方面来看，可以想象刘瑾会是怎样的肆无忌惮和缺乏经验。刘瑾做了四五十年的奴才，突然一步登天、凌驾于六部三公之上，对朝政指手画脚，可以想象，这会在朝堂之上、江湖之中引发多么巨大的反响。这就是典型的才不配位。

这一问题倒不能只归咎于刘瑾个人，有明一代，刘瑾之前就有大太监王振、汪直，刘瑾之后有大太监魏忠贤……在明代之前，汉唐各朝的阉祸也是源远流长。但比较而言，明帝国的阉党为祸之烈，在历朝也是罕见的，因为汉唐时代还都有当朝丞相作为文官领袖，以相权与帝权相制衡，但大明帝国从开国皇帝朱元璋起就废掉了丞相制度，文官们只能以阁臣的身份辅政，帝权得到了极大提升，文官集团的权力有所收缩。所谓权宦无不是假借帝权干政，帝权的无制约提升，自然为宦官干政火上加油。这也使得大明帝国的文官集团从开国到亡国，一直与宦官当权不是妥协投降，就是做着坚决的抵抗，宦官集团与文官集团始终难以达成一个和谐的局面，大明时代仅有如遇到冯保那样相对明理的太监，尚可以与重臣张居正形成稳定的权力协作，而遇到刘瑾、魏忠贤之辈，文官集团往往毫无还手之力，只能“人为刀俎，我为鱼肉”。

值得注意的是，尽管宦官们依托与皇帝的亲密关系飞黄腾达，尽管宦官们看起来气焰滔天，文官们看似处于下风，但有着精密组织的官僚系统、有着高超学识的文官集团，可以用持久的耐心和帝国那无穷尽的事务与宦官对抗。皇帝的恩宠总是会减少的，老皇帝总是会死去的，新皇帝总是会登基的，皇帝的恩宠总会过去，所以毫无例外，这些权宦虽然都曾显赫一时，但最后都失败了，失败后重新换了新的太监慢慢爬升。如同他的前辈与后继者，刘瑾的失败本身就是命中注定的，是一个大概率事件。

尽管轨迹是注定的，但让刘瑾失败的过程却是如此艰难。在刘瑾当政的六年时间里，他通过贪污受贿成为当时的首富；在他当政的六年时间里，他以滔天权势，让明朝的整个文官系统付出了惨痛的代价。

（三）

刘瑾登上历史舞台的前奏是这样的……

公元 1505 年，即大明弘治十八年，大明中兴之主、弘治帝朱祐樘驾崩于乾清宫，年仅三十六岁。

弘治帝的皇后姓张，名字已不可考。这张皇后是兴济（今河北沧州市北）人。按照明代中期以后选后的制度，皇后一般都出身于平民之家。张氏的父亲张峦，原只是一个秀才，以乡贡的名义进入国子监，也就是说从地方学校保送进了国立最高学府读书，成为国子监生。

弘治帝和张皇后的感情非常好，好得足以称为模范夫妻。

明太祖朱元璋开国定制的时候，为了防范后代儿孙们沉迷女色，制定了一套非常反人性的制度，那就是皇帝和皇后、妃子们不能过夜。如果皇帝想要哪个妃子侍寝了就由太监去传旨，宣旨后，太监就在这位妃子的宫里等着，这个时候，妃子要全身沐浴，待沐浴完毕，则有太监将妃子全身用毯子裹住，背往皇帝那里。

妃子到后，太监就会在皇帝的寝宫外面等着，估计时间差不多了，太监就会在外面呼叫，提醒皇上时间到了，要皇帝爱惜身体，不要太过劳神。然后太监们会把妃子接走，留下皇帝独自等待天亮。

随后，太监还会询问皇帝这龙种留还是不留，就是问皇帝想不想这个妃子生小孩儿，如果是留，太监就会在一个本子上登记何时何地哪个妃子被皇帝宠幸，方便有了身孕后查询。如果不留，太监就会给这位妃子吃避孕的东西。

可以想象一下皇帝的这种生活，也是非常无趣的，窗外永远站着几个人，时不时得喊一嗓子：注意身体。

但到了弘治帝和张皇后这儿，弘治帝做了大胆的突破，按野史记载，“旧制，帝与后无通宵宿者，预幸方召之。幸后，中人前后执火炬拥后以回，云避寒气。惟孝庙最宠爱敬皇后，遂淹宿若民间夫妇。”意思就是其他皇帝皇后都是不在一起过夜的，只有弘治帝和张皇后竟然可以像民间夫妻那样，通宵而眠。

由于弘治帝一生只宠爱张皇后，而张皇后只为其生了两个儿子，次子朱厚炜早夭，因此老大朱厚照，也就是后来的正德帝，自小就被视为掌上明珠，两岁时即被立为皇太子。

也正是因为弘治帝非常宠爱张皇后，张家人可谓气焰冲天，势倾朝野。皇后的弟弟张鹤龄继承担任寿宁伯，后来也升寿宁侯、昌国公，另一个弟弟张延龄为建昌伯、建昌侯。两位国舅爷横行无忌，把进出皇宫当作走亲戚一样，非常随意，纵容手下奴仆抢夺庄田，草菅人命，以至于家奴上街群殴，招纳无赖，为非作歹，非常骄横。

诸多重臣都对弘治帝提过两位国舅的行为，但在皇后的维护下，两位国舅一直平安无事。

尽管历史中没有记载张皇后是如何教育儿子的，从张皇后对两个弟弟的纵容就可以看出她的行事风格，对弟弟都如此放纵，可以想象那对自己的独子朱厚照更是得宠爱到天上去了。为什么朱厚照后来成为皇帝后会搞出那样多横行无忌的事情？张皇后对他的放纵宠溺必是根源。

弘治帝在弥留之际召内阁重臣刘健、李东阳、谢迁等入乾清宫接受顾命，命传位于皇太子朱厚照，并叮嘱诸位大臣说："太子人很聪明，但是年龄还小，又好逸乐，诸卿要好好辅佐他，使他担当起大任，朕死也瞑目了。"

最后他给太子朱厚照的嘱咐是"任用贤臣"。

对专制国家来说，皇帝的驾崩永远都是最危险的时刻，因为你不知道接班的那位是怎样的一种做派。

公元 1505 年五月，北京已是暮春时节，春暖花开。

十五岁的少年朱厚照在太监的引导下，坐到了奉天门专设的御座之上。

钦天监设定时鼓，尚宝司设宝案，教坊司设中和韶乐，但那韶乐只供陈设之用，设而不奏。当天早上，已经派遣官员祭告了天地宗社，朱厚照也身穿孝服完成了祭祀礼仪，此时需要丞相率百官以下及都民耆老，拜贺舞蹈，呼万岁者三。

到钦天监算定的吉时之后，钟鼓齐鸣，朱厚照换好了皇帝衮冕，这帝冕前圆后方，玄表纁里；前后各十二旒，每一旒用玉十二块，珠五颗。整个帝冕用玉二百八十八块，用珍珠一百二十颗。帝衮则是百姓常说的龙袍，为玄衣黄裳，将日、月、星辰、山、龙、华虫六章织于衣，宗彝、藻、火、粉米、黼、黻六章绣于裳，并配玉革带、玉佩。

皇帝仪仗队陆续而来，仪仗队伍极其盛大，肃静旗二，金鼓旗二，白泽旗二，门旗八，日月旗各一，云雨风雷旗各一，五星旗各一，二十八宿旗各一，北斗旗一，五岳旗各一，四渎旗各一，青龙、白虎、朱雀、神武旗各一，天鹿、天马旗各一，鸾麟熊罴旗各一，青龙纛、赤龙纛、黄龙纛、白龙纛、黑龙纛各四，青龙帜、赤龙帜、黄龙帜、白龙帜、黑龙帜各四，黄麾二；绛引幡、传教幡、告止幡、信幡各四，政平讼理幡二，仪锽氅八，羽葆幢四，青龙、白虎、朱雀、神武幢各一，金节四，豹尾幡四，龙头竿幡四；方天戟四，豹尾枪二十，弓矢各二十，仪刀二十，仗马十；吾仗、立瓜、卧瓜、金钺、御仗、星各六；品级山七十二座，棕荐三十铺，静鞭三十条；黄曲柄龙伞四，黄直柄龙伞八，红直柄龙伞、白直柄龙伞、青直柄龙伞、黑直柄龙伞各二，黄直柄瑞草伞、红直柄瑞草伞、青直柄瑞草伞各二，黄直柄四季花伞、白直柄四季花伞、黑直柄四季花伞各二；紫方盖、红方盖各四；红罗鸾凤方扇八，红单龙扇八，红双龙扇八，黄单龙扇八，黄双龙扇十二；拂尘二，红镫六，金炉二，金香盒二，金盆一，金水盂一，金大瓶一，小瓶一，马杌一，金交椅一，金足踏一；仪象五，均施锦鞯负宝瓶各一，瓶铜质贴金，并木雕贴金，仰覆莲座，雕花番草；玉辂一乘，大辂一乘，大马辇一乘，小马辇一乘，香步辇一乘，凉步辇一乘，大礼轿一乘……

而侍仪司则设表案于丹墀内道之西北，刘健、谢迁、李东阳为首的文武百官则拜位于内道东西，百官皆穿最盛大、正式的朝服。

午门内，单设捧表、展表、宣表官位于表案西。

还专门设有纠仪御史二人于表案南，专门负责纠察文武百官、参与仪式人等是否合规。

三通鼓后，刘健、谢迁、李东阳率百官进殿参拜。

朱厚照穿皇帝衮冕升御座，此时鼓乐大作。

文武百官在鼓乐声中，俯首下拜，拱手加额，呼万岁者三。

从这一刻起，十五岁的少年就成了帝国的主宰，正德帝时代开始了！弘治帝的张皇后从此也成了皇太后。

这一刻，王阳明也正在群臣之中山呼朝拜，跪拜新皇登基，此时的他还不会想到弘治朝结束了、正德朝开始了，自己的人生也将由此踏上虽历经磨难，却光芒万丈的旅程。

（四）

正德帝刚一登基，刘瑾、张永、谷大用、马永成、丘聚、罗祥、魏彬、高凤这八名太监就得到了新皇帝的宠爱，被外界称之为“八虎”，虽名为“八虎”，但这一词语只是社会舆论对这八人骤然富贵的嘲讽与描摹。这个舆论词虽盛行一时，但缺乏真正的内在逻辑，其实从始至终，这八人的生平与作风都相差甚远，远远没有达成一个统一的政治集团。看似“八虎”，其实各行其是，文官集团最后也正是利用“八虎”之间的矛盾，借着“八虎”中张永之手，才把刘瑾拉下马的。

“八虎”中张永、丘聚、谷大用等人都和刘瑾关系不佳。张永是保定新城（河北新城县）人，成化年间时入宫，弘治时侍正德帝于东宫，正德初年升御用监太监。丘聚最早为内侍，正德元年（1506 年），丘聚掌管东厂，颇恣肆。谷大用在八虎中也是出了名的跋扈。

“八虎”中只有高凤算是勤于职守，弘治去世时，正德刚即位就命他掌管机密，正德初年的一些新政，都是由他提议或奉行的，因此正德赐给他岁禄二十四石。当时就是高凤负责办理弘治帝的丧事，随后太皇太后又命高凤主办了正德帝的婚事。正德元年（1506 年），大婚礼完成后，又加岁禄，前后加至八十四石。高凤累次称病，求退休，正德帝反复挽留不得后，才批准他退休了，但也只是命他回归宫外私宅，品级俸禄不变，又再加给内库米十石，柴夫十人，后又曾召入视事。正德四年（1509 年）再辞职，后三年，去世。

这“八虎”除了在面对文官集团的猛烈攻击时为了活命短暂地团结过几天后，彼此多是各行其是。“八虎”当权后彼此间矛盾也颇多，刘瑾当权没多久，就把“八虎”之一的丘聚斗垮了，将其调到南京守陵；六年后，刘瑾之所以会倒台，还与“八虎”之一张永的作用密不可分。张永、谷大用终正德一朝，都备受正德宠幸，政治生命远比刘瑾长久。

在刘瑾等人的引导下，正德帝玩得很离谱。他先是在故宫中模仿街市的样子建了许多店铺，让太监扮作老板、百姓，他自己则扮作富商，在其中取乐；后又觉得不过瘾，于是又模仿妓院，让许多宫女扮作粉头，正德帝挨家进去听曲、淫乐，把后宫搞得乌烟瘴气。虽说政治和妓院是最肮脏的所在，但如正德帝这样直接把紫禁城改造为妓院的，二十四史也真是绝无仅有。

面对正德帝这种玩法，弘治帝留下来的老班底绝无容忍的可能。

先是英国公张懋在上奏中开始提及：“仰惟皇上嗣位以来，日御经筵，躬亲庶政，天下喁喁望治。迩者忽闻宴闻之际，留心骑射，甚至群小杂沓，经出掖门，游观园囿，纵情逸乐，臣等闻之，不胜惊惧。”

说白了一句话，我们都等你上任后带着大家干活呢，结果你就知道玩、胡闹。

皇宫改妓院后，正德帝还不满足，开始微服出宫，自觅淫乐去了。

吏科给事中胡煜也对正德帝不重视学习、玩物丧志的行为提出规谏，他说："君值英妙之年，正力学之时，但儒师日讲之时，课业未毕就有鸿鹄之思，几席研读未几，忽生逸乐之想。"他提醒正德帝，身为帝王，一念之不纯，一动之失中，都会产生极大影响。他劝正德帝应灭游玩之志，正心以视朝廷，力图天下之治。

看到这些臣子的奏章不起作用，顾命大臣、大学士刘健也出手了，上疏指出："陛下近日以来，视朝太迟，免朝太多，奏事渐晚，游戏渐广。"

刘健进谏的核心内容主要是要求正德帝做到以下几点：

第一，无单骑驰驱，出入宫禁；

第二，无频幸监局（内官太监办事机构），泛舟海子（京郊游览胜地之一）；

第三，无事鹰犬弹射；

第四，无纳办侍进献饮膳。

但你说你的，我做我的，正德帝在刘瑾等八虎的引导下，玩自己的，根本不把群臣的谏言当回事。

（五）

要知道正德帝的父亲——弘治帝堪称明代中叶最为励精图治的贤君。他即位后，首先裁抑宦官及佞幸之臣，太监梁芳、外戚万喜及其党羽均被治罪；又淘汰传奉官两千余人；罢遣禅师、真人等二百四十余人；佛子、国师等七百八十人，被追回诰敕印仗，遣归本土；并调整内阁班底，罢免了不学无术、依附权要的阁臣万安、尹直等人。

弘治帝在位期间，勤于理政，选用贤臣，当时被任用的徐溥、刘健、李东阳、谢迁、王恕、马文升和伦文叙等人，都是正直忠诚的大臣，在弘治一朝发挥了较大作用。

弘治帝本人也很勤政，常召阁臣至文华殿，让大家共议大臣的章奏，写出批词后，自己再批改颁发。所以，阁臣李东阳高兴地说："天顺以来，三十余年间，皇帝召见大臣，都只问上一二句话，而现在却是反复询问，讨论详明，真是前所未有啊！"

弘治帝对臣下宽厚平和。早朝的时候，弘治帝亲御奉天门，大臣们言事，要从左右廊庑入门内面君而奏。有的大臣因地滑，行走失仪，弘治帝从不问罪，奏本中有错字也不纠问，经筵讲官失仪，他还宽慰数词，使其不慌恐。有一年冬天，弘治帝夜晚坐在宫内，觉得天气寒冷，就问左右内臣："现在有因为在外办事正在回家路途上的吗？"

左右回答说："有。"

他又说："如此凛冽且昏黑，倘廉贫之吏，归途无灯火为导，奈何？"遂传下圣旨，命今后遇在京官员夜还，不论职位高低，一律令铺军执灯传送。对臣子算得上关心体贴。

弘治帝在生活上也能注意节俭，不近声色。他一生只有张皇后一位妻子，不曾有其他妃嫔。弘治元年（1488 年），出使明朝的朝鲜使臣卢思慎，曾对朝鲜的国王说："先皇帝（成化帝）或于用人，间以私意，今皇帝（弘治帝）性不喜宝玩之物，虽风雪不废朝会，临群臣皆以丧服（居丧期间），惟祀天祭用黄袍，臣等慰宴时不奏乐，不设杂戏，劝花置于床上而不簪。大抵先皇帝弊政一切更张矣。"

成化帝生前爱穿用松江府所造大红细布裁制的衣，每年要向那里加派上千匹。而这种织品用工浩繁，名虽为布，实际却用细绒织成。弘治帝当时还是太子，内侍给他送来新裁制的衣服，他说：“用这种布缝制的衣服，抵得上几件锦缎衣服，穿它太浪费了。”遂谢而不用。他当了皇帝后，下令停止为皇宫织造此布。

由于他宽厚仁和的政治品行，弘治一朝形成了君子众多、君臣关系融洽等政治特色，为这一朝带来了美誉，在位期间“更新庶政，言路大开”，使成化朝以来奸佞当道的局面得以改观。

由于弘治帝励精图治，使明朝再度中兴盛世，国家政治清明、经济繁荣、百姓富裕、天下小康，是明代历史上经济繁荣、人民安居乐业的和平时期之一，所以后世史学家称其为“弘治中兴”。

弘治中兴的老班底，遇到“八虎”，这种碰撞、鄙视、对立感可想而知。基于弘治朝基本良好的朝堂氛围，这些大臣不可能对正德帝以及八虎的所作所为不闻不问、无动于衷。阁臣刘健、谢迁、李东阳是一个从弘治中兴中成长起来的辅政班底，刘瑾等人则完全是不学无术，只会伺候主子开心的奴才。阁臣们盼望正德帝能够天天早朝，如弘治帝那样宽厚勤政。而正德帝一个十几岁的少年，在毫无制约的情况下，可以跑马、走狗、玩女人，可以有大把的奴才奉承着，他可能一心扑在帝国的工作上吗？

正德帝登基观察期结束后，也就是正德帝登基仅仅一年的时间而已，文臣集团实在无法容忍正德帝和八虎的胡作非为，这是帝国施政方向性的抉择，于是以内阁大臣为首的文官集团对刘瑾一伙人发起了生死对决，上奏正德帝要求清理“八虎”，严明法纪。

（六）

当时内阁有三位大臣组成，首辅刘健时年七十三岁，身为少师兼太子太师，任吏部尚书、华盖殿大学士，为明朝中期重臣，海内人望，士林领袖。

谢迁时年五十七岁，为太子少保、兵部尚书兼东阁大学士。谢迁仪表堂堂，相貌俊伟，办事坚持原则，为人光明磊落，遇事明了，处理迅速，善于据理论争，也是一时人杰。

李东阳五十九岁，李从小就有神童之誉，读书一目十行，“以文章领袖缙绅”，为少傅兼太子太傅，李虽然贵为内阁大学士，性格平易近人。

这三人当时在大明朝堂中可谓是超重量级人物，都是前朝弘治帝亲手提拔的重臣，还曾被皇帝赏赐蟒衣，这也是明朝内阁大臣受赐蟒衣的开始。由这三位联手出击，按常理说，正德帝刚刚登基立足不稳，刘瑾等八虎说到底不过一宦官身份，绝难抵挡。

刘健、谢迁、李东阳先后劝谏正德帝远离小人、勤于政事、罢黜刘瑾等，但正德帝都置若罔闻。

见首辅三大臣开火后，满朝文官也开始跟进，户部尚书韩文等多位尚书、御史纷纷上书，但正德帝仍无动于衷，还是天天和八虎混在一起。没过多久，正德帝玩得有些缺钱，就在八虎的撺掇下，直接把太监崔杲去南方以办织造为名，搜刮民财。

这事为朝臣所知后，给事中陶谐、徐昂，御史杜旻、邵清、杨仪等先后进谏劝阻，正德帝根本不听，最后刘健这三位阁臣也出马劝阻了。

面对重臣抗议，正德帝不能装作听不见，就在紫禁城暖阁开了一次御前会议，把刘健他们叫来大加责难。刘健他们坚持劝阻，表示这样派太监出宫搜刮民财，一是违反祖宗成法；二是欺压百姓，会引得天下事大坏。

结果正德帝火了，怒问道："天下事岂皆内官所坏？朝臣坏事者十常六七，先生辈亦自知之。"天下事都是太监们办坏的吗？你们这些朝臣难道就没把事情搞坏吗？大半朝臣都是坏事的，你们自己也知道。正德帝这话已经说得非常不客气了。

面对正德帝的压力，刘健毫不退让，直接连续上书要求杀了"八虎"。

看着铺天盖地的奏章，正德帝也有些扛不住了，让司礼监的太监和内阁大臣沟通，表示"朕也准备改过了，你们就算看在朕的面子上，放了这几个家伙吧"。

刘健直接回复道：这些小人得罪的是祖宗的成法，这不是陛下所能赦免的。皇上如果不知道他们八个是小人而误用，那天下人还都盼望皇帝知情后，能够去小人。现在皇帝已经知道他们是小人了，而不能去小人，那小人就会更加猖狂放肆，君子会更加觉得局势危险。况且正邪不两立，现在举朝臣子都决议杀此八人，皇帝您知道他们的罪行，还把他们留在左右，这样做不但会让朝臣疑惧，这八个人也不会安心的。这样下去，上下互相猜忌提防，宫内和朝堂互不协作，"祸乱之机始此矣"，天下祸乱就要由此开始了。

此时任五官监侯的杨源以星变灾异示警，"自八月初，心宿中星动摇不止，其占曰：人主不安，国有忧。意为陛下游猎无度，以致然也。远宠幸，亲元老，以弭灾变。"意思是：大角、心宿中星动摇不止，警告正德帝；以北斗第二、第三、第四星亮度下降，警告正德帝有后妃不得其宠、不爱百姓、号令不明的过失。

这杨源自幼学习天文，职位虽然很低，不过是五官监侯，一个微末小官，但这个官位负责天文事务，是苍天与人间沟通的桥梁，具有独特的话语权。

在对刘瑾等八虎的第一波攻击中，面对各位重臣的奏折，正德帝都无动于衷，只是看了杨源的奏章，才有了将刘瑾调出大明中央的念头，在天象示警的威压下，正德帝才稍有所动，派大内司礼监太监王岳彻查此事。

司礼监是明朝内廷特有的建置，居内务府十二监之首，二十四衙门之首。明中叶以后，常常由司礼监秉笔太监代行“批红”大权。“批红”就其权力性质而言，属于最高决策权，是实现皇权的一种方式。

司礼监已将宦官各衙门的主要权力集中到自己手中，举凡镇守太监的调派，同三法司录囚，提督京营、东厂等大权皆归属司礼太监。

在组织形式上，司礼监已形成一个以掌印、秉笔太监为首脑的和内阁部院相对应的庞大的官僚机构。司礼监实质上成为内廷的另一内阁，其掌印太监实际已成为与内阁首辅对柄机要的“内相”。

在明朝历史之中，有过司礼监和内阁激烈冲突的时代，也有双方密切配合的时候，比如后世的张居正与大太监冯保。举凡两者密切配合时，均为政治海晏河清之时，凡两者争斗频频，则国无宁日。

此时的刘瑾还只是二十四衙门之一钟鼓司的首领太监，其地位远逊于司礼监太监。

司礼监太监王岳当时的口碑还算不错，司礼监此次介入调查，可以算是文官系统斗争的初步胜利。

司礼监王岳、陈宽、李荣三位太监，在正德帝的授意下，与刘健、谢迁、李东阳内阁进行了沟通谈判，司礼监提出的意见（作为后世之人，仅从故纸堆里研究推论，我们已经无法明晰这一处理意见究竟是源于正德帝自己，还是司礼监的判断）是将刘瑾等八人遣居南京，也就是把刘瑾等八虎从权力中枢里赶出去。

明朝自明成祖后，一直奉行北京、南京的两京制度，南京还有一套中央系统，同样配备了六部官员等，也有大明帝国开国皇帝朱元璋建造的大明皇宫，也留有太监值守，但南京的官僚班子只具有象征意义，毫无实权，如果把刘瑾他们调到南京，就等于是把刘瑾等人打入了权力冷宫。

但刘健、谢迁、李东阳对此议案并不同意，刘健觉得既然已经可以把刘瑾等八虎驱逐出中央，那说明胜利曙光已经在望，面对即将到来的胜利，应该做到彻底地斩草除根，刘健等人坚持要诛杀刘瑾等人。

双方谈判非常激烈，司礼监太监一日之内往返三次，在内阁与正德帝之间传递消息。王岳对刘瑾也比较厌恶，在献言建议之中，鼓励正德帝按照内阁的意见办，将刘瑾他们处死。

可以说内阁、司礼监两大权力机构此时已经达成了一致意见，那就是让刘瑾等八虎死！两大权力机构联手行动，刘瑾他们看来绝难逃出生天。但出乎意料的是，仅仅在一夜之间，大翻盘了！

（七）

当时是刘健、谢迁、李东阳三位阁老发难于前，文武百官相应于后。户部尚书韩文已经带领六部九卿的官员写好奏章，奏请正德帝诛杀刘瑾八虎了，那奏章需要各部官员联署。

此时的吏部尚书是焦芳。焦芳这一年已经七十二岁，尽管已身居高位，但他行为粗鄙，见识浅薄，他的一生颇为士林所不齿。

年轻时焦芳被授予编修官，进行侍讲。任满九年后，应当晋升学士。有人对当时的大学士万安说：“像焦芳这种不学无术的人，也能当学士？”

焦芳听到这种议论后，放出话去，“这肯定是彭华（焦芳的同事）在离间我。我如当不上学士，就要将他刺杀在长安道中。”文人为了升迁与否，彼此攻讦并不稀罕，但直接放话就要杀人的却是不多见，由此可见焦芳为人粗鲁，确无文人做派。

半生跌宕、宦海沉浮后，轮到刘健、谢迁、李东阳内阁当权，焦芳与刘健、谢迁的关系都非常差，他恨刘健压制自己，便每天当众谩骂首辅刘健。刘健的批文不合他的心意，他便提笔抹去。

焦芳还给朝廷提过几次御边的意见，企望能被采纳，但被谢迁压了下来，焦芳对此也是破口大骂，对谢迁也恨之入骨。

内阁就三位大臣，焦芳已经与两位重臣公然撕破脸了。按照焦芳的行事逻辑、声誉，以及七十二岁的年龄，可以说是再无上升空间。

但焦芳想出了另一条升迁之路，那就是逢迎新君。

正德帝上台后，开销无度，有一次朝会上户部尚书韩文说财税不足，几位廷臣都认为理财无奇术，唯有劝皇上节俭。

焦芳知道左右有人窃听，便大声说：“百姓家庭尚需要费用，何况皇上！谚语说‘没钱就捡旧纸’。现在天下拖欠隐漏的租税不知有多少，为何不去检查追索，而只说要削减国家开支？”

正德帝听说此语，心中大喜，于是升焦芳做了吏部尚书，让焦芳跨入了重臣序列。

焦芳知道自己尽管已经位列尚书，但刘健、谢迁对自己并不满意，彼此积怨颇深，迟早都会出手把自己参掉的。只要刘健、谢迁当权，自己就永远会处在被罢黜的危机之中，要想站稳脚跟甚至更进一步，那只有先下手为强，趁着内阁三大臣忙着处理刘瑾无暇顾及自己的空当，必须做出选择！

看完群臣要求罢斥刘瑾的奏章、联署完自己的名字后，焦芳暗暗把奏章内容偷偷通知了刘瑾。

知道自己这伙人命悬一线之后，刘瑾他们八个人连夜在正德帝面前哭诉，正德帝不过还是一个十六岁的年轻人，刘瑾这八个人都是陪他从小成长的人，熟悉得如同家人一般，看着刘瑾他们连连哀求，正德帝实在是下不了杀他们的狠心。

就在正德帝犹豫的生死时刻，刘瑾发表了他一生中最为重要的演说，鞭辟入里地切入正德帝的内心，从而挽救了自己的生命，成功从败部复活。

刘瑾知道正德帝之所以被说动要杀自己，首先源于正德帝内心对内阁三大重臣的敬重，那是自己父亲留给自己辅政的三位重臣，是海内人望、士林领袖，正德帝尽管行为无度，但正德帝还是明白什么是对什么是错，他知道三大重臣的意见在当时会有多么大的影响力。

要想败部复活，就需要切断正德帝对三位阁老的那一点敬重之心，所以刘瑾首先从这一点入手，开局先说：陷害奴才等人的就是司礼监的太监王岳，王岳勾结内阁大臣，就是想限制皇上出入；王岳知道我们忠于皇帝，从太子时就跟着皇上，不会被他左右，他嫉恨我们，所以他才先要把我们这些人除掉。

这句话切入点很妙，回避了内阁重臣对刘瑾的攻讦，直接把矛头指向了王岳。刘瑾肯定计算过，在正德帝的心中，刘健、谢迁这些内阁重臣是有分量的，刘瑾一伙也是有一定分量的，正德帝一直在内阁和刘瑾团伙中取舍不定。但相比而言，王岳的分量那就差很多了，他在正德帝的心中无足轻重，打掉他，正德帝不会过于在意。

而司礼监太监王岳在此次倒刘之役中，虽然一直都处于从属角色，但他的位置是最重要的。王岳是文武百官与皇帝的连接点，是内廷与外廷的交汇处，刘瑾知道只要打掉王岳，内阁与内廷的联系就会被切断，正德帝就会落入自己的控制之中，正德帝的起居、奏章、一举一动都将落入自己的眼线手里，只要控制严密，皇帝再也不会轻易受到外臣的影响。

看着正德帝心中的天平有所摇动，刘瑾接着说道："况且飞鹰猎犬何损于国事？如果司礼监任用得人，这帮文官怎敢这样！"意指司礼监借题发挥、小题大做，王岳这就是要勾结大臣胁迫皇帝。

"倒刘事件"原本事关国家政治方针，事关皇帝勤政问题，至此已经被刘瑾转变为司礼监王岳勾结大臣的逼宫之举。

年轻人往往有一种过度的敏感和自尊，十六岁的正德帝感觉自己被王岳和重臣们欺瞒了，自己不过是喜欢打猎而已，这样一点儿人生喜好就被放大到了国家兴亡的地步。原本自己就在压抑情绪之中，年轻人的叛逆情绪、年少轻狂的无知瞬间被刘瑾的言语引燃，正德帝勃然大怒，马上命刘瑾掌管司礼监，丘聚为东厂提督，谷大用为西厂提督，张永总管十二团营兼神机营，魏彬督三千营，这就是把内廷、特务组织、京城卫戍大权全部交由刘瑾等八虎掌握，并连夜收捕原司礼监太监王岳和范亨、徐智发往南京充军，与文官集团互相配合的内廷成员被一网打尽。

第二天早上，大臣们还沉浸在倒刘已经成功的氛围之中，满以为再加一把劲儿，就可以把已经确定要去冷宫的刘瑾送上断头台，可结果天变了……

一夜之间，刘瑾已经爬上了内廷权力的顶峰，内务府十二监之首司礼监已经落入刘瑾囊中，“批红”大权已为刘瑾掌控。

此时正是正德元年（1506 年）十月，属于刘瑾的权力时代开始了。

第二章 逆流而上

（一）

刘瑾及其党羽掌握了各个核心权力部门后，没有给文官集团留下任何喘息之机，开始迅速反攻。

面对王岳的被免、八虎的得意，面对急转直下的局面，以刘健、谢迁、李东阳为首的文官集团也不甘心认输，由此三大阁臣再度提出总辞，意图以退为进。

但正德帝此时已经把维护皇帝权威作为了第一要务，在刘瑾的支持和鼓励下，年轻的正德帝要向阁臣宣示自己的独立与强大，自己已经不是依赖于朝臣的、幼不经事的青年人，而是一个独立、强大、不容冒犯的皇帝。于是，刘健、谢迁的辞呈被批准。李东阳在此三人中，性格最为圆滑，相比起来，也就是他与刘瑾在面子上还算能过得去，所以被特意留任，以维持中央机构的正常运转。

三天以后，在此次倒刘运动中，为刘瑾立下汗马功劳的吏部尚书焦芳被提拔入内阁。焦芳押对了新的权力中心，刘健、谢迁的出局，终于为自己打开了上升通道。

刘瑾对自己的老对头也秉承斩草除根的传统，秘密派人追杀原司礼监太监王岳、范亨于发配南京的途中，将徐智手臂打断。

一个月以后，在正德元年十一月底，刘瑾一伙再度出手，文官集团的另一位核心人物——户部尚书韩文被罢免。

中央级大佬的人事调整，自然引爆了官场，刘健、谢迁、焦芳、韩文都是为官一生的人，各派系的门生故吏、老友新朋遍布中枢外省，枝枝蔓蔓，牵连甚广，巨变当头，这些官员或愤然出战，或沉默不语，或挂冠求去，或改换门庭。

随后，给事中艾洪、吕羽中、刘及，南京给事中戴铣、御史薄彦徽等二十一人或独自署名，或几人联名，上疏请求保留刘、谢二人。

这种公然对抗皇帝权威的上疏，引来了正德帝的暴怒，正德二年闰正月初六日，杖给事中艾洪、吕羽中、刘及、南京给事中戴铣、御史薄彦徽等二十一人于宫前阶下。其中，戴铣、薄彦徽均因受创太重，挨过廷杖没多久后就死了。

御史蒋钦被廷杖三天后，单独再上疏，继续揭发刘瑾，揭批刘瑾公然索贿、贪腐，此奏折呈上后，蒋钦再次被罚刑杖三十，并逮捕入狱。

又过了三天，蒋钦第三次上疏，据记载，蒋钦写奏章时，灯下传来啾啾鬼声。蒋钦知道这第三份奏折呈上后，必将是杀身之祸，这鬼声是自己的祖先在警告他，但蒋钦不为所动，整理衣冠站起说："果真是先人的话，何不高声告诉我呢？"

话还没有说完，就有声音从墙壁传出，声音更加凄厉。

蒋钦叹道："我已许身与国，便只能行忠义之事不顾私人，如我沉默则有负国家，而使得先人受辱，还有什么比这更不孝的呢！"

于是蒋钦重又奋笔写道："死则死矣，奏章不能再改了！"那莫名的声音随即停止。

第三次上疏，果然引来第三次廷杖，这次蒋钦被打三天后，再也无力上疏，死于狱中，时年四十九岁。

就是这样的惨烈刑罚，依然没有阻挡文官们前赴后继的反抗与斗争。

二月二十四日，杖御史王良臣于午门、御史王时中在都察院受刑。

守备南京武靖伯赵承庆、府尹陆珩、尚书林瀚，都因传递吕羽中等人弹劾刘瑾的奏疏而获罪，陆珩、林瀚被勒令辞职，赵承庆被削去一半俸禄。

（二）

事到此时，内廷司礼监已经全部洗牌，阁臣局势已经天翻地覆，诸多文官纷纷落马。朝局如此，自然是大局已定，文官集团已经陷入全面溃败。这是一场明朝十几年未有过的朝局大变动，这种变动对一些人来说是危险，对另一些人来说也许就是机遇，这样的危局与盛宴里，谁愿意错过？自己又该站在哪一边？

看到刘瑾的强势上位，大批官员开始倒向刘瑾的怀抱。除了早早站队押宝的焦芳之外，吏部主事张彩可谓其中的典型。张彩在官僚群体中的口碑非常好，“高冠鲜衣，貌白皙修伟，须眉蔚然，词辩泉涌。”他属于又有高颜值，又有才能的官员。他刚开始当官的时候，“屡有直声”，以正直见长，人又风流倜傥，为上下所敬服。

这张彩一开始并不想与刘瑾有太多牵连，采取了避而远之的态度，但最早倒入刘瑾阵营的焦芳紧抓他不放，以张彩与刘瑾是同乡为由头，极力向刘瑾推荐他。等到张彩拜见刘瑾之时，也做了刻意装扮，戴高帽、穿鲜艳服装，他脸色白皙，身材修长俊美，须眉浓密，词辩如泉涌。刘瑾非常喜欢，握着张彩的手舍不得放开，连连称赞说：“你真乃神仙一样的人物，我何幸得以遇到你！”有了刘瑾的支持，张彩就此仕途亨通。

副都御史刘宇，那可是刘健亲自提拔过的人物，也是当朝三品大员。按照明朝管制，御史正是负责监察朝廷、诸侯官吏的失职和不法行为的。刘宇作为御史系统的重要领导，不但未能与刘健同仇敌忾，反而成了刘瑾手中的一把利刃，就是他亲自出马，帮刘瑾钳制御史们，“有小过辄加笞辱”，彻底帮刘瑾挡住了御史们弹劾的汹汹来势。

这刘宇对刘瑾也是重金贿赂，那时候刘瑾刚刚掌权，收受的贿赂都不过数百金，胃口还不大，刘宇是第一个行贿数额达到万金的官员，刘瑾第一次单笔受贿万金以上时简直喜出望外，不由赞叹：“刘先生何厚我。”

收了重金后，刘瑾也是真办事，转头就把刘宇提拔为兵部尚书加太子太傅。兵部尚书是二品，且为六部大员，太子太傅是从一品，更是荣誉性官职，都是海内人望、士林领袖才有的资格。刘宇投靠阉党后，真可谓飞黄腾达。

副都御史曹元也是阉党中的重要人物，正德帝登基之前，刘瑾在东宫里伺候太子，还未掌权，此时曹元就已经和刘瑾打过交道。刘瑾掌权后更是就此相识，一路青云，在刘瑾的支持下，直到入阁，成为吏部尚书（正二品）兼文渊阁大学士。

这些三品大佬级的官员尚且如此，各个层级官员中忙着钻营刘瑾门路的更是不计其数。

（三）

王阳明的父亲王华是明宪宗成化十七年（1481 年）辛丑科状元，那年王华参加会试时，录取他的主考官正好是他的好友谢迁。

成了状元郎后，王华先后出任了翰林院修撰、翰林院学士、詹事府右春坊右谕德、詹事府少詹事等职。正德初年，他刚晋升为礼部左侍郎，类比于当代，也属于部级大员了。

王华从小就显示出了过人的天分。他十一岁的时候，到老师钱希宠那儿去学习。刚开始学习对句；一个多月后，学习诗歌；又学了两个月，请求老师教授文章。几个月后，其他同学都远远不如他了。这充分地表现出他在学习方面的天赋。钱希宠叹息说："等到这一年结束，我将没有什么可以教育你的了。"这期间发生了这样一件事情。县令带着随从到了学校，王华的同学们都停下学业去观看，只有王华坐在书桌前继续学习，好像没发生这回事一样。钱希宠感到惊异，就开玩笑说："只有你不去观看，县令说你傲慢，责骂你，你将怎么办？"王华说："县令也是人，看他做什么？我只是不停地学习，他怎么会责骂我呢？"王华颇有宋代范仲淹的作风。范仲淹也是听到皇帝到来以后学习不辍的。钱希宠被王华的一系列表现征服了，他对王华的父亲王天叙说："你的孩子有这样的品德和胸怀，绝对不是一般的孩子。"

王华十四岁的时候，和几个亲戚朋友到龙泉山寺读书，后面发生的事情就颇有传奇性了。寺里以前有妖怪作祟。与王华一起去读书的那些人，多是富家子弟，向来以拥有豪侠之气而自负，不相信有这回事，而且依仗富二代的身份，欺凌侮辱寺里的僧人。僧人们感到非常痛苦。

结果当天晚上，就有妖怪作怪，有人受伤了。僧人更加夸大这件事情，这些读书人都觉得非常沮丧，狼狈地回去了。只有王华独自居住在那儿像平时一样，妖怪也就不出现了。对王华如此镇定的表现，僧人都觉得非常奇异。

其实这些妖怪都是僧人假扮的，每到半夜时分，这些僧人就登上屋顶，又是叫，又是哭，有的在那儿拿上瓦块石块砸床，有的乘着风雨雷电大作的夜晚，奋力击打门扇。可以想象一下这种场面，深夜古寺之中，怪声频出，鬼影憧憧，能不惧乎？可是这些僧人从门缝里看王华的时候，却发现他正襟危坐，神气自若，一脸无所谓的样子。好吧，既然你不怕，就搞到让你怕为止。僧人们继续想尽办法来吓唬王华，也没达到效果。最后僧人直接派人去问他："先前妖怪作祟，其他人都受伤了，你怎么就不害怕呢？"

王华说："我为什么要害怕？"

僧人说："其他人离开后，你就没见到怪异的现象吗？"

王华说："那我应该见到什么怪异现象呢？"

僧人说："这个妖怪只要触犯了它，它就纠缠起来没个完，怎么可能就独独你没有见到呢？"

王华笑着说："我只是看到几个小和尚在那儿作祟。"

这么一说，僧人们的脸色都变了，开始怀疑王华已经知道了他们装神弄鬼的真相，于是，装模作样地对他说："这会不会是我们寺里已经去世了的师兄们在作祟呢？"

王华继续笑着说："不是已经去世的师兄，是你们这些师弟。"

僧人说："难道你亲眼看到我们在作祟吗？只是信口胡猜罢了。"

王华说："我虽然没有亲眼看到，但如果不是你们亲自作的，你们怎么会知道我一定会见到什么怪现象呢？"

僧人们看到真相败露，这才向王华吐露了实情，一边叹息，一边道歉说："我们这些人是想通过这种方式试一下你。你真如同天人啊，以后福德难以测量啊。"

这件事情带给僧人们的震撼太大了，以至于他们经常挂在嘴上向其他人讲述。而王华在这件事上表现出来的智慧、心志、胸怀、气魄、见识，也确实不是一般人具备的。

成年以后，王华"气质淳厚"，为人坦荡，从来不说假话、从来不做虚伪的事情，在大庭广众之下说的话，跟在家里私下对妻子孩子说的都一样。人比较不讲究，不修边幅，也从来不嫌贫爱富，对众人平等，看到别人有什么长处、优点，就赞不绝口，经常挂在嘴上；遇到找他帮忙的，肯舍己助人；看到别人有不好的地方，也一定会直言规劝。王华生平虽然没什么架子，很随和，但遇到大事时，“临危疑震荡，众多披靡惶恐”，而王华“毅然卓立”。

王华对家族也非常有责任感，手头富裕了，钱都拿出来与家族兄弟们共享，把诸多子侄都当自己的孩子一样照顾抚育。他对母亲也非常孝顺，是明代有名的大孝子。作为大明朝的状元郎，才华就更不用说了，“为诗文皆信笔立就”，取词达而止。

其实王华、王阳明家族跟刘瑾还真是有一些渊源的。

刘瑾未掌权之时，也曾经表现得热爱学习，也曾经想去读一些书，当时教刘瑾读书的是王华的弟子，算起来刘瑾算是王华的再传弟子，徒孙辈。读书时，刘瑾就听自己的老师天天夸祖师爷王华人品高雅、学问渊博、状元之才、翰林文章。刘瑾对王华的崇拜与好感那是早就有的。

刘瑾当权之后，大批文臣投奔其门下，但王华却跟他从没有过往来。刘瑾却不愿错过与师爷交往的良缘，曾两次派人对王华说，他与王华有旧，王华若能去见他一面，可入阁为相。也就是王华只要一点头，立刻就能成为刘瑾班底中的核心人物，一跃成为超越李东阳的实力派人物。

多少同僚蝇营狗苟，天天到刘瑾门前溜须拍马，行贿还怕递不进门去，焦芳那是靠彻底倒向刘瑾，打倒了刘健、谢迁两大阁臣才获得刘瑾青睐，刘宇那是重金砸出来的门路，张彩靠的是同乡关系，王华连刘瑾的门都没登，结果刘瑾竟然把内阁大臣的位子送了过来，这是多么大的诱惑啊！

但王华拒绝了，对刘瑾的诱惑无动于衷。

父亲风骨如此，王阳明的态度自然可想而知。就在满朝文武争相对刘瑾效忠的时候，王阳明却决定出手了，“虽千万人吾往矣”。

（四）

在诸多大员因“倒刘”失败纷纷落马后，诸多官僚奔走于刘瑾门庭之时，王阳明以区区六品之身要出手了，关键时刻能做出这种决定，这与王阳明强悍的性格特点不可分割。

王阳明出生之时是公元1472年，正是明宪宗朱见深当政，大明成化八年。王阳明小时候名云，后来改名为守仁，字伯安，别号阳明，浙江绍兴府余姚县（今属浙江宁波余姚）人，因曾筑室于会稽山阳明洞，自号阳明子，学者称之为阳明先生，亦称王阳明。（本书涉及传主王阳明姓名时，一出于敬意，二出于通俗，均写为王阳明。只在个别史籍原处注明“王守仁”时，采用王守仁一名。）

传说王阳明诞生之前，他的祖母梦见天神衣绯玉，云中鼓吹，抱一赤子，从天而降，祖父遂为他取名为“云”，并给他居住的地方起名为“瑞云楼”。

王阳明五岁仍不会说话，但已默记祖父所读过的书。有一高僧过其家，摸着他的头说“好个孩儿，可惜道破”。祖父根据《论语·卫灵公》所云“知及之，仁不能守之，虽得之，必失之”，为他改名为“守仁”，改名后他就开口说话了。

现在一提起成化年间，首先想到的可能是成化斗彩鸡缸杯，2014年4月8日香港苏富比举行重要中国瓷器及工艺品春季拍卖会，上海藏家刘益谦以2.8124亿港元买到一个鸡缸杯，从而让大众都知道这个瓷器和成化年号。

这个创造拍卖天价纪录的成化斗彩鸡缸杯真不是凡品，此成化斗彩杯为明宪宗皇帝御赐之物，杯口一圈题有出处“宪宗皇帝恩赐提督汪直”和时间“成化十三年正月”，杯底有“恩赐”二字，说明此杯为成化十三年宪宗皇帝御赐臣子之物，人间罕见，宝贵无比。

而这汪直正是明代权宦之一，自幼入宫，曾侍奉明宪宗万贵妃，历任御马监掌印宦官、西厂提督，正是明朝臭名昭著的间谍机构“西厂”的创始人。正是为了道贺汪直担任西厂提督，宪宗皇帝恩赐此成化斗彩杯作为汪直出任西厂提督的留念杯。

这一器难求的成化斗彩鸡缸杯，数百年来享有盛名，为天下慕向，其卓越工艺，正折射出明成化时代中国社会的重要变迁。

此时的大明帝国刚刚从土木堡之变、夺门之变中喘息过来，整个帝国正在励精图治和得过且过两大方向间不断摇摆。

正统十四年（1449 年）瓦剌首领也先大举进兵明境。

明英宗朱祁镇在宦官王振的怂恿下，不顾群臣劝阻，亲率大军出征。结果因王振完全不懂军事、乱指挥，明军大败，英宗被俘，兵部尚书邝埜、户部尚书王佐等六十六名大臣战死，史称“土木堡之变”。

帝国元首被俘，几乎半个大明中央被一网打尽，这对整个明王朝造成了巨大的冲击。此时的朱见深不过两三岁，已经被父亲正统帝立作了皇太子。

土木堡之变后，虽然皇太子朱见深在北京，但这两三岁的小家伙登基能干什么？如果拥戴这小家伙当皇帝，那大明群臣更加群龙无首。于是二线部队出身的于谦同文武百官、内外重臣拥立明英宗的弟弟朱祁钰称帝，重新建立起了明朝政治核心，总算是保住了北京，打退了瓦剌的进攻。

但一年之后，也就是 1450 年（明景泰元年），瓦剌把明英宗放回来了。

这一手非常毒辣，堪称政治奇谋，远胜于金王朝征伐北宋时，把宋徽宗、宋钦宗掠走后无期监禁。徽宗、钦宗放在金朝手中，虽然看似俘虏了宋帝国的皇帝，是无比罕见的战绩，但这两个俘虏对南宋政局造不成大影响，宋高宗赵构的权力极其稳固，南宋帝国始终保持了有效的运作。瓦剌把明英宗放回，看似是吸取了金王朝的教训，但英宗回朝后，给大明王朝造成了极其尴尬的政治局面。

哥哥明英宗、弟弟明代宗两个皇帝同时出现在北京城里。

哥哥正统帝虽是登基在前，但任用奸佞，全军覆没，丧权辱国，给明王朝造成了深重的灾难；弟弟景泰帝虽然临危登基，匡扶国难，但毕竟是哥哥登基在前，自己这皇位拿得不合伦理。但皇权斗争，有进无退，这皇位上得去，怎么能下来呢？所以哥哥正统帝一回来，就被软禁了起来。

1452 年，朱见深的皇太子之位被废，这也是理所当然之举，你父亲正统帝都被软禁了，怎么让你当太子？接下来景泰帝立了自己的儿子为皇太子。

大明朝看似不可逆转地由正统系走向景泰系。历史走向此时似乎偏向了景泰帝，明朝皇帝谱系将从正统帝朱祁镇一系，彻底向景泰帝朱祁钰一系转移。

但是仅仅过去一年，诡异的事情发生了，景泰帝朱祁钰的儿子死了。

大明朝的皇位继承问题又陷入了极其尴尬的境地。

权力是掌握在景泰系手中，但景泰系后继无人了……

正统、景泰，两大派系，到底谁胜谁负？今天是景泰当权，景泰死后呢？会是正统系重归帝位吗？而正统帝现在还在软禁之中，正统帝的儿子已经被废了皇太子之位……

这是多么复杂敏感的人事关系、政治关系啊。

所有人都为自己的利益盘算，所有人都在考虑自己的站队问题，不仅是现在的站队问题，还得思考以后的站队问题……

1457年正月，景泰帝病重。皇位继承问题变得更加激化，变得迫在眉睫。

寒冷的冬夜里，大臣石亨、徐有贞等人撞开南宫大门，迎正统帝复位，曾经的靖难功臣、在千难万苦中指挥北京保卫战击退敌军、拥戴景泰帝登基的于谦被杀，史称“夺门之变”。

明英宗复位后，废明代宗景泰帝为郕王，是年改元天顺，朱见深第二次被立为皇太子。没多久，景泰帝病逝，正统帝给他个恶谥，叫戾。

此时朱见深不过十岁，太子之位失而复得，然而幼年卷于皇位之争，精神压力极大，因而落下个口吃的毛病。

1464年，明英宗病死，朱见深登基，是为成化帝。

朱见深执政没多久，就给景泰帝、于谦平了反，承认他们护国有功。

也就是说从1449年土木堡之变，到1464年成化帝执政，这十五年间，大明帝国经历了灭国危机、两帝并立危机、皇位继承危机以及夺门政变、再到最后成化帝的拨乱反正。

皇位、皇太子位都几起几落，可想而知整个帝国围绕着权力、围绕着各自的路线，发生了多少惊心动魄的斗争。这十五年的权力斗争，不仅给成化帝留下了口吃的毛病，还留下了极大的心理伤害，导致成化帝一系列行为的偏颇，从而影响了明朝政治格局。

在朱见深皇太子位起起落落的时候，他一直由一位大他十七岁的宫女照顾着，可以想象在那样一个个被软禁的夜晚，他被禁卫囚禁、呵斥，那会对一个少年的成长带来多么大的伤害；在那一个个漫漫长夜，都是这个宫女爱护他、支持他、安慰他，他们在彼此生命中会多么重要。

等朱见深终于成为皇帝的时候，他要娶这个大他十七岁的宫女为皇后，这自然为皇族所不能接受。几经争议，这个宫女最终被立为贵妃，这就是闻名遐迩的万贵妃。

因成化帝全心全意地依赖、宠幸万贵妃，太监中谁违背了她的意思，就会立即被赶出宫去。宫中的妇女一旦谁与皇帝发生关系并且怀孕的话，万贵妃就千方百计命人进药汤，使其堕胎。万贵妃的骄横，不但影响了成化一朝的内宫的生活，而且还间接地影响到外廷。

成化一朝专权的宦官，基本上都是依靠万贵妃起家的。汪直、梁芳、钱能、覃勤、韦兴等人，都是万贵妃的私臣。他们总是借万贵妃修建寺庙的名义，在外面大敛民财，一面贡献给万贵妃，一面自己揣进腰包。

那鸡缸杯最早的主人汪直，专权的利器就是西厂，其气焰滔天。

成化帝身边有一个名叫"阿丑"的小太监。有一次阿丑奉命为皇帝表演，表演一个喝醉酒的小太监撒酒疯。小太监喝醉了酒，正撒着酒疯，旁边人告诉他说："皇上来了。"小太监根本不理睬。旁边人又说："汪太监来了。"小太监立即避走，边走边说："今人但知汪太监也。"

这就是大明朝当时的氛围，土木堡之变所带来的军事打击可以恢复，但由土木堡之变所带来的政治影响、国民精神影响却是极度深远的。可以说，整个明帝国的帝国精神，在土木堡之变的打击后、在夺门之变的内讧后，在万贵妃、西厂的肆虐后，已经变得沉闷麻木，远不复明成祖永乐大帝时郑和远下西洋的雄心和魄力。

而且这一连串事件，给明帝国的文人布下了太多的敏感点，回顾帝国的历史，差不多全是政治雷区。永乐大帝怎么成为皇帝的？干掉了建文帝才登基的，实际上是一乱臣贼子，这能提吗？不能。

景泰帝和于谦明明是挽狂澜于既倒的人物，但已经被统统打倒，他们的战绩在历史上能提吗？正统帝明明是吃了大败仗、做过俘虏的人，可竟然还能败部复活，又做了皇帝，统治着整个帝国，那过去的丑事能提吗？举国的达官显贵在这种惨烈的斗争中全都被卷入，不是你死就是我活，斗完了，历史上怎么评述？

大明帝国的这些事情完全没法定性，可人人心里有本账。是非善恶与得失成败形成了这样强烈的冲突，甚至有一些讽刺的意味在其中，还能说什么呢？明帝国的开国史、当代史一切都成了敏感词。

王阳明就出生在这样一个时代里。也正因为这样的时代烙印，王阳明从小就视土木堡之变为心中隐疾，但他不同于一般文人只知舞文弄墨、笔上空谈刀光剑影，王阳明是从小就以强军知兵为己任，熟读各类兵书，从王阳明现存的全集中我们还可以看到他对《孙子兵法》等兵书的精到点评。

在王阳明十几岁的时候，他还专门跑到北方的各个军事重镇游历了一番，把这些所思所想专门写成了奏章，准备上奏朝堂，不过被他父亲王华给拦住了。

外族入侵，会让懦弱的人更加懦弱，会让雄健的人更加雄健。大明皇族的雄心在外族入侵、皇族内斗中消磨殆尽，而大明帝国的臣民却是有为此立志、誓要卷土重来的。王阳明的骨子里是充满着尚武精神的，在他其后的坎坷岁月中，这种尚武精神发挥了巨大的作用，让王阳明展示出了迥异于普通文人的风采气质。

（五）

青年时的王阳明对儒家也投入了巨大精力，但此时的王阳明与当时的儒学正统观点已经有些不能相容。

“格物致知”是中国古代儒家思想中的一个重要概念，乃儒家专门研究物理的学科，已失佚，它源于《礼记·大学》八目“格物、致知、诚意、正心、修身、齐家、治国、平天下”所论述的“欲诚其意者，先致其知；致知在格物。物格而后知至，知至而后意诚”一段。

但《大学》文中只有此段提及“格物致知”，却未在其后做出任何解释，也未有任何先秦古籍使用过“格物”与“致知”这两个词可供参考其含义，遂使“格物致知”的真正意义成为儒学思想的难解之谜。

从最早为《大学》作注的东汉郑玄，一直到现代的儒学学者，已经争论了一千余年，至今仍无定论。明末刘宗周就说：“格物之说，古今聚讼有七十二家！”

东汉郑玄对此的解释是：“格，来也。物，犹事也。其知于善深，则来善物。其知于恶深，则来恶物。言事缘人所好来也。此致或为至。”

郑玄的解释颇多不通之处，首先“格”能否解释为“来”就是一个问题，知善则来善物，知恶则来恶物，如果按这个逻辑来看，格物完全与儒家的修养无关，只是一种心理现象的描述。

北宋司马光的观点是：“人情莫不好善而恶恶，慕是而羞非。然善且是者盖寡，恶且非者实多。何哉？皆物诱之，物迫之，而旋至于莫之知；富贵汩其智，贫贱翳其心故也。”

“格，犹扞也、御也。能扞御外物，然后能知至道矣。郑氏以格为来，或者犹未尽古人之意乎。”

宋代大儒司马光的意见则是：格不是来的意思，格是防御、抵御的意思，为什么作恶的人多，为善的人少？那都是受到了物的诱惑，所以格物讲的是人要拒绝物的诱惑，这才能走入儒家大道。

到了南宋朱熹则认为："格，至也。物，犹事也。穷推至事物之理，欲其极处无不到也。"

"所谓致知在格物者，言欲致吾之知，在即物而穷其理也。盖人心之灵，莫不有知，而天下之物，莫不有理。惟于理有未穷，故其知有未尽也。是以《大学》始教，必使学者即凡天下之物，莫不因其已知之理而益穷之，以求至乎其极。至于用力之久，一旦豁然贯通，则众物之表里精粗无不到，吾心之全体大用无不明矣。此谓物格，此谓知之至也。"

朱熹的意见与司马光那些儒家前辈是不同的，他认为格是至的意思，格物就是致知的前提，天下万事万物都有理在，穷推至事物之理，欲其极处无不到也。

现在来看，郑玄把格理解为来，这未必高明；司马光把格理解为抵御，也未必就对；但朱熹的这个理解为"至"更是一家之言，具有朱氏个人色彩，未必比郑玄、司马光的理念就更接近真理。大家都是按自己的人生去解读儒家经典，正是"我注六经"。

虽然朱熹乃是儒学史上承先启后的一代大儒，他对于"格物致知"的观点之所以在后世成为主流，并非因为获得后世儒家学者的普遍赞同。事实上，朱熹学说在南宋当时还因政治党争而被斥为"伪学"，而后世的许多儒家学者也更大力批判朱熹对于"格物致知"的学说观点。

但因为朱熹的《四书集注》在元朝中叶就被官方采用为科举取士的应试准则，当时元朝人觉得科举是个选举人才的好办法，大元帝国征伐四方、平定天下后也得挑选人才治理国家啊，但隋唐时期的科举考试都太看重诗词歌赋了，所以选出来的人都崇尚浮华，弄得整个社会风气不佳，所以“举人宜以德行为首，试艺则以经术为先，词章次之。浮华过实，朕所不取”。

宋代科举那就更不用提了，宋朝就是被元朝征伐剿灭之国，自然更没有可取之处了。但科举考试总得有考试内容啊，隋唐诗词歌赋被否定了，宋代儒学被否定了，科举考试起源于隋唐，就这样长的历史，你样样都看不上、隋唐宋朝朝都看不顺眼，可总得考点儿什么啊。

最后大元君臣的思路是：凡是敌人反对的，就是我们拥护的。就是在这样的指导思想下，在南宋被官方打倒的理学，又被大元给抬起来了。

等到了大明朝立国，朱元璋本来就是不读书的人，对什么儒家的今古文之争，什么心、理、气，什么格物，根本不懂。但一听《四书集注》的作者是朱熹，也姓朱，大喜过望：我就说我们老朱家人才多嘛！就他了。所以从明太祖开始独尊朱熹学说为《四书》上的唯一官方思想权威以后，朱熹学说更是成为明清两代历时五百余年在科举应试上的官方教条观点。因而朱熹在“格物致知”上的观点也就在数百年的官方教条权威下，成为后世社会上的普遍流行观点。朱熹观点的胜利，从某种程度上来看，并不是出于学理的胜利，而有浓重的权力“加持”意味。

王阳明一开始对朱熹之学也是认真研读，欲“推至事物之理”。关于王阳明“格物致知”有个著名的小故事。王家的庭院里长着一片茂密的竹子。年轻的王阳明同一个姓杨的朋友坐在亭前，面对着竹子，全神贯注，目不旁视，静静地体会着关于竹子的道理。

一天过去了，两天过去了，到了第三天，姓杨的朋友累病了，被人抬下去了。王阳明依然面对竹子，静坐体会。第三天、第四天过去了，王阳明没有体会出关于竹子的道理来；第五天、第六天过去了，还是没有一点儿效果。到了第七天，王阳明也病倒了，同样被人抬了下去。面对竹子，静坐七天，关于竹子的道理，一无所获。从此以后，王阳明就彻底走上了反对朱熹理学的道路。

故事不过是故事，王阳明对“格物致知”说的批判主要在这样两个方面：一是从道德修养的角度批判其理论的内在矛盾；二是从朱熹身后的影响来批判“格物致知”说的“学术之弊”。

王阳明年轻时期曾一度笃信朱学，但当他用朱学方法去实践时，便发现无论怎样格物，都是“物理吾心，终若判而为二”，格了半天，物还是物，心还是心。因而他对朱熹的“格物致知”说产生了深深的怀疑。王阳明《传习录》里写道：“先儒解格物为格天下之物。天下之物如何格得？且谓一草一木亦皆有理，今如何去格？纵格得草木来，如何反来诚得自家意？”由此，王阳明推论：朱熹的格物致知为即物穷理，欲以“格天下之物”而达“诚自家意”的目的，显然是徒劳的。

针对朱熹的“学术之弊”问题，王阳明认为，由于朱熹主张“致知”而不注重身心修养，遂造成其后学在道德修养方面的知行脱离，以为必先知了，然后能行。这种支离割裂的学术之弊必然给现存的社会秩序带来危害，有以“学术杀天下”的危险。

（六）

进入青年时期后，在为国雪耻的志愿难以实现后，在儒家研究难以获得进益的时候，王阳明又开始迷恋道家文化。

十七岁时，王阳明到南昌与诸养和之女诸氏成婚，可在结婚的当天，大家都找不到他。原来这天他闲逛中遇见一道士在打坐，他就向道士请教，道士给他讲了一回养生术，他便与道士相对静坐忘归，直到第二天岳父才把他找回去。新娘在侧，竟然与道士静坐一夜，王阳明对道家的痴迷由此可见一斑。

王阳明二十七岁那年，对道家的倾慕又进一层，“偶闻道士说养生，遂有遗世入山之意”。想彻底遁入道家，把“名山遍游历”，到处参玄访道。

但状元之子岂能让他轻易出家？王阳明此时的本心也还是在入世与出世间游移。

弘治十二年（1499 年）王阳明二十八岁，就在这一年，他在春闱会试中获得了第二名，殿试赐进士出身，二甲第七（全国第十名）。就在这年，大明还出现了一件轰动全国的科场舞弊大案，是年，因“会试泄题案”，唐伯虎落第，终生不得为官。

唐伯虎是当时的四大才子之一，是传奇人物。但就是在与王阳明同一届的科举中，他丢了自己的前途。唐伯虎和一位叫徐经的人关系很好，徐经家是明朝大富豪，家中宅第连云，婢仆成群。

弘治十二年，唐徐二人结伴同船到北京参加会试。三场考试后，北京城中即谣传徐经行贿主考官程敏政，得了试题。于是大学士华昶凭谣言告到朝廷，弘治帝即敕令主考官停止阅卷，再由大学士李东阳审查。结果查出徐经拜见程敏政时，确实送了些见面礼，而唐伯虎请老师程敏政写篇文章时，也曾送了一个金币。这些只是拜见老师应有的见面礼，所以结论是“事出有因，查无实据”，但朝廷为平息社会舆论，罚徐经及唐伯虎削除仕籍，程敏政则被革职。唐伯虎完全是受了徐经的拖累，经此一事，谁人敢用他出头？于是转瞬间，唐伯虎从名震天下的大才子，成了注定落魄江湖的失意文人。人生无常，由此可见，空有才华，却是无能为力。

在科举成功之后，王阳明并没有热衷仕途，而是把心思放在了道家、佛家之上。弘治十五年（1502 年），三十一岁的王阳明竟然就告病回老家休养，开始专心修炼道术，一度号称可以未卜先知。

王阳明“告病归越，筑室阳明洞中，行导引术”。他彻底摆出了出尘之态。由于王阳明的道家修养颇为精深，在亲友中已经开始流传王阳明悟道的段子了。

一些朋友觉得王阳明通过参禅悟道，已经有了先知的能力。有一天王阳明在洞中安坐，他的四个朋友没有提前打招呼，就结伴来访。结果朋友们刚出门没多久，就遇到了王阳明的仆人，他们是王阳明专门派来迎接这几位友人的。

大家都很惊异，这家伙，怎么就提前知道我们要来呢？他们都以为王阳明得道了。

王阳明很久后才回应道：“此簸弄精神，非道也。”

从这些事迹中，我们可以看到，王阳明对道家文化已经是非常深地介入了，已经身体力行了。曾经他还多次有过远离尘世、潜心修炼的想法，但因为想到祖母、父亲都还健在，所以犹豫未决。

第二年，王阳明去杭州西湖休养，当时那里有座了不起的大寺——虎跑寺。这寺原称大慈定慧禅寺，俗称虎跑寺，位于西湖西南大慈山白鹤峰下。唐元和十四年（819 年），性空大师在此定居建寺。起初，性空大师来游此山，乐其“灵气郁盘，栖禅其中”，但苦于此处无水，意欲他徙。当晚梦到神人对他说：“大师不用担心没有水，南岳有童子泉，当遣二虎驱来。”翌日，果见二虎跑（刨）地出泉，清香甘洌。于是性空大师便留在此处，弘扬佛法。宋朝高僧济公，初出家在灵隐寺，后居净慈寺，圆寂于虎跑寺。

唐宋元明，历经千年，这虎跑寺都是江南名刹，高僧会集。王阳明在西湖期间，也去这虎跑寺了，想遍访高僧，解其人生疑惑。这虎跑寺里，当时有一僧人闭关三年，不语不视，王阳明去了问句“可还想念母亲？”，这僧人就愣住了。第二天，僧人就收拾行李回家了。高僧不但没给王阳明解惑，反而被他一句话就劝得还俗了。

因为此事，王阳明更加清晰地认识到了人性，更坚定了他对“心”的判断。从此以后，王阳明在思想上坚定了入世之路，儒释道三家，道、释两家对王阳明来说已然无法走下去了，自然是要全身心地回归到儒家的道路上。

王阳明家学渊源，状元之子，王华是一代儒家大师，对《礼记》《春秋》等儒家经典的研究堪称独步当时，先天环境没得说；加上自己幼年的兵家喜好、青年的道家痴迷经历，经历过自身反复思辨，王阳明最终安身立命于儒家，这种历经千山万水而来的学识进益，更让其具备了超越凡儒的可能。

弘治十八年（1505 年），王阳明回到了北京，开始宣讲自己的儒家心得，一时引起了北京学界的关注。那一年还有一位翰林院编修也在北京讲学，此人以“随处体认天理”为宗，自称“阳明与吾言心不同，阳明所谓心，指方寸而言，吾之谓心者，体万物而不遗产也”。此人便是王阳明终其一生的学术好友湛若水。

王阳明并未因对方观点不同而心怀不满，而是相与辩驳，互相求同存异，王阳明、吕柟、王崇等人与湛若水相与论道，学者相从甚众，声誉日隆，时称“王湛之学”。王阳明最终与湛若水定交，共倡圣学，开门授徒，这也是六百年王学的起点。王阳明这时官虽然做得不大，只是六品小官，但在学术界已经蔚然有一代领袖的风采了。

王阳明有个妹夫叫徐爱，也是浙江人，在 1504 年与王家联姻，娶了王华的女儿，正德三年（1508 年）的进士，中进士的时候才二十一岁，称得上是年轻有为。

这徐爱长得还很帅，朋友们曾经称赞他：肌肤玉雪，神情莹然，一见知为灵瑞之物。后来他在南京工部做郎中，跟王阳明的关系特别好，两人经常在一起研讨学问，他对王阳明的所思所学都非常佩服。他一开始觉得王阳明之说与传统学术不同，但研习之后感叹王阳明之说实为“孔门嫡传”，其他的学说都不过是“旁蹊小径、断港绝河”。在1507年他就要拜王阳明为老师，但王阳明没有同意。

直到王阳明在遭遇刘瑾的廷杖、贬斥后，刚一出狱，妹夫徐爱就拜王阳明做了老师，可谓是王阳明的首席大弟子。后来就是徐爱与阳明弟子钱德洪等人一起辑录了《传习录》这本王学圣典。

值得注意的是，此时的王学还只是书斋里的思想，还未曾经受苍茫大地浮沉的洗礼。而一场狂风暴雨马上就要到了，也就是经过这次风暴的锤炼，阳明之学才真正沙里淘金，从书生议论转化成了经世济民的安国之策。

（七）

在刘瑾与文官集团搏杀的朝堂变局中，王华、王阳明父子并非主角，而且刘瑾也算是王华的再传弟子，王阳明本人又曾痴迷道家，具有避世消极的一面，就算不倒入刘瑾阵营，做一个沉默的大多数也是合理的选择，然而历史并没有走向沉默。

在刘健、谢迁已经被允许退休，在戴铣等御史被刘瑾拿下后，可以说大局已定，刘瑾胜出，中央大员、部级大员免职的免职、改换门庭的改换门庭，你一个六品小官要上书谏言，能有什么用？在这种政治斗争的残酷时刻，可以说一步天堂、一步地狱啊。但就是在这种时候，王阳明以巨大的勇气，写下了改变他一生命运的奏折。在王阳明的一生中，他曾经多次徘徊在道家的门口，但始终就差出家那临门一脚，这是为什么？从此次上书这个角度看，他的内心深处总是豪情万丈，在大是大非面前不能沉默，道家确实不是王阳明的性格选择。

在为了戴铣等人上书一事上，虽然我们现在看不到其父王华有什么动作，但我们可以合理推测，王阳明在上书前就算没有其父王华的首肯，父子俩在这一问题上方向也是一致的，绝对在同一阵营。不然和刘瑾随便就可以攀上交情的王华，必然会出马阻止王阳明，或者事后与王阳明切割。但这一切都没有发生，尽管看不到王华激愤地上书进谏，但王华终其一生，在刘瑾事件中、在其后的宁王造反事件中，他都以自己的方式，给了儿子王阳明最大的支持，用自己所有的力量，默默地为王阳明遮风挡雨。父爱如山，关爱如海。可以说王华是王阳明精神世界的源头，也是王阳明毕生功业的原点。

下面就是改变王阳明一生、改变中国儒学版图的奏折，由此以后，虽经风雨，但终究天高地阔。

乞宥言官去权奸以章圣德疏

臣闻君仁则臣直。大舜之所以圣，以能隐恶而扬善也。臣迩者窃见陛下以南京户科给事中戴铣等上言时事，特敕锦衣卫差官校拿解赴京。臣不知所言之当理与否，意其间必有触冒忌讳，上干雷霆之怒者。但以铣等职居谏司，以言为责；其言而善，自宜嘉纳施行；如其未善，亦宜包容隐覆，以开忠谠之路。乃今赫然下令，远事拘囚，在陛下之心，不过少示惩创，使其后日不敢轻率妄有论列，非果有意怒绝之也。下民无知，妄生疑惧，臣切惜之！今在廷之臣，莫不以此举为非宜，然而莫敢为陛下言者，岂其无忧国爱君之心哉？惧陛下复以罪铣等者罪之，则非惟无补于国事，而徒足以增陛下之过举耳。然则自是而后，虽有上关宗社危疑不制之事，陛下孰从而闻之？陛下聪明超绝，苟念及此，宁不寒心！况今天时冻冱，万一差去官校督束过严，铣等在道或致失所，遂填沟壑，使陛下有杀谏臣之名，兴群臣纷纷之议，其时陛下必将追咎左右莫有言者，则既晚矣。伏愿陛下追收前旨，使铣等仍旧供职，扩大公无我之仁，明改过不吝之勇。圣德昭布远迩，人民胥悦，岂不休哉！

臣又惟君者，元首也；臣者，耳目手足也。陛下思耳目之不可使壅塞，手足之不可使萎痹，必将恻然而有所不忍。臣承乏下僚，僭言实罪。伏睹陛下明旨有“政事得失，许诸人直言无隐”之条，故敢昧死为陛下一言。伏惟俯垂宥察，不胜于冒战栗之至！

在这篇奏折里，王阳明貌似极尽谦恭，其实指责、反讽意味颇浓。

开场先是“臣闻君仁则臣直。大舜之所以圣，以能隐恶而扬善也。”先给正德帝戴了仁君的帽子，又拉了大舜作为对比，意图把正德帝抬到一个较高的道德地位上，让其难以囚罚言官、镇压言论。这也是历代文臣常用的手法。

随后就是简单重复事件，并表达自己的观点，王阳明的立论逻辑就是：哪怕南京户科给事中戴铣他们说得不对，皇上也不该动辄抓人，抓人这种行为毕竟是压制言论，以后谁还敢为陛下进言？万一抓捕关押押解过程中有什么意外，让陛下蒙上杀言官之名，那就追悔莫及了。

王阳明在奏章中还玩了一个小小的技巧，“臣不知所言之当理与否，意其间必有触冒忌讳，上干雷霆之怒者。”意思是，我也不知道戴铣他们都说了些什么，他们那些话到底有没有道理，但他们这些话想来肯定是触冒了忌讳，惹得皇帝震怒。

其实王阳明等臣子都知道南京户科给事中戴铣是为什么上奏的，也知道他们是因为触怒了刘瑾所以身遭刑罚，但在此处，王阳明却写道“臣不知所言之当理与否”，我不知道他们说的到底有没有道理，只是想来肯定有地方触犯了忌讳，引发了雷霆之怒。想绕过对戴铣奏章的是非评定问题，想拆解掉刘瑾这个最大的敏感点后，把贬斥刘瑾和戴铣上书两件事做个切割，变相迂回地降低救人的难度。

最后，王阳明又表示：君为元首，臣子都是耳目手足，要想耳目手足正常运作，还是不要轻易自残。

王阳明处心积虑，但这样的奏折，恐怕正德帝连看都没有看过，就直接被刘瑾截击了。

因为刘瑾在历史上的定位是巨奸大恶之徒，对这种歹人，儒家一向是口诛笔伐，再加上刘瑾当权时，所作所为很多都是贪污、受贿、以权谋私等见不得光的事，所以关于刘瑾本人的行为、事迹多是抨击、嘲讽之词，能够比较客观地流传下来的并不多。我们无法得知刘瑾看到王阳明奏章后的反应，但从仅存史料的蛛丝马迹推测，面对王阳明的奏章，刘瑾震怒异常。

谁都知道之前已经有大批高官纷纷倒向刘瑾，刘健、谢迁这些阁臣已经被清退出朝堂，不服气的官员已经都被廷杖，大局已定，怎么会又冒出这样送死的官员来？这王阳明的父亲王华是状元之才、经学大师，是士林领袖、朝廷大员，你儿子这样搞，是什么目的？你们父子到底有没有串通？后面还有没有更多的行动？为什么我拉拢你们，放话给你们听，给你们许愿升官发财，你们却置若罔闻，一定要跟我作对？

当时参奏刘瑾的奏章众多，而当时的处罚“行情”是：参刘瑾一本，廷杖三十；参刘瑾两本，廷杖六十；参刘瑾三本，廷杖九十。御史蒋钦就是连续参了刘瑾三本，挨了九十廷杖，伤重不治而死的。

而王阳明上了一本，明朝的诸多记录均是处罚四十廷杖；在清朝大文人邵廷采所写的《明儒王子阳明先生传》中，写的是处罚了五十廷杖。不管是四十还是五十廷杖，都超过了一本三十廷杖的标准“行情”。为什么多加这十廷杖？处罚之狠可证刘瑾之怒。

于是就有了文章开头的那一幕，被廷杖四十后，王阳明被谪贬至贵州龙场（现在的贵州省贵阳市西北七十里修文县）当龙场驿栈驿丞，从京城实权部门的年轻处长，一步滑落到了老少边穷地区管一破烂招待所。

王阳明上书想救的那几位言官自然也是难逃毒手，戴铣挨了廷杖后，受伤甚重，很快就死了。直到嘉靖皇帝上台后，才给戴铣平了反。

（八）

正德二年（1507 年）三月，刘瑾厘清政局后，还开了一次盖棺定论的批判大会，把所有反对过刘瑾的官员汇集了一份名单，定为奸党，然后召集群臣，让他们都跪到金水桥南，宣布了所谓的“奸党”名单，昭告天下。

名单五十三人中：

内阁大臣则有大学士刘健、谢迁；

尚书则有韩文、杨守随、张敷华、林瀚；

各部属官则有郎中李梦阳，主事王守仁、王纶、孙磐、黄昭；

词臣则有检讨刘瑞；

言官则有给事中汤礼敬、陈霆、徐昂、陶谐、刘䒑、艾洪、吕羽中、任惠、李光翰、戴铣、徐蕃、牧相、徐暹、张良弼、葛嵩、赵士贤；

御史则有陈琳、贡安甫、史良佐、曹闵、王弘、任诺、李熙、王蕃、葛浩、陆昆、张鸣凤、萧乾元、姚学礼、黄昭道、蒋钦、薄彦徽、潘镗、王良臣、赵佑、何天衢、徐珏、杨璋、熊卓、朱廷声、刘玉等。

这一份名单中打倒了首辅、次辅两位内阁大臣，打倒了六部尚书中的四位，朝堂上这六大重臣再加上诸多中低级官员被一举出局。这种政治斗争放在任何朝代，都是了不得的大事件，可以想象下那个政治恶浪滔天的氛围。

我们的王阳明也就这样以“主事王守仁”之名，首次被勒刻在了明史之上。

第三章　选边站队

（一）

刘瑾深知自己之所以能够权倾朝野，完全得益于正德帝的宠幸。所以对刘瑾来说，如何顺利借用皇帝手中的权力，那才是实现自己权力的基础。

所以在正德帝跟前，刘瑾遍布耳目，皇帝的一举一动都在刘瑾的掌握之中。为了实现自身权力最大化，刘瑾还玩了一些小伎俩，比如每次等到正德帝玩得心无旁骛、极度沉迷的时候，刘瑾就去上奏公事，故意去打断正德帝的兴头。正德帝对此很讨厌，每次都忙赶刘瑾出去，“这点儿小事还需要麻烦朕吗？朕要你这家伙有什么用！”

这样搞了几次之后，刘瑾虽然挨了几句小小的责骂，但无形中得到皇帝的授权也越来越大，刘瑾也越来越专权，并且拿着正德帝的话当事由，正好借此不怎么上奏政事了，您玩您的吧，朝廷的事我来。

为了让正德帝玩得尽兴，刘瑾又建立了豹房，里面藏有许多乐户、美女供正德帝日夜作乐。现在历史学界对豹房的具体位置还有争议，但大多数学者认为正德帝兴建的豹房原址就在皇城的西苑太液池西南岸，邻近西华门的地方，即今天的北海公园西面。

豹房新宅始修于正德二年，至正德七年共添造房屋二百余间，耗银二十四万余两。豹房新宅多构密室，有如迷宫，里面又建有校场、佛寺等。

之所以名曰“豹房”，据推测应该是豢养生猛野兽、禽鸟虫鱼的处所，其中更应以豹为主。实际上，据《万历野获编》及明朱国桢著的《涌幢小品》

等书记载，其中仅有文豹一只、土豹三只而已。蓄养最多的是大群的各族女子，她们被训练成能歌善舞的妖艳私娼，供正德帝狎玩。名为豹房，实际上不过是一个行宫。

正德四年（1509 年），正德帝又开始喜欢上了蒙古风，制作了大批毡帽皮裘，动员一宫的人都穿上蒙古衣服，互相扮演鞑子自娱；又与众蒙古人策马奔驰，往往终夜不还，投宿民家，行止与凡人不分。要知道大明朝开国靠的就是驱逐鞑虏的理念，与漠北蒙古甚至后来的瓦剌，一直都是刻骨仇恨，土木堡之变就是直接把明帝国从盛世打入地狱的战役，引发的一系列政治波澜如夺门之变、功臣于谦被杀，都是大明政治谱系里最大的敏感点。结果正德帝反而穿上了敌人的衣服纵马奔驰，这在政治上是多么地惊世骇俗。

当时的朝鲜使臣回国报告说，皇帝所为之事，非如陈后主、隋炀帝，而如小儿之戏。

史载，正德帝“每夜行，见高屋大房即驰入，或索饮，或搜其妇女，民间苦之”。

深更半夜，骑马夜行，见到有钱人家就破门而入，轻者要酒喝，重者抢人家妇女，这是多恐怖的午夜惊魂啊。其侍臣知悉主子怪癖，竟助纣为虐，搜掠良家妇女以充“幸御”，有时竟达“十车”之多。到后来，正德帝就连平民寡妇亦不放过，弄得“民间汹汹，有女家，掠寡男配偶，一夕殆尽”。为了不让自家的女儿被皇帝糟蹋，百姓索性上大街抓单身男人回来结婚，可见民间百姓被惊扰成了什么样子。

如此胡作非为的正德帝，自然是无心正事了。

（二）

正德帝这荒唐一生，如果要说有唯一可取的地方的话，那就是正德朝内阁有几位大臣总体还算选拔得不错。

把刘健、谢迁赶走之后，内阁只有李东阳一人。刘瑾想引焦芳入阁，但文武百官廷议只推荐王鏊。这王鏊也是名动天下的大文人，成化十一年（1475年）在礼部会试取得第一名“会元”，殿试一甲第三名，被授为翰林编修，随后为官多年，一直享有清誉，此时已任吏部左侍郎。

刘瑾迫于公论，命王鏊以原职兼学士，与焦芳一同入阁主政。虽然没有否定廷议，但也塞进了自己的私人，算是与文臣集团打了个平手。一个月后，王鏊升任户部尚书、文渊阁大学士、国史总裁、同知经筵事。

李东阳、焦芳、王鏊内阁成立没多久，内阁大臣们就遇到一件棘手的事情。正德元年十二月，明景帝朱祁钰的妻子汪皇后去世了，朝廷对以什么规格举行丧礼拿不定主意。

要知道土木堡之变，朱祁镇被俘，弟弟朱祁钰临危受命当了皇帝，弟弟当了七年皇帝，而哥哥成了头号政治犯，后来，哥哥朱祁镇又复辟了，弟弟转眼又成了头号政治犯。这种政治关系已经足够敏感了，结果这汪皇后更加敏感。

自己的老公朱祁钰当了皇帝后，这汪皇后与朱祁镇的妻子相处得非常好，总是宽慰、照料她们，并没有因为自己老公当政就飞扬跋扈。

朱祁钰当政时，要立自己的儿子当太子，这就需要先把哥哥朱祁镇之子朱见深的太子之位废掉，汪皇后对此坚决反对，为此与朱祁钰彻底闹僵，被朱祁钰直接废后了，成了庶人。

等到哥哥朱祁镇复辟后，朱见深又成了太子。弟弟朱祁钰被降为郕王，汪皇后又成了“郕王妃”。

看看汪皇后这生平，从王妃到皇后，再从皇后到庶人，又从庶人到王妃，这种经历二十四史堪称独家一人。

经历了这样多波折，当了郕王妃后，这汪王妃脾气还是火暴。

朱祁镇重新当皇帝后，有一天问：我记得曾有一个玉玲珑的腰带，怎么找不到了？

太监们回道：被汪王妃拿走了。

朱祁镇就派人去拿这个玉玲珑腰带。照理来说，这汪王妃已经先当庶人、再当王妃了，作为新一代头号政治犯的妻子，应该赶紧把玉玲珑呈上才是。结果，汪王妃得知皇帝要这个玉玲珑的腰带后，就把腰带扔到井里了，对来索要的使臣说：腰带没有了，找不到了。

然后转头对旁边的人说：我夫君当了七年天子，难道不能拥有这区区几片玉吗？

此话传到朱祁镇耳中，自然惹得他勃然大怒，派人把郕王府彻底抄了一遍。算起来这汪王妃也是唯一一位能把哥哥、弟弟两位皇帝都惹红眼了的人。

等到朱祁镇死后，朱见深顺理成章做了皇帝，就是后来的成化帝。这成化帝知道这位汪王妃当年在废太子一事中很维护他，为此不惜被废后，所以很感念她，对她不错。

这老太太呢，脾气耿直，心态也不错，经历了朱祁钰、朱祁镇、成化帝、弘治帝几朝，一直活到八十岁，在正德朝死了。

礼部疯了，曾经的皇后、后来的庶人、最后的王妃，跟两位皇帝吵过架、爱护过当今正德皇帝的爷爷成化帝，这样一位人物，这葬礼按什么规格办？

规格给高了，保不齐触动了朱祁钰、朱祁镇那些最敏感的明朝往事；规格给低了，怕当今皇帝被人骂不知道感恩……

大家讨论来讨论去，都拿不出主意。遇到大明朝的头号礼学难题，刘瑾这种学识浅薄的权奸，玩弄心术可以，在复杂的礼仪问题上却是外行。

最后还是王鏊想出了办法：汪王妃并非因罪被废，应恢复原封号，按妃的规格安葬，按皇后的规格祭祀。这个办法是相当高明的，“按妃的规格安葬”，这就是确定了朱祁镇系子孙的正统地位，“按皇后的规格祭祀”，也尊重纪念了汪王妃的功绩生平。各个方面的诉求都得到了满足，也没有超越礼制，没有碰触到明王朝的敏感政治神经。由此也可见王鏊的政策水平、办事能力。

正德二年（1507 年）八月，王鏊被封为少傅兼太子太傅、武英殿大学士，仍任户部尚书。

但随着刘瑾专权日甚，王鏊与其矛盾越来越大。

正德四年（1509 年），尚宝卿崔璇等三人被迫害差点儿死去，王鏊对刘瑾说：“士可杀，不可辱。现在对崔璇侮辱并且又要杀之，我还有何脸面留在内阁？”李东阳也极力相救，崔璇等才得以免死而被遣送戍边。

刘瑾非常憎恨已致仕的前户部尚书韩文，这韩文当年曾和刘健、谢迁一起弹劾过他，于是刘瑾一心要置韩文于死地，又想借故中伤刘健、谢迁。王鏊与李东阳前后都极力相救，使刘瑾阴谋未得逞。

后来有人在刘瑾面前诽谤重臣杨一清，称他筑边墙浪费军需。王鏊争辩道：“杨一清为国修边，岂能以功为罪？”

双方摩擦矛盾不断。王鏊见刘瑾势大，无法挽救，常对此感叹无奈，一脸悲容。刘瑾看到后，就嘲笑道：王公您也是身居高位的人，何必这样自寻烦恼，天天苦兮兮的？

王鏊觉得自己难有作为了，也觉得刘瑾对自己已经开始有加害之意了，就提出要辞职。

一开始刘瑾不同意他辞职，消息一出，大家都觉得王鏊怕是难逃此祸了。

此时刘瑾已经开始派人天天监视王鏊了，看王鏊背后要搞什么动作，结果盯了半天，毫无所得。这王鏊索性连客人都不见了，跟什么人都不交往。

刘瑾一看王鏊如此做派就笑了，说了两个字“过矣”，但对王鏊的戒备之心有所下降。

此后，王鏊还是力求辞官返乡。正德四年（1509 年）五月，他三次上疏请辞，才被批准。

辞职后王鏊家居十六年，在诗歌文章中了此一生，廷臣交相荐举，终不肯复出。

王鏊居官清廉，全无积蓄，被人称为“天下穷阁老”。大才子唐寅唐伯虎深知其为人，赠他一副楹联。上联为“海内文章第一”，下联是“山中宰相无双”。

王鏊跟王阳明交往颇多，等王鏊寿终正寝后，王阳明专门写了一篇王鏊的传记，对王鏊大加赞赏。但王阳明这一生终究没有成为王鏊，没有机缘走上王鏊的道路，无法像王鏊那样在诗文之中十六年了此一生。王阳明踏上了剿匪、平乱、求学、正道之路，这究竟是幸还是不幸，谁知道？

面对滔天恶浪，有人不惜生命与之全力一搏，有人则心灰意冷，归隐园林。但这都好过那些助纣为虐、煽风点火的投机小人。

（三）

有正德帝这样的荒淫主子，贤臣都纷纷告退，那奸诈的奴才还不趁机揽权？

大权独揽之后，刘瑾就直接在家办公了，什么保密制度、内阁制度统统成了摆设，奏章尽数入其私第。刘瑾与他妹夫礼部司务孙聪，还有刘瑾找来的师爷华亭人张文冕三个人商量决断奏章，此时的内阁大臣焦芳就负责润色辞章，首辅大臣李东阳也就是事后点头而已。

对上，通过眼线把握正德帝的一举一动，刘瑾开始牢牢地把握住了权柄。

对下，对文官集团的不服气与逆反心理，刘瑾心知肚明，所以开始吹毛求疵地挑官员们的细微过失，以增加对文官集团的威慑。

当时朝廷正在做一部大书《历代通鉴纂要》，这是刘健、谢迁、李东阳三人内阁时期，在弘治帝当政时提出的一项重大史学、社会学工程，该书动议宏远，是被纳入大明帝国国家预算的，为翰林院重点工程，项目上马时编委会成员囊括当时精英，由当朝弘治帝亲自批准启动，该书著作者级别之高，堪称少见。

但麻烦的是，几年后，书编成了，可这时弘治帝已经死了，刘健、谢迁都已经下岗了，当权的成了正德帝和刘瑾，当时人物也就剩了以和为贵的李东阳。本来为粉饰太平的盛世史书，最后成了不尴不尬的前朝遗产，作为刘健、谢迁政治对头的刘瑾不可能为这书点赞表彰。

果然，书一编成，刘瑾就提出翰林编修官们对此书抄写不清，给予谴责。不得不说刘瑾的这一处理角度还是颇有道行的，如果直指图书内容，难免牵扯李东阳于其中，对朝中大员这点儿体面彼此还是要留的；而指责图书抄写不清，即否定了图书的编辑成绩、敲山震虎，又没有扩大打击面。只可惜这些抄写的翰林，莫名其妙地就成了陪葬品。

指责人抄写不清后，刘瑾又安排自己的嫡系主管该项目，由文华殿书办官张骏等人重抄。不过也别说，刘瑾选人用人也不是只会任人唯亲，这张骏选得还挺有水平。张骏的草书宗法怀素，行、草、隶、篆，都极神妙，最负盛誉，与张弼齐名，时号“二张”，喜用长锋硬毫作字，瘦劲有力，于圆活妍润中显示挺拔潇洒的风格。现在张骏的书法作品还在故宫博物院里收藏着，可见其书法地位。安排书法家抄书，也算是人尽其才。

结果刘健、谢迁、李东阳带着大批学者辛苦几年编写的图书，被刘瑾派人抄了一遍，就成了刘瑾的功劳。

图书抄完后，刘瑾直接把张骏提拔为了礼部尚书，凭借此一部书就成了部委首长，参与该项目的其他人也被提升，连装潢工匠杂役之人也得以授官。刘瑾通过图书事件，清晰地在朝堂上宣示：跟着其他人，有了桃子也得被我摘，只有跟着我才有肉吃。

（四）

除了强摘桃子之外，刘瑾在提拔亲信方面那更是下了力气。在评述大同军功时，刘瑾一次就提拔了官校达一千五百六十余人，还传圣旨给数百人授予锦衣官。把亲信宦官派往各边塞镇守，在刘瑾的支持下，宦官们一时气焰滔天，权力无边。

刘瑾还广泛推行特务统治，四处派出校尉，远近侦探，创用枷法，以残酷肉刑，震慑反对派。

明朝的特务统治本来就体制完备，早有蓝图。洪武十五年（1382 年）四月十六日，著名的皇家特务衙门——锦衣卫正式挂牌。所谓“卫”者，皇帝亲军之谓也，但锦衣卫的使命主要不在于保护皇帝的人身安全，而是专掌不法风闻之事。锦衣卫随驾出行，这些衣着华丽的男人最初只是皇家的仪仗队，谁想日后却慢慢演变为一个令人闻风丧胆的特务机构。

锦衣卫的首领称为指挥使（或指挥同知、指挥佥事），一般由皇帝的亲信武将担任，很少由太监担任。其职能是：“掌直驾侍卫、巡查缉捕。”一个顿号，基本上把锦衣卫分成两个截然不同的部门。负责执掌侍卫、展列仪仗和随同皇帝出巡的锦衣卫，基本上与传统的禁卫军没什么两样，其中比较著名的为“大汉将军”。这些人虽名为“将军”，其实只负责在殿中侍立，传递皇帝的命令，兼做保安工作。

锦衣卫的核心功能后来就是“巡查缉捕”，其实朱元璋建立锦衣卫的初衷也只是用来掌管卤簿仪仗，但后来由于他大肆屠戮功臣，感觉传统的司法机构刑部、大理寺、都察院使用起来不太顺手，于是将锦衣卫的保卫功能提升起来，使其成为皇帝的私人警察。负责侦缉刑事的锦衣卫机构是南北镇抚司，其中北镇抚司专理皇帝钦定的案件，拥有自己的监狱（诏狱），可以自行逮捕、刑讯、处决，不必经过一般司法机构。南北镇抚司下设五个卫所，其统领官称为千户、百户、总旗、小旗，普通军士称为校尉、力士。

校尉和力士在执行缉盗拿奸任务时，被称为“缇骑”。缇骑的数量，最少时为一千，最多时达六万之众。锦衣卫官校一般从民间选拔孔武有力、无不良记录的良民入充，之后凭能力和资历逐级升迁。同时，锦衣卫的官职也允许世袭。

朱元璋大杀功臣，罗织大狱，绝大多数都是锦衣卫的干将承旨而为。朱元璋设立锦衣卫，是为了监视各级官吏的不法行为。皇帝本人不可能事必躬亲去认真审理锦衣卫吏员所告发的每一件案情，因而定罪与量刑就完全掌握在锦衣卫官吏之手。朱元璋特别喜欢使用酷刑，锦衣卫官吏在实际运用中可以说是无所不用其极。古语云“欲加之罪，何患无辞”，重刑之下，求死不得，焉能不诬？

明代的锦衣卫不光拥有侦查、起诉、审判的大权，还可直接将嫌疑人拷掠刑讯，取旨行事，刑部、大理寺、都察院等三法司均无权过问。隶属于锦衣卫的独立监狱——诏狱中“水火不入，疫疠之气充斥囹圄”。诏狱的刑法也极其残酷，刑具有拶指、上夹棍、剥皮舌、断脊、堕指、刺心、琵琶等十八种，史称："刑法有创之自明，不衷古制者，廷杖、东西厂、锦衣卫、镇抚司狱是已。是数者，杀人至惨，而不丽于法。"

中国历朝历代都不缺酷刑，到了锦衣卫这里，各种行刑手段更是花样翻新。在几大酷刑中，刷洗、油煎、灌毒药、站重枷，哪样都能把人折磨得死去活来，生不如死。

刷洗：将犯人脱光衣服按在铁床上，用滚烫的开水浇在犯人的身上，然后趁热用钉满铁钉的铁刷子在烫过的部位用力刷洗，刷到露出白骨，直到犯人死去。

油煎：类似于后来的铁烙铁。将一口平底铁盘烧热后，将人放在上面，不到片刻，就将犯人烧焦了。

灌毒药：特务们灌一次毒药，然后喂一次解毒药，然后再灌另一种毒药，直到将犯人毒死，目的是使犯人尝遍死的恐怖和痛苦，特务们从旁观赏。

站重枷：明代的这一刑法很特别，戴枷之人必须站立，不准坐卧。枷的重量超过常人体重，最重曾经做过三百斤的大枷，给犯人戴上后几天就得活活累死。

据明朝野史记载，厂卫杀人的酷刑还有剥皮、铲头会、钩肠等。据说，这些刑罚又要胜过以上所说的几种酷刑。

锦衣卫诏狱中的人间惨剧简直不胜枚举，不说那些受刑致死、屈打成招的，诏狱里还出过被遗忘的犯人。万历年间，临江知府钱若赓被明神宗朱翊钧投入诏狱达三十七年之久，终不得释，其子钱敬忠上疏："臣父三十七年之中……气血尽衰……脓血淋漓，四肢臃肿，疮毒满身，更患脚瘤，步立俱废。耳既无闻，目既无见，手不能运，足不能行，喉中尚稍有气，谓之未死，实与死一间耳。"直到熹宗朱由校即位后，他才被释放。

太祖朱元璋设立这样彪悍的、超越于法律之上的恐怖组织后，明朝各代皇帝无不继承发扬之。

原有的特务组织和特务文化，到了刘瑾手里更是被用得得心应手。

明朝时期整个北京地区的行政区划为“顺天府”。顺天府尹就是北京的治安与政务的最高行政长官，相当于现在的北京市市长，为正三品，高出一般的知府二至三级，一般都由尚书、侍郎级大臣兼管，其他正三品衙门用铜印，唯顺天府用银印，位同封疆大吏的总督、巡抚。顺天府设府尹一人、府丞一人。这府丞就类似于北京市副市长。

正德二年，顺天府府丞周玺奉命与都御史张鸾、锦衣卫都指挥杨玉勘察近县皇庄，杨玉为刘瑾党羽，周玺对其辞色无假，与其交往只用牒文。杨玉奏其侮慢皇帝亲使，刘瑾于是矫旨逮下诏狱并严刑拷打，周玺以此致死。

刘瑾一句话而已，就可以把北京市副市长级别的领导活活打死，其权势可见一斑。

由于河北宣化、山西大同这两地紧紧保护着河北、山西的北侧，战略位置重要，而且又是蒙古军队经常出没的地方，所以自明代中期以后，此两地被立为一个独立的军区——宣大。宣大两地设有重兵把守，进可攻，退可守。此两处军事重镇由朝廷直接管理，其指挥官为总督，超越各级总兵，是兵部尚书以下最高级别的军事长官，只有最富军事经验的将领才能担当此任。

御史王时中奉命督察宣大，结果发现了宣大军中的窝案要案，一次逮捕了上百名武将。宣大两地也是刘瑾着力渗透的要地，宣大军方多是刘瑾门下的人马，王时中这一查案，直接碰到了刘瑾集团的核心利益，于是很快就由东厂太监丘聚出面，弹劾王时中滥权。结果刘瑾逮捕王时中，“荷重枷于都察院门”。

御史们都在都察院上班，这等于直接把王时中重枷铐在都察院的大门口，给都察院的所有御史看。

几十斤的铁家伙枷在脖子上，用不了多久人就废了。很快王时中就奄奄一息了，王时中的妻子一直守护在侧，正好遇到都御史刘宇，拉着刘宇连哭带骂不放。这刘宇早已经投效于刘瑾门下，此时被王时中的妻子揪住不放，毕竟是一个办公系统的同事，低头不见抬头见，又被人妻子揪住，刘宇不得已出面在刘瑾面前说情，刘瑾这才饶了王时中性命。死罪可免，活罪难逃，解下枷锁后，王时中就被直接发配铁岭卫。

除了王时中，给事中吉时，郎中刘绎、张玮，尚宝卿顾璇，副使姚祥，参议吴延举等人，都被刘瑾抓住小错，枷到快死了才解下枷锁，遣去戍边，其他被枷死的无数，锦衣卫监狱中关满了囚犯。刘瑾还要求锦衣卫的牢头们虐待囚徒们，锦衣卫佥事牟斌就因为善待囚犯，被刘瑾杖打后开除。

除了明确直接打击反对派外，刘瑾还用了一些小伎俩，对整个文臣集团进行了残酷折磨。比如改变了上班时间，要求六部官员寅时入朝工作，酉时退朝下班。寅时是凌晨三点钟到五点钟，酉时是下午五点至傍晚七点钟，直接给官员们弄了个十二小时工作制，使他们得不到休息，借以惩罚他们。此外，刘瑾还下令不要动辄便给文臣诰封，对文官要严加约束，这等于变相剥夺了文官们获得荣誉的权利。

（五）

通过拉帮结派、打击对手等手段，刘瑾的势力越来越大。

在彻底把握权力之后，刘瑾的贪腐活动彻底公开化、制度化，肆无忌惮。贪腐官员靠敲诈勒索人民获利，刘瑾靠敲诈勒索官员富可敌国。刘瑾勒索官员们主要通过“见面礼”和“就职礼”两大名目，当时各地官员都需要到北京朝觐，刘瑾就此开创了“见面礼”规则，对这些朝觐的官员动辄索贿白银千两，有的高达五千两。有人为了行贿，只好贷于京师富豪，时人称为“京债”。

值得一提的是，刘瑾的索贿理念很是公平，对所有官员一视同仁，哪怕是省部级大员到他这也得行贿。为了更好地敲诈这些大员，刘瑾还特意令天下巡抚入京受敕。巡抚可都是主管一省军政、民政的地方诸侯，二品大员啊，都是有上奏天子权力的人物，就这样被刘瑾公然索贿，堪称二十四史绝无仅有之案例，朝廷体统可谓是荡然无存。

更惊奇的是，就算是巡抚这样的地方大员，在刘瑾索贿的重拳下竟然也毫无抵抗之力，延绥巡抚刘宇没有来行贿，结果直接被逮下狱。宣府巡抚陆完到晚了一些，惹得刘瑾大怒，陆完赶紧行贿，这才平息了刘瑾的怒气，令陆完试职视事。对部长级官员尚且如此，对其他官员可想而知。此外凡官员升迁赴任，回京述职，都得给他送礼。此时的官场就信奉一句话，“信刘瑾，得永生”，就连前线打了败仗都不用怕，只要给刘瑾行贿，什么败仗，没事儿，升官！

为了维护自己的权威，为自己的索贿树立起牢不可破的权威资本，刘瑾的官威也越摆越足，架子也越来越大。从官级品位上看，刘瑾为司礼监掌印太监，这级别顶头了也就是个四品官员。可刘瑾当权后，“公侯勋戚以下，莫敢钧礼，每私谒，相率跪拜”，所有朝廷大员、功勋老臣、皇亲国戚，见了刘瑾都是争先恐后地行跪拜礼。官员们写奏章都是写两个版本，先写一个红色封皮的呈报给刘瑾，号红本，然后再给通政司另一个奏章版本。所有人、所有文件都不敢写刘瑾的名字，只敢称刘太监。有一次都察院的文件上误写了刘瑾的名字，刘瑾大怒，破口大骂，都察院都御史屠滽吓惨了，带领部下跪拜认罪。

面对刘瑾的滔天气焰，还是有一些官员意图反对。

在第一轮刘瑾攻击战中，曾借天象示警险些把刘瑾拉下马的杨源也再次上书："火星入太微垣帝座前"，再次以天变预警，直指刘瑾有反叛之心，请皇帝防微杜渐。

此时独揽大权的刘瑾已经今非昔比，不经过他的同意，杨源的奏折根本就到不了皇帝跟前。看到如此小官一而再、再而三地借天意攻击自己，刘瑾大怒，把杨源叫来，当面威吓杨源："你不过一个芝麻绿豆的小官，也要学人做什么忠臣吗？"

杨源回答道："虽官位大小有别，但忠心都是一样的。"

刘瑾这次责以廷杖六十，并发配西北肃州。

杨源在发配路上，就因为廷杖受创过重死了。杨源家太穷了，此时又身在发配路上，杨源的妻子只得从路边采了些芦苇包裹遗体，把杨源埋了。

在刘瑾手中送命、被抄家的官员更是数不胜数。为了夺权敛财，刘瑾相继发起了一起起大案，在"清查边疆军粮仓库案"里，都御史周南、张鼐、马中锡、汤全、刘宪，布政以下官孙禄、冒政、方矩、华福、金献民、刘逊、郭绪、张翼，郎中刘绎、王荩等下狱追补边粟，都御史刘宪在监狱中死亡。

因"察盐课"案，杖巡盐御史王润，逮前运使甯举、杨奇等。

因"察内甲字库"案，谪尚书王佐以下一百七十三人。

除了这些名动朝野的大案外，因为其他种种事由，尚书雍泰、马文升、刘大夏、韩文、许进，都御史杨一清、李进、王忠，侍郎张缙，给事中赵士贤、任良弼，御史张津、陈顺、乔恕、聂贤、曹来旬等数十人悉破家，死者系其妻孥。给事中周钥因为无钱行贿，被吓得自杀了。

如此索贿、视廉洁于无物的刘瑾，在执法层面更是肆无忌惮，“东厂、西厂缉事人四出，道路惶惧。瑾复立内行厂，尤酷烈，中人以微法，无得全者”。

刘瑾把控的东厂势力快速膨胀，哪怕是穷乡僻壤的人也知道东厂惹不起，是一群索命鬼，后来老百姓只要看到鲜衣怒马并且说北京话的人，都会望风而逃。

刘瑾又搞了新的机构创新，把惜薪司的外薪厂改成了办事厂，把荣府的旧仓库用地改成了内办事厂，自己亲自去管，连东厂西厂都监管了起来，做事手法更加酷烈，京师众人纷纷把这称之为“内行厂”。这帮人还创新了枷法，直接弄了一百五十斤的大枷，这种大枷枷上几天人就被折磨死了。刘瑾那帮手下一个个都是视人命如草芥，凡是刘瑾下发的逮捕令，抓一家犯人，邻里都要被连坐。有一次被抓这家人临河而居，独门独院，没有左邻右舍，刘瑾的手下就把隔河住的那家人给抓了。

锦衣卫那边由石文义任指挥使，石文义和张采两个人作威作福，当时被称为刘瑾的左膀右臂。但石文义的主要职责是伺候刘瑾，不怎么管锦衣卫的事情，主要是高得林在管具体的事务。刘瑾垮台后，石文义也被判了斩刑，高得林被免官，但没过多久，钱宁上台后，又把高得林给启用了。起落之间，高得林更加猖狂，但没料到第二任主子后来也垮台了，钱宁也被朝廷杀了，这高得林也被当作谋反叛逆的同党杀了。完全是一盘奸邪的糊涂账，一拨拨的酷吏残害天下生灵，同时也把自己推向了地狱。

即使执法风格粗暴、贪婪，刘瑾还屡起大狱，可以想象的是冤号遍道路。

权力完全得不到约束后，刘瑾有时候还会下达一些匪夷所思的、完全凭性情的命令。他自己是陕西人，就令陕西的科举名额增加到一百个。大学士焦芳是他的铁杆朋友，这焦芳是河南人，刘瑾看焦芳顺眼，就把河南的科举名额增到九十五个。大学士谢迁曾经和刘健、李东阳一起曾经弹劾过刘瑾，这谢迁是余姚人，刘瑾就下令余姚人不得到北京当官。刘瑾可谓是“地图炮”的坚决拥趸。

刘瑾还下达过所有工匠必须搬出京城、寡妇必须改嫁、葬礼必须推行火葬的命令，这些命令更是让人摸不着头脑，就在当世也无人敢去探问刘瑾出台此政策的目的何在。对这些命令，我们这些后人在历史长河中更只是一头雾水。当然我们无须因刘瑾为寡妇斩断了封建礼教的枷锁，而奉他为女性的知音。

（六）

在刘瑾如此高压的统治下，也还是有反抗的声音时不时地冒出来。一年夏天，在紫禁城御道上，竟然出现了一封匿名信，把刘瑾的各种丑事揭了个底掉。刘瑾大怒，假借皇帝的名义，罚文武百官跪在奉天门外，刘瑾站在奉天门左边怒斥百官。夏日炎炎，这文武百官一跪就是一天。

此时正值酷暑，当天气温非常高，看着文武百官如此受责罚，有的太监于心不忍。太监李荣拿了一些冰西瓜给群臣们吃，太监黄伟索性站出来大喊：“这匿名信里写的都是为国为民的事情，谁写的谁站出来承认，就算死了也算是条好汉，别拖累其他人啊！”

这两个太监的行为简直是直接挑战刘瑾，当天刘瑾就勒令李荣退休，黄伟直接被赶到了南京。

文武百官们一直跪到天黑，这还不算完，刘瑾把五品以下的官员都抓了起来。

等到第二天，大学士李东阳也实在受不了，出面申救这些官员。可以脑补下，李东阳作为文臣领袖，这一晚上是怎么过的，这一晚得有多少文臣哀叹、呼救。放眼二十四史，和平年代里哪有这样对待群臣的？此时刘瑾也听人传言，这匿名信不是文官们搞的，可能是太监们写的，这才把大家放了。而此时主事何钎、顺天推官周臣、进士陆伸已经因为严重中暑死了。

值得一提的是，刘瑾当权期间，还办了一件小事，几年后，这小事就成了大事，差点儿就决定了王阳明的生死。那时候宁王朱宸濠看刘瑾当权收钱就办事的特质，也抓住机会，赶紧行贿，想重新恢复宁王的护卫制度，刘瑾拿了钱也就同意了。宁王朱宸濠就此有了缔造私人部队的理由，开始为自己的造反大业奠定基础，由此也在未来时空里，把王阳明无意间摆到了大明帝国的风口浪尖之上。

第四章　人生的奥义

（一）

大佬刘健、谢迁、谢文被逼退休了。

同僚的杨源、蒋钦直接被活活打死了。

数百个官员被抓的抓、被关的关。

整个朝堂变了模样。

遍观王阳明的一生，他从来没有这样六神无主。从午门廷杖到发配贵州，可以说是王阳明最失落、最迷茫的时候。

设身处地假想，人到中年，正处事业上升期，又身处朝堂之中，就算再淡泊名利，面对这种毁灭性的政治打击，直接从上升途径中跌落低谷，这种心路历程必然是痛苦不堪的。

此后面对种种危机时（宁王造反时那种生死一瞬的考验，此后朝廷权臣步步紧逼地猜忌、排挤与打压，造反匪患的刀光剑影，嘉靖皇帝对其从热络到疏远的变化……），王阳明的内心是坚定的，他不计生死，只计是否顺应良知，困难虽多种多样，但却打不倒这个人。

但发配贵州这次不同，如果说王阳明一生中曾有被打倒过的话，那就是这一次，也是唯一的一次。

就在王阳明坠入低谷的同时，父亲王华被明升暗降。刘瑾一纸令下，将王华调为南京吏部尚书，成了空头尚书，毫无实权，被彻底打入政治冷宫。

父调职、子发配，王氏家族被彻底驱逐出了京城。

（二）

当时从北京进贵州只有两条路线，一是从北京到浙江，经福建，过湖广，到贵州；一是从北京到陕西，到四川，再入贵州。两条路线都是长路漫漫。

王阳明选择了浙江、福建之路，表面原因是走这条发配路，还可以回老家看看亲人；实际上王阳明有过盘算，他想从江浙沿海一带，乘船出逃，从此以后浪迹天涯，不复东土。在王阳明那个时代，明朝东南沿海一带与日本、东南亚各国的贸易往来已经非常密切，王家祖籍浙江余姚，与宁波比邻，经济发达，海运畅通，王阳明对往来于海外的商人、渔民生活是很熟悉的。

人在面对重大困难时，常常会有逃离尘世、远离苦难的幻想，并不会去想怎么解决它。远离似乎就是最好的解决，王阳明此时便有这种想法。

王阳明南下到杭州时，据说还遇到了刘瑾派出来追杀他的杀手。当时王阳明的朋友遇见几个形迹可疑的外地人，看到这几人四处打听王阳明的下落后，便主动请这些人喝酒。双方喝得兴起，套出话来，知道这些人是刘瑾派来的杀手，意欲置王阳明于死地。

朋友忙把事情告知王阳明，王阳明连忙逃命。逃到钱塘江时，王阳明将一只鞋放在江边，一只扔到河里，伪装了投水自尽的场面。杀手到时，以为他已投江，这才回去了。

逃过追杀的王阳明暗中到南京面见父亲王华，跟父亲谈了自己想出逃海外的计划，于此人生方向的关键时刻，王华对他说：“既然朝廷委命于你，就有责任在身，你还是上任去吧。”王华阻断了王阳明外逃海外的想法。

传说王阳明由此又继续前行到福建武夷山。在茫茫武夷山中，一天天色已晚，他又饥又渴，不知如何是好，突然一座寺庙映入眼帘。

上前敲门后，一个和尚出来答话，他见王阳明非常狼狈，似乎不是好人，便拒绝王阳明借宿。

王阳明只能到旁边的破庙中睡。

第二天醒来，王阳明看到昨晚的和尚也到了破庙里。那和尚见到王阳明还活着也很惊讶，因为此破庙为一虎穴，猛虎食人，这和尚听得一夜虎啸，料想王阳明早已葬身虎腹，便来捡被吃行人的包裹，结果看到王阳明还活着。由此，这和尚认定王阳明不是凡人，于是复请王阳明入寺。

更有意思的是，在寺中王阳明遇见一老道，非常面熟，似曾相识。那道士竟然对王阳明说，贫道已等你多时了。十几年前王阳明新婚之夜时，曾与一道士畅谈一夜，此时在武夷山庙中遇到的正是这道士。这真是非常奇特的缘分。

王阳明与道士自然又是一番长谈，王阳明虽然听父亲的劝说，要服从命令去贵州，但内心深处还是想逃离大明帝国。最后道士劝道：不要总想着外逃，因为你不仅仅是为自己而活着，你还有家人、朋友，如果你就此离开，刘瑾就可以污蔑你叛国投敌了，继而降罪于你父亲。王阳明由此才打定主意，不再考虑逃离的事情。

事实说明，道士的预判是非常准确的，对调任南京的王华，刘瑾仍是不想放过，正德二年（1507 年）九月二十一日，刘瑾借王华参与预编《大明会典》中的小谬误之处，迫使王华退休。王华对此不为所动，反倒庆幸由此远离官场，“从此可以免祸矣”。如果此时被刘瑾抓住王阳明外逃的罪过，王氏家族恐怕面对的就不是“小谬误”引发的退休处罚了，破家灭门之祸恐怕不远了，而中国历史上也会少了心学这一流派，少了王阳明后半生的丰功伟绩。

（三）

贵州省地处西南腹地，高原山地居多，素有“八山一水一分田”之说，是全国唯一没有平原的省份。元代在贵州地区遍行土司制度，明代贵州才正式建制为省，以贵州为省名，设有水东土司与水西土司，同属贵州布政司管辖。

王阳明被发配的龙场驿站，位于贵州省修文县。修文县位于贵州中部，峡谷、石林散布其中，修文河、猫跳河、穿山堰、马关河等河流网布全境，大部分地区在 1200 米至 1300 米之间，春到迟，秋临早，夏季短，冬季长，阴雨多，日照少。

修文县是一个五方杂处、多民族杂居的城市。汉族、布依族、苗族居多，除此之外，还有回族、侗族、彝族等二十多个少数民族。

王阳明到龙场做什么呢？

当驿丞。明朝各府、州、县在各个驿站，据不同情况置驿丞，或有或无，或多或少，掌驿站车马迎送，这驿丞根本不入品。

从北京这样的文化政治之都来到龙场，对生于余姚、长于北京的王阳明来说，贵州龙场的这种环境之差可想而知。

在北京时，王阳明已经官居六品，虽然级别不高，但也是少壮派京官，前途一片光明，到了龙场直接成了公务员体系的编外人员，前途基本无望。

从北京到龙场，从刑部主事到驿站喂马，这完全是一种天差地别的人生体验。

（四）

正德三年（1508年）春，王阳明抵达龙场。王阳明初到龙场时，寄身于驿站南侧一公里处的一个低矮的洞穴，结草庵而居。洞穴正好可以藏身，估计有一米多高。王阳明龙场悟道，实际上是从这里开始的。那时，他常常独自一人进入洞中研习《易经》，故命洞名为“玩易窝”，并作《玩易窝记》。现在“玩易窝”大部分被开山采石所毁，如今只留一个洞穴。

王阳明在玩易窝住了一段时间，因草棚高不过肩，难避风雨，在当地老乡的指点下，便在离驿站1.5公里的龙冈山寻得一处山洞，人称“东洞”。这里洞厅宽敞，南北相通，冬暖夏凉。王阳明非常高兴，于这年夏天迁来此地，命名为“阳明小洞天”，并赋《始得东洞遂为阳明小洞天》诗三首，表达他当时的喜悦之情和乐观豁达的精神。这就是我们现在瞻仰参观的阳明洞，已经成了心学的圣地。

刚来龙场，王阳明心中还时刻担心着刘瑾是否会穷追不舍，是否会对已经落魄在龙场驿站的自己继续下毒手。但思来想去，想想自己担心什么呢？富贵？权势？荣辱？其实自己并不看重这些，那刘瑾哪怕再让自己贫穷、无权无势，也没什么好担心的，自己也就剩下一条性命了，只要命在就好。

在阴暗潮湿的山洞里终日与毒虫瘴疠为伍，生活资料匮乏，王阳明时刻面临着“死亡问题”。他为自己做了一口“石椁”，自己躺到石头棺材里去体会死亡，同时不断问自己：“圣人处此，更有何道？”在绝境中逼问自我。他不分日夜，静心端坐，不断沉思，进入一种忘我的境界。

很多事情想开了也就过去了，担心了一段时间后，王阳明又开始“胸中洒洒”。因为是初到贵州，水土不服，没过多久，王阳明带的奴仆都病倒了，王阳明就自己生火做饭砍柴挑水，照顾仆人们；他又担心这几个仆人身体有病、心情又不好，就写诗、唱家乡的歌曲给他们听，给他们讲笑话、讲故事，逗他们开心。

有意思的是，1938 年 11 月至 1941 年 5 月，张学良将军也曾被蒋介石幽禁于此，终日耳濡目染皆为阳明遗迹。张学良亲自感受阳明心学的渊源之地时，叹道：“圣人自古多磨难啊！”

（五）

正德三年的秋天，王阳明已经在龙场居住大半年了。这一天秋雨绵绵，天色昏暗，有一老人官吏，携一子一仆，从京城而来，要去赴任，正路过龙场，向当地苗家借宿。

王阳明正坐在门口，看见了这三人，本想上前攀谈，问一问京城近况，但那老人已经投宿去了，未果。

第二天早上，王阳明又让仆人去请这三位，结果这三人已经上路出发了。

等到中午时，有人从蜈蚣坡那边来，说：“有一个老人死于坡下，旁边两人哭得很伤心。”

王阳明听后：“这一定是老官吏死了。可悲啊！”

傍晚，又有人来说：“坡下死了两个人，旁边一人坐着叹息。”王阳明详细问了问，方知这老官吏的儿子也死了。

第二天，又有人来说：“看到坡下堆了三具尸体。”连那仆人都死了。

短短一天时间而已，三条人命就这样葬送在龙场的茫茫丛山中。

那三人已经埋骨他乡，王阳明自己和仆人也同样被贬在这个荒蛮的地方，同为异乡之人，同为沦落天涯，王阳明情有所感，于是带着仆人把这老官吏及其子、其仆的尸骨埋葬了，葬于山脚之下。

面对着贵阳群山，面对着新起的坟墓，想想自己的人生际遇，前途渺茫，王阳明不能不有所伤感，于是写下了《瘗旅文》，这也是王阳明流传最广的一篇文章。

瘗旅文

维正德四年秋月三日，有吏目云自京来者，不知其名氏，携一子一仆，将之任，过龙场，投宿土苗家。予从篱落间望见之，阴雨昏黑，欲就问讯北来事，不果。明早，遣人觇之，已行矣。

薄午，有人自蜈蚣坡来，云："一老人死坡下，傍两人哭之哀。"予曰："此必吏目死矣。伤哉！"薄暮，复有人来，云："坡下死者二人，傍一人坐哭。"询其状，则其子又死矣。明日，复有人来，云："见坡下积尸三焉。"则其仆又死矣。呜呼伤哉！

念其暴骨无主，将二童子持畚、锸往瘗之，二童子有难色然。予曰："嘻！吾与尔犹彼也！"二童闵然涕下，请往。就其傍山麓为三坎，埋之。又以只鸡、饭三盂，嗟吁涕洟而告之，曰：

呜呼伤哉！繄何人？繄何人？吾龙场驿丞余姚王守仁也。吾与尔皆中土之产，吾不知尔郡邑，尔乌为乎来为兹山之鬼乎？古者重去其乡，游宦不逾千里。吾以窜逐而来此，宜也。尔亦何辜乎？闻尔官吏目耳，俸不能五斗，尔率妻子躬耕可有也。乌为乎以五斗而易尔七尺之躯？又不足，而益以尔子与仆乎？呜呼伤哉！

尔诚恋兹五斗而来，则宜欣然就道，胡为乎吾昨望见尔容蹙然，盖不任其忧者？夫冲冒雾露，扳援崖壁，行万峰之顶，饥渴劳顿，筋骨疲惫，而又瘴疠侵其外，忧郁攻其中，其能以无死乎？吾固知尔之必死，然不谓若是其速，又不谓尔子尔仆亦遽然奄忽也！皆尔自取，谓之何哉！吾念尔三骨之无依而来瘗尔，乃使吾有无穷之怆也。

呜呼伤哉！纵不尔瘗，幽崖之狐成群，阴壑之虺如车轮，亦必能葬尔于腹，不致久暴露尔。尔既已无知，然吾何能违心乎？自吾去父母乡国而来此，三年矣，历瘴毒而苟能自全，以吾未尝一日之戚戚也。今悲伤若此，是吾为尔者重，而自为者轻也。吾不宜复为尔悲矣。

吾为尔歌，尔听之。歌曰：连峰际天兮，飞鸟不通。游子怀乡兮，莫知西东。莫知西东兮，维天则同。异域殊方兮，环海之中。达观随寓兮，奚必予宫。魂兮魂兮，无悲以恫。

又歌以慰之曰：与尔皆乡土之离兮，蛮之人言语不相知兮。性命不可期，吾苟死于兹兮，率尔子仆，来从予兮。吾与尔遨以嬉兮，骖紫彪而乘文螭兮，登望故乡而嘘唏兮。吾苟获生归兮，尔子尔仆，尚尔随兮，无以无侣为悲兮！道旁之冢累累兮，多中土之流离兮，相与呼啸而徘徊兮。餐风饮露，无尔饥兮。朝友麋鹿，暮猿与栖兮。尔安尔居兮，无为厉于兹墟兮！

文章最后王阳明写道：

你我离乡之人，到此不通言语。
性命不可预期，无非生生死死。

如我也死于此，与你三人相从；
驾驭紫彪文螭，魂魄一起遨游，
登高遥望故乡，同声唏嘘悲恸。
假如我能生还，你们三人为伴，
道旁累累荒冢，多少游魂流离，
一起呼啸，一起徘徊，
餐风饮露，不会饥饿，
麋鹿猿猴，朝夕相处，
无为厉鬼，安心去吧。

从故乡到龙场，从死别到生还，短短几句文字，包含了广阔的时间、空间变幻，已把个人沉浮咂摸通透。

行文至此，王阳明已从感怀、悲伤之情中超脱了出来，“魂兮魂兮，无悲以恫”，从此一心安静悟道，风雨无扰。

（六）

在龙场这既安静又艰难的环境里，王阳明结合历年来的遭遇，日夜反省。一天半夜里，他忽然有了顿悟，认为心是感应万事万物的根本，由此提出“心即理”的命题。认识到“圣人之道，吾性自足，向之求理于事物者误也”。这就是著名的“龙场悟道”。

他自己于七年后对这次略带传奇色彩的悟道叙述说：“守仁早岁业举，溺志词章之习，既乃稍知从事正学，而苦于众说之纷扰疲苶，茫无可入，因求诸老、释，欣然有会于心，以为圣人之学在此矣！然于孔子之教，间相出入，而措之日用，往往缺漏无归；依违往返，且信且疑。其后谪官龙场，居夷处困，动心忍性之余，恍若有悟，体验探求，再更寒暑，证诸五经、四子，沛然若决江河而放诸海也。然后叹圣人之道坦如大路。”

此后，王阳明拿出自己背了几十年的儒家经典《五经》来，与自己的悟道所得一一验证，发现无不吻合，由此王阳明还写了《五经臆说》一书，记录了心学之发轫。此后，他还进一步提出了“知行合一”的思想。

王阳明的大弟子徐爱一开始没有明白“知行合一”的意思，和几个同学讨论了很久，也没有弄明白，就又来向王阳明请教。于是这一番师生对话，给后代留下了心学知行合一的法门。

王阳明让徐爱举例来说说，对“知行合一”有什么不明白的。

徐爱说：“如今人尽有知得父当孝、兄当弟者，却不能孝，却不能弟。便是知与行分明是两件。”

徐爱的意思是，人人都知道要孝敬父母，和睦兄弟，但实际上很多家庭都有矛盾，由此说明知和行是两码事，知是知，但落实到行动上则未必。

王阳明回答道：你说的这些都是私欲作用的结果，不是“知”和“行”的问题。根本就没有什么“知而不行”的人，知而不行，那就是未知。圣贤之所以提出“知”“行”，就是要人们认真对待“知”“行”的问题，你举的例子其实并不是“知”“行”问题。

随后王阳明说道：《大学》里专门举了真正的知行范例，比如“如好好色，如恶恶臭”，看到美女是知，喜欢美女就是行，看到美女时就已经心中喜欢了，并不是看到美女后，又另外再告诉自己要喜欢了，这才去喜欢美女。闻到难闻的气味属于知，厌恶难闻的气味属于行，当你闻到难闻的气味时，厌恶之情就已经油然而生了，并不是闻到臭味后，自己又告诉自己该行了，才有厌恶臭味的行动。像鼻子塞住的人，虽然看到了难闻的东西，但因为鼻子闻不到，也就不会厌恶，但他之所以不厌恶，是因为不知而已。如果我们要判断一个人知道孝顺父母、敬爱兄弟，那需要看到这个人要有孝顺父母、敬爱兄弟的行为，难道这人只是空口说说，就能认定他孝敬父母、敬爱兄长吗？又比如知道疼，这肯定是自己已经疼了才知道疼；又比如冷，这肯定是已经感觉到了冷，才知道冷；知道饿，这肯定是已经饿了才觉得饿，疼痛、冷热、饥饿……这些事情你怎么能把知和行切分开呢？这就是知行的本来面目，不曾被自我的私欲所蒙蔽的。圣人教导人们一定要认识本体，才可以称作是了解了“知”，不然就是未曾知，这里是最紧要的关键所在。现在非要固执地讨论知行能不能分开，这有什么意义？我为什么说“知”“行”是一件事？我的用意是什么？如果不懂得我这样说的深意，只是讨论“知”“行”是一还是二，这没有用的。

徐爱又问王阳明：古人把知和行一分为二，是为了让人明白一边要做知的功夫，一边也要做行的功夫，这样下功夫才会有效果。

王阳明回答道：你这样分析对古人的用意理解得不够透彻。我曾经说过“知”是“行”的主意，而“行”是“知”的功夫，“知”是行动的开始，而行动是“知”的成果。如果你领会了我的意思，就会明白只有“知自有行在，行也自有知在”。

王阳明解释道：古人之所以会提出既有“知”又有“行”，是因为有的人做事懵懵懂懂，任意胡为，从来都不会反思自省，只是胡想乱来，所以古人提出知、行的概念，是想让这些人认识到要有知才能行，要思考好了再行动，别乱来。还有一种人，只是终日里胡想，茫茫荡荡悬空在那里，全然不肯去着实躬行，所以对这些人提出知、行的概念，是想让这些人认识到空想无益、要有行动，只有行动了，这所谓的知才有结果、才能落地。

把知、行作为两个概念提出来，这都是古人为了补救、指点这些弊病才提出来的，如果你并非那两种人，既不会任意胡为，也不会无边空想，那对你来说，“知”“行”这两个概念就是一回事，一言而足。现在很多人都把“知”“行”当作两件事去做，以为必须先“知”，然后才能“行”，所以必须得先去研究讨论，先去研究“知”，等到觉得自己真的知道了，才去行动，结果呢？事情都是不停变化的，也是根据你的行动而随时调整的，哪能一成不变？一味拘泥于“知”或者“行”，往往是终身不行，也终身不知。这不是一个小问题，人们对“知”“行”的割裂已经由来日久了。我现在讲的“知行合一”正是对症良药，这也不是我凭空胡说的，“知”“行”的关系本来就是如此。如果现在你明白了“知”“行”两个概念的意义，就算依旧认为这还是两个概念，那也没关系，因为你已经知道处理事情需要“知行合一”；如果你不明白“知”“行”的含义，就算你嘴上喊“知行合一”，那又有什么用？只是空头扯概念说闲话而已。

这是王学的一个重要概念，也是王学在方法论上的核心思想。纵观王阳明龙场悟道之后，平南赣、定宁王、剿断藤峡，处事似乎随心所欲，手法千变万化，一会儿连投降的人都杀，一会儿又招抚顽匪，一会儿在官场上左冲右突，一会儿又远远避世，看似方法矛盾，但又无不切中要害，这都是源于王阳明对知行的认知与把握。凡事都需要结合具体事情去做，知行合一，事无同样，则自然法无定法，知行合一必然衍生出的就是千变万化、随事而变、因时而易。

几百年来很多人谈起“知行合一”这个概念总是迷惑，但这种迷惑其实都是没有明白“知行合一”的前提，那就是做事、做实事。就日常体验来说，只有在坐而论道的时候，或者是脱离具体事情的时候，你才会把知与行剥离、分离处理。但当你真正遇到事情时，焦头烂额需要紧急应变时，哪来的知行分离啊？

有时候事情确实没做好，你会复盘，你会反思，你在心中会再有预案，等再遇到同类事情的时候，你会处理得更好。但这个反思、思考就是行动，并不只是“知”，需要说明的是此时的“知与行”不是处理具体事务的行动，此时的行动不过就是“总结”而已，知行也是合一的。这个过程并不是先知后行或者先行后知的问题，知行两者永远密不可分，其实就是一回事。

（七）

1509 年，也就是王阳明龙场悟道的第二年，省会贵阳主管教育的行政长官席书慕名前来拜会王阳明，聊了一会儿就跟王阳明聊“朱陆异同”的问题，问朱熹和陆九渊有什么不同。朱熹是南宋一代儒宗、理学大师，而陆九渊是心学大师，这儒家分门别派已经数百年。面对这样的问题，王阳明却戳了戳自己胸口说：“他们都是一样的心。”他大讲自己所悟“知行合一”的道理。

起初，席书理解不了，对王阳明的观点不能接受，毕竟这与盛行的“知先行后”的思想差异太大，怀疑而去。但多次交流后，席书拿王阳明的观点与《五经》一一对照体会，渐渐有了感悟，最后大为喜悦，感叹“真正的圣人之道竟然能重现于今日”，便邀王阳明到贵阳文明书院主讲“知行合一”。席书亲自带着贵阳的书生们，以“事师礼事之”，“贵州士始知学”，这是王阳明具有独创性思想的最初对外传播。

面对着跟随自己的诸多学生，王阳明提笔写下了《教条示龙场诸生》，这其实是几百年来最佳的儒家入门修身指南。

教条示龙场诸生

诸生相从于此，甚盛。恐无能为助也，以四事相规，聊以答诸生之意。一曰立志，二曰勤学，三曰改过，四曰责善。其慎听毋忽！

立志

志不立，天下无可成之事。虽百工技艺，未有不本于志者。今学者旷废隳惰，玩岁愒时，而百无所成，皆由于志之未立耳。故立志而圣，则圣矣；立志而贤，则贤矣；志不立，如无舵之舟，无衔之马，漂荡奔逸，终亦何所底乎？昔人所言："使为善而父母怒之，兄弟怨之，宗族乡党贱恶之，如此而不为善，可也。为善则父母爱之，兄弟悦之，宗族乡党敬信之，何苦而不为善、为君子？使为恶而父母爱之，兄弟悦之，宗族乡党敬信之，如此而为恶，可也。为恶则父母怒之，兄弟怨之，宗族乡党贱恶之，何苦必为恶、为小人？"诸生念此，亦可以知所立志矣。

勤学

已立志为君子，自当从事于学。凡学之不勤，必其志之尚未笃也。从吾游者，不以聪慧警捷为高，而以勤确谦抑为上。诸生试观侪辈之中，苟有"虚而为盈，无而为有"，讳己之不能，忌人之有善，自矜自是，大言欺人者，使其人资禀虽甚超迈，侪辈之中有弗疾恶之者乎？有弗鄙贱之者乎？彼固将以欺人，人果遂为所欺，有弗窃笑之者乎？苟有谦默自持，无能自处，笃志力行，勤学好问；称人之善，而咎己之失；从人之长，而明己之短，忠信乐易，表里一致者，使其人资禀虽甚鲁钝，侪辈之中，有弗称慕之者乎？彼固以无能自处，而不求上人，人果遂以彼为无能，有弗敬尚之者乎？诸生观此，亦可以知所从事于学矣。

改过

夫过者，自大贤所不免，然不害其卒为大贤者，为其能改也。故不贵于无过，而贵于能改过。诸生自思，平日亦有缺于廉耻忠信之行者乎？亦有薄于孝友之道，陷于狡诈偷刻之习者乎？诸生殆不至于此。不幸或有之，皆其不知而误蹈，素无师友之讲习规饬也。诸生试内省，万一有近于是者，固亦不可以不痛自悔咎，然亦不当以此自歉，遂馁于改过从善之心。但能一旦脱然洗涤旧染，虽昔为盗寇，今日不害为君子矣。若曰吾昔已如此，今虽改过而从善，将人不信我，且无赎于前过，反怀羞涩疑沮，而甘心于污浊终焉，则吾亦绝望尔矣。

责善

“责善，朋友之道”；然须“忠告而善道之”，悉其忠爱，致其婉曲，使彼闻之而可从，绎之而可改，有所感而无所怒，乃为善耳。若先暴白其过恶，痛毁极诋，使无所容，彼将发其愧耻愤恨之心；虽欲降以相从，而势有所不能。是激之而使为恶矣。故凡讦人之短，攻发人之阴私，以沽直者，皆不可以言责善。虽然，我以是而施于人，不可也；人以是而加诸我，凡攻我之失者，皆我师也，安可以不乐受而心感之乎？某于道未有所得，其学鲁莽耳。谬为诸生相从于此，每终夜以思，恶且未免，况于过乎？人谓“事师无犯无隐”，而遂谓师无可谏，非也。谏师之道，直不至于犯，而婉不至于隐耳。使吾而是也，因得以明其是；吾而非也，因得以去其非。盖教学相长也。诸生责善，当自吾始。

这篇文章可以视作阳明毕生功业的入门心法，也是非常有助于提升个人修为的文章，白话如下。（本书的白话翻译在信达雅三个翻译维度上，首求达、信，未必各个今古文字一一对应、语法位置固定，读者自明，不再赘述。）

教条示龙场诸生

一、立志

欲成其事，先立其志。全天下各行各业，能做出点儿成绩的，都是先立了这个志向。现在一些求学之人堕落懒散，浪费时间，一事无成，都是因为没有立下志向。所以你立志要做圣人，就可以向着圣人的方向前进；立志做贤人，就可以向着贤人的方向前进了。如果志向没有立定，就好像没有舵的船、没有衔环的马，随水漂流，任意奔逸，那最后什么地方算个结束呢？以前有人说过：如果你做了善事，你父母兄弟都会怨你，你的宗族乡党都会鄙视厌恶你，如此环境下，那你不做善事是可以理解的；如果你做了善事，你父母兄弟会爱你喜欢你，你的宗族乡党都因此敬你信任你，那你何苦不做善事、不做君子呢？如果你做了坏事，你父母兄弟会爱你喜欢你，你的宗族乡党都因此敬你信任你，如此环境下，那你做坏事是可以理解的；可如果你一做坏事，你父母兄弟都会怨你，你的宗族乡党都会鄙视厌恶你，那你何苦要做坏事，要做小人呢？诸位想想这个道理，就知道为什么要立志了。

二、勤学

如果已经确定立志做君子了，那下一步就是勤学。凡求学不能勤奋的，必定是其志未能坚定。跟随我求学的人，不应该以聪明智能机警敏捷为高，但应该以勤奋确实谦逊有礼为上。诸生试看你们同学当中，假若有人不懂装懂，掩饰自己无能，忌恨他人优点，自我炫耀自以为是，说大话骗人，假使这个人天资禀赋很优异，你们会不会厌恶他？会不会鄙弃轻视他？他固然以为欺骗了他人，别人果真就被他欺骗，不会讥笑他吗？假如有的人谦虚沉默，自我持重，从不夸耀自己，坚定意志努力实行，勤奋求学，有不懂的就问；能称赞别人的长处，并反思自己的过失；学习别人的长处，并且能明白自己的短处，忠诚信实和乐平易，外表内心一致，即使这个人天资禀赋愚鲁迟钝，同学当中，有不称赞羡慕他的吗？他固然以无能者自居，并且不求超过他人，其他人就真的以为他无能，就不尊敬崇尚他吗？诸位明白了这个道理，也可以知道应勤于治学了。

三、改过

是人就会有过错，就算是大贤人也会有，但过错并不妨碍他最后成为大贤人，因为他知错能改。所以可贵的不是没错，可贵的是知错能改。诸位自己想想，平时是否有缺于廉耻忠信的行为？是否有悖于孝顺友爱之道，是否有陷于狡猾奸诈苟且刻薄的习气？各位或许还不至于此，就算偶然不幸或有此情形，都是因无知而误犯过错，因平日没有老师朋友的讲解学习规勤约束啊。各位同学试着反省，万一有过这样的行为，当然是先要痛改前非，但也不要因此自卑，不要自暴自弃。只要能改过自新，哪怕以前是盗寇，现在也可以做君子。如果觉得自己已经犯错了，就算现在肯改，其他人也不会信任我，而且也无法补救以前的过失，只是怀着羞愧、疑惑、沮丧的心理，而甘愿在污秽沉迷中，这才是陷入绝望了。

四、责善

所谓“互相责求向善，是朋友相处的道理”，但这需要做到“尽心地劝告并且好好地开导”，用尽自己的忠诚爱护的心意，尽量用委婉曲折的态度，使朋友听到意见，让他能够接受，并深思出道理后改过，对我的规劝有感激却没有恼怒，这才是为善。如果先曝光他的过失罪恶，极力毁谤斥责，使他无地容身，他将产生惭愧羞耻或愤怒怨恨的心理；虽然他觉得自己不对，想听从你的意见，但在心理上已经不可能接受了。这等于是激怒他使他做坏事了。所以凡是当面揭发他人的短处，攻击揭发他的隐私，用来换取正直的名声的人，都不能说他是在为善。即便这样，我用这种态度对待别人也是不可以的；如果他人用这种态度对我，凡是攻击我的过失的人，都是我的老师，怎么可以不心悦诚服地接受并内心感激他呢？

我对于圣道没有什么心得，学问粗浅。各位同学跟随我来此求学，我常整夜思量，恶且未免，何况过失呢？有人说：“侍奉老师不可以冒犯也不可以隐藏”，因此就说对老师没有可以劝谏的，这是不对的。劝谏老师的方法，要坦直却不至于恶言冒犯，态度委婉不至于隐讳不说。假使我说得对，彼此直言不讳、坦诚交流，可以更加明晰正确之处；如果我说得不对，这样提出问题，更利于改正错误。各位同学责求向善，应从我开始。

王阳明在这里提了四个问题，立志是人生观，勤学是方法论，改过是“对自己”，责善是“对他人”，四位一体，完整构建起了一个修身体系。

第五章 重归仕途

（一）

1510 年（正德五年）三月，王阳明终于被调离了偏远的贵州，调任江西庐陵做知县。

这个任命是非常有意思的，王阳明在被贬之前已经是兵部的六品主事，这知县不过七品。但庐陵知县在明代可是个不一般的地方官啊，同是七品，这里面学问大着呢。

庐陵在历史长河之中，曾经是一个光芒耀眼的城市，这里文化极度发达，曾以“三千进士冠华夏，文章节义堆花香”著称于世。庐陵一府考取天下最多进士和天下数量第二多的状元，小小县城竟然号称“一门九进士，父子探花状元，叔侄榜眼探花，隔河两宰相，五里三状元，九子十知州，十里九布政，百步两尚书”，真可谓步步达官显贵，处处文豪雅士。

在庐陵最有名的就是位于赣江中的白鹭洲书院，当时庐陵县衙在府城南门的欧家祠路，出南门稍东，就是白鹭洲书院。这书院建于南宋淳祐元年（1241 年），当时的吉州太守江万里为来此讲学的朱熹、周敦颐、程大中、邵雍、张载、程颐等六位儒学大师立祠建书院，教书育人于一方。后来宋理宗御赐“白鹭洲书院”五字，这所书院更是造就了南宋大英雄文天祥等一批了不起的人物。

庐陵城附近还有一座青原山，为禅宗七祖弘法所在，由此所形成的青原法系，乃南宗两大法系之一，后又发展成“曹洞宗”“云门宗”“法眼宗”

三家。后世称这三宗为“禅宗青原派宗”。历经数百年的传承，只有曹洞宗派一枝独秀，遍及江南，远播日本，并成为日本佛教的正宗。青原山堪称一座驰名四海的文化名山。

在古籍之中，我们已经无法查证最初将王阳明调任庐陵知县的用意，但如此一座汇集了官绅、文人、高人的城市，放眼神州，怕也是不多的。王阳明被调任到庐陵做知县，自然是打破了贵州龙场的樊笼。

从贵州到庐陵后，在这座人文荟萃的城市里，王阳明和他的心学，就如同种子落到了沃土里，迅速发芽壮大。来到庐陵后，王阳明的雄心壮志再度焕发，所写的诗也雄壮起来，在《游瑞华》一诗中写道：

万死投荒不拟回，
生还且复荷栽培。
逢时已负三年学，
治剧兼非百里才。
身可益民宁论屈，
志存经国未全灰。
正愁不是中流砥，
千尺狂澜岂易摧！

但这个官也不是好干的，王阳明上任第一天，庐陵县对这位新知县就来了一个下马威，爆发了一场群体事件，上千农民围堵县衙上访。

面对涌入县衙的人群，王阳明依然保持镇定，并没有勒令人群散去，也没有逃之夭夭，而是走出公堂，找了几个老成持重的人，询问上访原委。

原来是朝廷对庐陵颇多苛捐杂税，庐陵县是山区县，每年要上缴杉木、楠木、木炭和牲口等物品，折算成银子是 3498 两。

此外朝廷还在庐陵开征了一笔“葛布”税。“葛”是一种多年生的蔓草，其茎的纤维所制成的织物叫葛布，俗称“夏布”，质地细薄，除作衣料，魏晋以来多用制巾。葛之产地，一为吴越，一为岭南。

这“织葛”是一个高难度的手工活，织成布薄如蝉翅，重仅数铢，明清以来，有用丝纬葛经混织者。织工忙碌一年也只能织出一匹来。庐陵县不出产“葛”，但也要将摊派的“葛布”折算成银两，再到出产“葛”的县去采办。庐陵县被摊派下来的葛布折合银 105 两。

就是这两项税收，压得庐陵的老百姓上访了。

王阳明看到百姓们如此呼声，为之动容，迅速决定给上级打报告，争取免除庐陵的这两项税收，聚众上访事件迅速平息。

替老百姓们争取税收政策后，王阳明也想到了另一个问题，如果都像这次抗税上访一样，老百姓们有什么意见，都不按正规途径解决，动不动就上访、动不动就打官司，挟众闹事，这社会秩序也是堪忧啊。

于是王阳明公布的第一道告示是：息诉！

告示中规定：除非百姓有重大事情一定要打官司，否则不能来衙门打官司。即便非要来官府诉讼，也只允许投诉一件事，不得牵连其他事情，此外状词不能超过两行，每行不能超过三十字，超过者不予受理，故意违反者更要处罚。

这条告示乍一看让人觉得莫名其妙，但王阳明有他的用意。庐陵民风强悍，达官显贵众多，稍有冲突大家都不能相容，到衙门打官司，轻者缠诉多年，重者上访不休，加上各种人际关系盘根错节，让整个县衙陷于各种案件纠缠之中，无力他顾。

王阳明对这种纷扰现象下了自己的解药，息诉只是其中之一，更为重要的是，王阳明同时重新组织基层的里正三老，重新强化乡村绅权、族权，让小的纷争尽量在村、在家族内就得到解决，以纯化民风。只要民风纯正了，大家能够互相礼让、尊长爱幼，自然纷争也就少了。

到了夏季，庐陵遭到了严重的旱灾，并由此引发瘟疫流行。一些百姓怕传染上疾病，把亲人骨肉都抛弃了。王阳明见状又发布告示，指出瘟疫疗救法的关键在于振作民心，父老乡亲们要劝告子弟，遵循孝悌之道，别再抛弃骨肉，同时要彻底把房屋清理干净，按时给病人喂药。只要做到这些，官府将派人到他们家里慰问嘉奖。通过凝聚人心来完成自救，通过道德建设来完善社会救助制度。

如果放在当代社会，遭遇此类问题，官员或许会考虑通过建立社保、医保、合理的税收体系来解决。但在明代，各类保障制度都是空白，着手以德服人、从道德建设呼吁大家多付出，从匡正绅权、乡权入手，也确实是儒家力所能及也能立竿见影的做法。

就在庐陵县治这些琐碎、务实的一线问题考验下，王阳明以儒家学术为基调，也是干得有声有色。

就在王阳明在庐陵做县令的时候，一个惊天动地的消息传来了，不可一世的刘瑾覆灭了。

（二）

刘瑾的失败并非源于文官集团的攻击，而是源于八虎的失和。

正德元年，八虎是那样的团结，紧密围绕在正德帝身边，在生死边缘团结起来击退了文官集团的进攻。

但在掌握权力之后，正德八虎开始分裂了。

张永也名列八虎之一，但他比刘瑾要小十四岁。八虎当政时，正德帝命张永督十二团营兼总神机营。在宫内则掌管乾清宫、御用监诸事，兼提督尚膳、尚衣、司设、内官诸监，整容、礼仪、甜食诸房及豹房、浣衣局、混堂司、南海子事，成了兼职最多的内臣。职务众多，工作繁杂，可以说他是八虎中权力最大的人之一，堪与刘瑾分庭抗礼。

随着刘瑾权势的不断扩张，张永渐渐从合作伙伴变成了绊脚石、拦路驴。

浩瀚的《明史》中并没有记载刘瑾、张永两人矛盾的具体缘由，但可知的是，刘瑾已经在正德帝面前上奏，要求把张永赶到南京，而且要张永连夜起程，不准他再入宫。

这一手简直就是文官集团打击刘瑾的翻版，张永更是把戏份学全，连忙入宫，在正德帝面前诉说刘瑾陷害自己。

正德帝索性召他们二人对质。争辩中，张永越说越火，索性拳击刘瑾，两人当着皇帝的面打了起来。矛盾彻底激化。

后来，正德帝让“八虎”中的谷大用出面，摆酒为他们调解，在表面上刘瑾、张永两人恢复了平静，但实际上暗潮涌动。

（三）

正德五年（1510 年），封地远在现在甘肃省庆阳县的安化王朱寘𫔍造反了。这安化王朱寘𫔍为明太祖朱元璋第十六子之后，天生性格狂放荒诞，还相信怪力乱神，有个相面的夸他是大富大贵的面相，为此他高兴的不得了。

王府里后来还找了一个神汉王九儿，这王九儿养了只鹦鹉，靠鹦鹉说吉祥话混饭吃，这鹦鹉夸了安化王几句，安化王就觉得自己天命在握，从此觊觎皇帝宝座了。

正德帝当政后，好大喜功、好色无度，搞得民怨沸腾，这种社会环境更直接助长了安化王朱寘鐇“彼可取而代之”的野心。

就在此时，刘瑾正好派了些官员，去对军队所拥有的土地进行税制改革，或许朝廷的本意只是为了减轻军费负担，但落到实处时，这一场税改就变成了贪污、受贿、敲诈、勒索的丑剧。负责税改的官员不顾廉耻，原本 100 亩地才能被算作一顷地，但这些官员为了多敲诈一些银两，竟然以 50 亩地为一顷，原来的一顷地，现在就成了两顷地，悍然扩大税基，以敲诈钱财。

这种直接侮辱常识、玩弄规则的做法，自然激起了当地军队的强烈不满，军队对摊派下来的纳税额进行了抵制。对抗升级，刘瑾派的这些官员下令逮捕和责打欠税的人，这些官员忘了，欠税的可不是手无缚鸡之力的老百姓，而是手拿刀把子的军队，而且还有一位野心勃勃的王爷躲在幕后。

看到官逼民反、怨气十足，安化王就派自己的铁杆手下孙景文开始串联，一番沟通后，当地的不少官员都表态了，愿意跟着安化王干！

于是，1510 年五月十二日晚上，这个地区的所有高级官员都被邀请到安化王府赴宴。在中国古老历史传统中，宴会、饭局永远都是叛乱、杀人的好场所，觥筹交错转眼就变成了刀光剑影，叛乱的士兵冲入宴会，朝廷派来的几个军官、官员和镇守太监当场被杀。完成了宴会屠杀后，叛军直接对地方政府衙门发起了进攻，衙署随后被洗劫和焚烧，未曾赴宴的官员们也难逃一死。

凶宴过后，安化王发布了一篇檄文。檄文中，对刘瑾进行了强烈的声讨，为了天下安康，安化王必须打起义旗，清君侧。

安化王造反的消息很快传到了朝廷，于是正德帝派重臣杨一清领军平叛，和刘瑾已经失和的大太监张永被任命为监军。

这位杨一清可谓是明朝中叶一位了不起的人才，从小能文，被视作天下奇才，历经成化、弘治、正德、嘉靖四朝，为官五十余年，官至内阁首辅，号称“出将入相，文德武功”。

正德初年，蒙古军队入侵固原，当时明朝的北方防线分为延绥、宁夏、甘肃、宣大等几大战区，几个战区的总兵互不统属，面对固原成为入侵之地，延绥战区总兵曹雄拒绝驰援。当时杨一清正任陕西巡抚，五十一岁，自率轻骑从平凉出发，昼夜行军，抵御入侵并发动奇袭，击退蒙古军的进犯。

获胜后，杨一清以延绥、宁夏、甘肃三地有警不相援，请求朝廷任命大臣统一管理。

杨一清的奇袭胜利给了正德帝极佳的印象，于是杨一清被任命为陕甘总督，总制三镇军务。杨一清到任后，就开始修建边疆防御工程，正德帝很是赞赏，并发帑金数十万使其完成防御工事。杨一清领兵之时机警异常，经常挂在口头的训词就是“无事时当如有事提防，有事时当如无事镇静”。这有无之间，真是江湖老辣。

从正德朝这些事情说明，正德帝与杨一清的君臣关系是非常融洽的，但杨一清对刘瑾则不肯巴结逢迎。这陕甘总督可是首屈一指的地方大员，明帝国北方边防的半数军权都在其手中，如此重臣却不肯依附于自己，刘瑾岂肯罢休，于是指示人弹劾杨一清。

按照明朝官场的规则，重臣受到弹劾，都需要请辞，以示清白。杨一清也被迫借病辞职。

随后刘瑾本着斩草除根的原则，又踩上一脚，派人诬陷杨一清冒领浪费军费，将其逮捕入狱。你不是在边疆大兴土木、打造边防工程吗？工程地位之崇高，连皇帝都拿私房钱支持你。行，这样的重点国防工程要是查出问题来，足以把杨一清送上断头台。

杨一清入狱后，当时的大学士李东阳、王鏊极力救护，这才在刘瑾的魔爪下救了杨一清一命。但杨一清依然被刘瑾罚米六百石，当时杨一清这级别官员一年的俸禄也就是六七十石，这一下等于是罚掉了杨一清十年的总收入。

看看这支平叛部队的领导班子，统帅杨一清，监军张永。这可都是和刘瑾大打出手过的反对派啊。

历史上对正德帝也曾有一些正面评价，说这位皇帝除了贪玩、好色、后现代之外，倒也算不得不务正业，比如擒拿刘瑾就做得云淡风轻。确实，刘瑾这样的大权臣要想一下拿掉，也不容易啊。面对大权臣，就算是千古名君康熙也得暗中布局，带着一帮小太监练摔跤许久，才能把鳌拜降服；大明开国皇帝朱元璋君临天下，龙行天下，权力无时无刻不牢牢抓在手中，但他为了拿掉丞相胡惟庸，那也得发起连串大案，诛杀三万余人。如正德帝这样荒淫好色的君主，除掉刘瑾团伙却很轻松自如，真是少见。

看看平叛军队的这种人事组合，这是正德帝偶然为之，还是刻意设计？正德帝到底是个被刘瑾操控的糊涂蛋，还是个骨子里精明到底的冷酷君王呢？

我们无能起正德帝于地下，明晰不了帝王心术，但根据历史上的这些蛛丝马迹，似乎看到了朝堂上的风向此时起了一点点的变化：

安化王造反，对外宣传是反刘瑾；

而平叛的重臣，都是刘瑾斗败或正在斗争的政治对手。

刘瑾的权力铁幕，似乎被打开了一点点缝隙。

不得不说，安化王造反的本领真差，还没等杨一清他们到来，安化王叛乱就已经平息了，当地的军官就已经设计抓获了安化王本人。这次叛乱仅仅持续了十八天。

安化王叛乱大戏刚刚落幕，另一幕大戏就开演了，就在部队押送安化王回京送审的路上，杨一清和张永达成一致，决定联手出击，打掉刘瑾。

因为未费大明中央部队一兵一卒，安化王叛乱就平定了，如此功劳到手，杨一清和张永两个人的心情都大好，两人一路上也是相谈甚欢。这杨一清知道张永与刘瑾有矛盾，便趁机握着张永胳膊称："此次平叛有赖于阁下的力量。然而此事易除，国家内患怎么办呢？"

张永反问："您说的内患指的是什么呢？"

于是，杨一清在手掌上悄悄地写了一个"瑾"字。

一看指的是扳倒刘瑾，张永一开始有些犹豫，便称刘瑾的党羽耳目已经布及各地，恐怕难办。

杨一清一看张永犹豫，又进一步劝说道：希望张永借此平定安化王的机会，能够上疏揭发刘瑾的诸多恶事。

张永问：如果我们这样做了，但还是扳不倒他怎么办？

杨一清回答道："弹劾刘瑾的那些话必须从你口中说出，你可是当今天子最信任的人，万一皇上不信，你就顿首在地上痛哭，并请求死在皇上面前，剖心以证明此事不为妄论，皇上必然为你的所做而感动。请必须从速而做。"

张永听后勃然而起，立刻做了决定——扳倒刘瑾。

（四）

刘瑾越是揽权，这八虎内部越是纷争不断，马永成、谷大用跟刘瑾关系日益恶化。

此次平定完安化王，在杨一清的帮助下，张永下定决心要借机斗垮刘瑾，与刘瑾不是你死就是我亡。

当时有个叫俞日明的术士，颇为有名。刘瑾最喜欢这些神神道道的东西，就把这俞日明招揽过来了。这俞日明也不负所望，总是夸刘瑾的干孙子刘二汉有大富大贵的命。这刘瑾已经是一人之下万人之上了，他的孙子还会更加大富大贵，那只能成为皇亲国戚了，术士的意图已经非常明显了。

刘瑾从此也开始动了一些篡位的脑筋，让兵仗局太监孙和、两广镇监潘午、蔡昭通过各种手段，给他造了几批盔甲、弓弩，藏在家里。

张永平定安化王后，原定于八月十五日举行献俘仪式，但事情报到刘瑾那里，刘瑾大笔一挥把献俘仪式给押后了。

张永心中顿觉不妙，平定反叛本为功劳，为什么要押后庆功仪式？这背后玩的什么招数？

为了防止刘瑾出阴招，张永没有服从刘瑾的意思，而是提前进京献俘。

在献俘之后，正德帝就摆了一桌庆功宴，让张永、刘瑾等人一起喝酒，喝到夜里，刘瑾就先告退了。

等刘瑾一走，这张永立刻就把安化王造反的檄文呈给正德帝了，那上面全是刘瑾胡作非为之事。

这时候正德帝也喝了不少酒，低头感叹："刘瑾负我。"

张永在一旁赶紧进谏："此不可缓。"

马永成、谷大用这几个见此机会，哪有不借刀杀人、落井下石的道理，纷纷谏言，说刘瑾坏话。

于是当晚，正德帝就派人缉拿了刘瑾，分遣人马把刘瑾的各处宅子都给封了。

第二天上朝的时候，正德帝把安化王造反的那份檄文拿给了内阁的几位大臣看，虽然有几位大臣也是刘瑾提拔的，但突然看到檄文也是一时没有对策，加上刘瑾昨晚就已经被缉拿，此时也很难替刘瑾说话。于是君臣合计，将刘瑾谪贬往凤阳，让刘瑾去守祖陵。

有意思的是，退朝后，正德帝不知出于什么动机，竟亲自跑到刘瑾家这个查抄现场去看了看，看到竟然有“伪玺一，穿宫牌五百及衣甲、弓弩、哀衣、玉带诸违禁物”，这已经让正德帝够恼火了。在刘瑾常拿的扇子里，竟然“内藏利匕首二”，正德帝这才勃然大怒，跟着我的时候，你天天藏着匕首干吗？你想捅我啊？不然你带匕首干吗？

正德帝惊叹：“这奴才真要造反啊！”就此断了刘瑾的活路，决定将刘瑾从重处置。

（五）

刘瑾刚入狱时非常嚣张，面对刘瑾，负责审讯的刑部尚书也是噤若寒蝉。刘瑾在公堂上竟然公然叫嚣：“满朝公卿，皆出我门，谁敢问我者！”意思是这文武百官、六部官员，无不出于我门，谁敢审我？

刘瑾当政这六年，举世滔滔，宦海茫茫，文武百官中，有几个大员没给刘瑾送过钱？谁敢去审刘瑾？这在公堂上当场被刘瑾喊出主审官某年某月某日行贿过我，这怎么收场？是该把主审官一起拿下，还是怎样？这大案背后牵扯的显赫人物太多太多了，谁敢审他？

闹到最后，实在是有失朝廷体统，这刘瑾人抓都抓了，还能真不审问了？驸马蔡震站了出来：“我皇家至戚，应不附尔！”意思是：“我是大明皇族，总不至于依附你个太监吧！”

这蔡震提审刘瑾，一开场就让狱卒对刘瑾一顿暴打，打完再说话，果然，打完后“刘瑾乃服罪”。

经会审，刘瑾被判以凌迟。同年八月，刘瑾伏诛，结束了其罪恶的一生。恶贯满盈的明朝太监刘瑾，被判凌迟 3357 刀，分三天割完：刽子手先从其胸脯割 10 刀，然后对着他大声吆喝，怕他昏过去，等醒过来，再割 10 刀，如此反复。第二天，刘瑾熬不住气绝身亡。第三天继续割尸，直到割足 3357 刀。在封建社会，除非谋反、杀父母亲等属于“十恶”的大罪，一般的死刑犯要等到秋天的霜降以后，在冬至以前才能处死。这是顺应天时。春天万物生长的时候禁止行刑，也禁止捕杀幼小的鸟禽和走兽。但刘瑾属于谋反的第一重罪，所以不等到秋天的霜降到来就行刑了。行刑完毕，割下的小肉块被受过其害的人家抢着买下吃掉，一文钱一块肉。

经过查抄，发现刘瑾几年来贪污所得真已是天文数字。据史料所载，刘瑾被抄家时有黄金 250 万两，白银 5000 万余两，其他珍宝细软无法统计。

刘瑾的余党也难逃罪责，“族人、逆党皆伏诛”，那个所谓能大富大贵的刘二汉也被砍了头。

刘瑾的铁杆焦芳此时已经退休，逃过一劫。

当时的内阁由张彩、刘宇、曹元组成，全是刘瑾的人。

张彩死于监狱，磔其尸。

刘宇削官致仕，儿子刘仁被黜为民。

曹元削官致仕。

几大阁臣处理完毕后，又将刘瑾余党六十多人开除公职，最终刘瑾一党的名单也是蔚然大观。

尚书则吏部张彩、户部刘玑、兵部王敞、刑部刘璟、工部毕亨、南京户部张澯、礼部朱恩、刑部刘缨、工部李善。

侍郎则吏部柴升、李瀚，户部韩福，礼部李逊学，兵部陆完、陈震，刑部张子麟，工部崔岩、夏昂、胡谅，南京礼部常麟、工部张志淳。

都察院则副都御史杨纶、佥都御史萧选。

巡抚则顺天刘聪、应天魏讷、宣府杨武、保定徐以贞、大同张褕、淮扬屈直、两广林廷选，操江王彦奇。

前总督文贵、马炳然。

大理寺则卿张纶，少卿董恬，丞蔡中孚、张桧。

通政司则通政吴钛、王云凤，参议张龙。

太常则少卿杨廷仪、刘介。

尚宝卿则吴世忠，丞屈铨。

府尹则陈良器，府丞则石禄。

翰林则侍读焦黄中，修撰康海，编修刘仁，检讨段炅。

吏部郎则王九思、王纳诲。

给事中则李宪、段豸。

御史则薛凤鸣、朱衮、秦昂、宇文钟、崔哲、李纪、周琳。

其他郎署监司又十余人。

这名单里包括：九位尚书、十二位侍郎、十位巡抚、总督，光是这些一二品的大员，一下子就开掉了三十多位。

可以想象一下，无论任何一个政府，一次性把一半内阁成员、三十多位省部级干部开除掉，这是一种什么样的震撼！

清除掉刘瑾余党之后，刘瑾当权时的那些政策也全部被废除，“吏部二十四事，户部三十余事，兵部十八事，工部十三事”全部作废。

自然，被刘瑾迫害过的那些人获得了政治春天，很快，王阳明的父亲王华官复原职，重新出任南京吏部尚书。

第六章　升迁的秘密

（一）

王阳明在庐陵的时间并不长，不到一年而已，三月任庐陵知县，十二月就升任南京刑部四川清吏司主事。虽然南京刑部为冷衙门，缺乏实权，但刑部主事已经为六品官员，王阳明从品级上已经官复原职。

王阳明的升职之路才刚刚开始，随后就开始了一段火箭般的蹿升。仅仅一个月后，1511 年也就是正德六年，王阳明被调任吏部验封司清司主事，重新回到北京，虽然为平级调动，但进入了吏部这一核心权力部门。

又是一个月后，在 1511 年二月，王阳明出任会试同考官。

当年十月，王阳明升文选清吏司员外郎。这员外郎虽然号称“员外”，实已在编制定员之内，为从五品级别。

在员外郎的职位上，王阳明干了不到半年，到正德七年（1512 年）三月，升任为考功清吏司郎中，正式成为正五品官员。

在郎中职位上又干了大半年，在正德七年十二月，王阳明被调入兵部，并升任为南京太仆寺少卿（正四品）。

<table>
<tr><td rowspan="2">江西庐陵知县</td><td>七品</td></tr>
<tr><td>1510 年三月—1510 年十二月任期十个月</td></tr>
<tr><td rowspan="2">南京刑部四川清吏司主事</td><td>六品</td></tr>
<tr><td>1510 年十二月—1511 年一月任期一个月</td></tr>
</table>

北京吏部验封司清吏司主事	六品
	1511 年一月—1511 年十月任期九个月
北京文选清吏司员外郎	从五品
	1511 年十月—1512 年三月任期六个月
北京考功清吏司郎中	正五品
	1512 年三月—1512 年十二月任期九个月
南京太仆寺少卿	正四品

从正德五年到正德七年，不过三年时间，王阳明成功地从贵州一介驿丞，跃升成为四品官员。

要知道按照明朝的正常考核制度，“内外官皆三年为一考，六年再考，九年通考。”也就说通常情况下，是任职三年期满后才会进行考核，以决定官员的升迁调动。

如果走正常考核程序，从正七品到正四品，共有从六品、正六品、从五品、正五品、从四品、正四品六级需要跨越，如果按三年一考核，次次考核都非常顺利、成绩优异，这六级都能逐级升迁的话，那也需要十八年时间！

但王阳明做到这些只用了三年！

（二）

对王阳明如此旋风一样的职场升迁，历代对此进行探究的并不多，这种官场升迁路径在当时就已经是难以言说的秘密，此后五百年更是乏人提及。在王阳明成为立功立德立言的楷模后，看着王阳明的赫赫功绩，后人更把王阳明的升迁视为理所当然。

其实不然，王阳明成为四品官员后那就属于一方主官了，宣告着王阳明十几年的郎中、员外郎属官生涯的结束，终于有了一片空间可以自由发挥长官意志了。如果类比于现当代，那就是成了市长，或者中央直属的局级干部，在职场中打拼的人都知道，只要兢兢业业、确有一番才能，从普通员工一步步升到部门主管、处长，这是可以期待、可以复制的升迁路径。但由处到局，从属官到一方主官，这是一个巨大的职场跨越，这是一次质变。

一个部门里，可能会有几十位处长，但局长只有一位；一个城市里，各个部门的主管会有几十位，但市长只有一位；这是一次数量级的跨越，难度非凡。因为百分之九十的人，都会在处长到局长、属官到主官的这道职场玻璃墙面前黯然倒下。

王阳明为什么能够轻松跨越这道玻璃门？

隔着五百年，笔者勉力做一点儿探讨。

首先是其父王华的影响力。

前文已经说过，王华是成化朝的状元，又是当代的礼学大师，已经为官几十年，同榜同乡、门生故吏，在政学两界的关系是极其丰富的，就连刘瑾都是王华绕弯过来的徒孙。刘瑾倒台后，王华官复原职，原职是什么？南京吏部尚书。尽管南京衙门为空头班子，但王华那正二品大员的品级是实打实地摆在那里的。王华在朝堂中的影响力不容忽视。

其次，王阳明本身拥有极为出色的政治资本。刘瑾的倒台，朝局的反复，说明王阳明当年的被贬是错误的，王阳明的政治是正确的。他反贪斗士，是早就明察秋毫的仁人志士，当年的受贬，此时都是荣誉的象征；当年被打入奸党名册，此时都是提升的明证。这种与刘瑾直接斗争的资历是一般人没有的，这也证明了王阳明的大局观。

另外，经过刘瑾上台、刘瑾下台的两轮反复，很多庙堂朝臣位置都空了出来，刘瑾倒台，朝堂六部几乎被一网打尽，多少官员被彻底淘汰？这是多么难得的职场大机会，二品、三品大员的位置填满后，四品空缺的机会明显增多。

此外，不容忽视的是王阳明在这几年在学界也积累了很高的知名度，王学已经蔚为大观，王门弟子已经颇有声势，这为王阳明社会地位的提升奠定了很大的社会舆论基础。更核心的事实是，王阳明本身也是非常精明强干有工作能力的。

王阳明在庐陵时期，其心学也是渐渐风行。当时庐陵县衙离白鹭洲书院不远，王阳明在里面还开辟了一个自己讲学的场所。

在庐陵城南的青原山静居寺里，原有青原书院，宋代儒宗朱熹曾在此讲学，王阳明也在此讲学，公开以“心学”破朱熹“理学”的传统观念，常与安福邹守益、泰和罗钦顺、欧阳德、永新颜钧、吉水罗洪先、永丰聂豹、何心隐等辩驳传道。不同于贵阳的孤独跋涉，在这里一批庐陵英才，开始追随这位思想家。在随后的升迁岁月里，王阳明及其门人更是将心学的影响力不断扩大。

这样一位有家世、有背景、有功绩、有才干、有声望的干部，不提拔他提拔谁？

在正德谪居岁月后，王阳明曾在《与辰中诸生》中感叹过：“谪居两年，无可与语者。归途乃得诸友，何幸何幸！方以为喜，又遽尔别去，极怏怏也。绝学之余，求道者少；一齐众楚，最易摇夺。自非豪杰，鲜有卓然不变者。诸友宜相砥砺夹持，务期有成。”

这句话真是一求道法门，除了个别大豪杰，“鲜有卓然不变者”，诸友互相砥砺前行，期望能有所成。

虽然这几年王阳明的事业可以说得上是顺风顺水，但他的身体却不是很好。贵州的几年生活，加上之前廷仗之刑与牢狱之灾，王阳明身体并不是很好，他三十多岁时曾经自承：齿渐摇动，发已有一二茎变化成白，目光仅盈尺，声闻函丈之外，又常经月卧病不出，药量骤进。

白发倒也罢了，但视力下降、听力下降、经常卧病，这已经是困扰王阳明的明显症状。

（三）

在王阳明官场晋升的同时，朝局依然是日益糜烂。刘瑾虽然垮了，可正德帝依然是那个淫逸无度的正德帝。

刘瑾死了没多久，正德帝又引进了新的宠臣钱宁。

这钱宁不知所出，有人说他是云南镇安人。他从小就被卖到太监钱能家为奴，钱能很宠爱他，他便冒了钱姓。钱能死后，朝廷推恩给他的家人，钱宁得任为锦衣卫百户。

正德初年，钱宁因依附刘瑾，得以见爱于朱厚照。他个性狡猾，善于射箭，能左右开弓。朱厚照很高兴，赐给他国姓收为义子，传令升他为锦衣卫千户。刘瑾败后，他使用计谋得以免罪，历升为指挥使，掌南镇抚司。他又累升为左都督，执掌锦衣卫事务，主管诏狱，朱厚照对他言无不听，他的名刺（名片）还自称是“皇庶子”。

这钱宁自己受宠之余，还注意结党营私，引荐乐工臧贤、回族人于永以及各个番僧，以秘戏获得进用。他请在禁宫内设豹房和新的寺庙，恣意为声妓之乐，还引诱朱厚照微服出行。朱厚照在豹房时，常醉枕着钱宁睡觉。百官等着上朝，到下午四五点还不见朱厚照起来，暗中刺探钱宁，钱宁一来，则知道朱厚照圣驾将要出来了。

当时由太监张锐统领东厂侦缉事务，十分强横；而钱宁主管诏狱，势力最盛，中外人士称之为“厂、卫”。钱宁的气焰不弱于刘瑾。司务林华、评事沈光大都因杖打拘捕校尉，被钱宁论奏，逮入锦衣卫监狱，沈光大被黜退，林华被降一级。

锦衣卫千户王注和钱宁亲昵，他打人致死，员外郎刘秉鉴将此案抓得很急。钱宁将王注藏在家中，而嘱咐东厂揭发刑部别的事情。刑部尚书张子麟急忙登门向钱宁谢罪，立即放过王注，这才罢了。

厂卫校卒到各部院汇报事情，称尚书张子麟之辈为老尊长。太仆寺少卿赵经当初以工部郎中身份监督乾清宫工程，吞没库金数十万。赵经死后，钱宁假装派遣校尉去治丧，逼迫赵经的妻子扶梓出殡，最终赵经的其他姬妾、家藏财物全被钱宁占有。

宦官廖堂镇守河南，他的弟弟锦衣卫指挥廖鹏肆意作恶，被巡抚邓庠弹劾，诏令将他降级安置。廖鹏害怕了，派他的爱妾暗中侍奉钱宁，才得以留任。

钱宁的儿子钱永安，六岁时就被任为都督。他的养子钱杰、钱靖等人，都冒国姓，被授予锦衣卫官员。

钱宁心念自己富贵已极，而正德帝朱厚照虽然淫乱却一直无子，这正德帝有个三长两短以后可怎么办？于是钱宁便想勾结强大的藩王以求自全，想对正德帝身后的政治提前布局。

刘瑾倒台后，内阁大臣们都觉得宁王颇有异志，就把宁王府的护卫又给撤了，这可打在了宁王的痛点上，再也不好借着招纳护卫之名私自扩军备战、阴谋反叛了。于是宁王又四处托人，想恢复宁王护卫，找来找去就找到了钱宁。这钱宁正想勾结藩王以壮大势力，两方一拍即合，他为宁王朱宸濠设法恢复护卫，又派人前往朱宸濠住所，往来密切，颇有异谋。

在钱宁的授意与安排下，他还叫宁王朱宸濠多次进献金银玩好之物给正德帝朱厚照。他图谋召宁王的世子入太庙司香，为入继皇位做准备。他将玉带、彩纻交给朱宸濠的典宝万锐带回去，诈称是正德帝赐给，以显示自己是能够左右正德帝意志的人，彰显其地位。

交往几次后，宁王、钱宁两人捆绑得越来越紧，钱宁与宁王往来越来越密切，最后凡是宁王朱宸濠派到京师行贿的私人，都住到钱宁的铁杆手下、伶人臧贤家，通过钱宁通达于正德帝左右。

除了钱宁外，后来又有一位名叫江彬的武将，通过钱宁巴结上了正德帝。

这江彬最初担任蔚州卫（今河北蔚县）指挥佥事，只是一名普通的军官。刘六、刘七起义爆发，京城军队不能控制，朝廷就调边军入内。就在这时，江彬以大同游击的身份领边兵前来镇压，他过蓟州时把一户普通人家的二十余人全当起义军杀死，以此冒功。后来在战斗中，他因多次残杀农民军而立下战功。

起义被镇压后，江彬带兵路过京师，通过贿赂正德帝的宠臣钱宁，得到正德帝召见。

江彬通过钱宁得到正德帝召见后，深得宠信。正德帝喜欢混在豹房，那江彬就百般奉承，为皇帝物色民间美女，充斥其中，供皇帝淫乐之用。这江彬又在正德帝面前赞扬革职军官马昂之妹马姬美若天仙，又娴熟骑射，能歌善舞，会说外语。好色的正德帝不顾这女人已有丈夫并已有身孕，就将她纳入豹房。这一下可把朝堂重臣吓了个半死，这女人要是后面生下孩子，这算哪一出？幸亏玩了没多久，正德帝就对这女人兴趣不大了。但江彬的这一系列谄媚举动，深得正德帝欢心。

钱宁见江彬这个后来者青云直上，内心很是不平。一天，正德帝带着钱宁、江彬等人一起捕老虎玩，一开始正德帝叫钱宁上前，这单人与虎对抗，不是自寻死路吗？钱宁自然是畏惧不前。结果这老虎转过头，反而逼近正德帝朱厚照，关键时刻江彬奔去扑击分散了老虎的注意力，正德帝这才得以解困。

赶走老虎后，正德帝还跟江彬开玩笑说："一小老虎而已，我自己就足以办了，哪还用得着你？"不过经过此事后，正德帝内心还是很感激江彬而记恨钱宁的。

钱宁后来多次找机会陷害江彬，在正德帝面前说江彬坏话，但念着打虎之情，正德帝都不加理会。江彬知道钱宁容不下自己，环顾左右又都是钱宁的党羽，虽然皇帝此时宠信自己，但长期下来，谁敢保证皇帝一直这样信任自己？老是被钱宁这样陷害，自己保命都难，他便想凭借边防兵、凭借自己的老战友们来巩固自己的地位。

于是，江彬就向正德帝朱厚照称赞边军远比京军骁勇强悍，请求互相调换进行操练。这建议一出，朝堂震惊，哪有平安无事莫名其妙就把两大军区的驻军换着玩的？言官纷纷谏阻，大学士李东阳上疏称这样做有十大不便，但正德帝觉得这个好玩有趣，对这些文官的建议都不听从，于是将辽东、宣府、大同、延绥四镇的军队调入京师，称为"外四家"，由江彬统辖，纵横于都市。从此边军肆行，江彬势力大增。但江彬心里还是很顾忌钱宁的。为了进一步巩固自己的地位，千方百计讨好正德帝，江彬索性多次诱使正德帝出巡作乐。这皇帝一出巡，不要钱宁跟着，那皇帝岂不是只落在自己一人手中了？巴结逢迎，甚至进一步操纵皇帝岂不是很容易了？

正德十二年（1517 年）八月的一天，江彬对正德帝说："宣府乐工中多美女，应该到那里去玩玩，借此机会也可巡视边防。皇上何必整天待在宫廷之中，为廷臣所制？"

正德帝听后动了心，于是与江彬微服出京，数日后出居庸关，来到宣府。

巡游在外的正德帝只知寻欢作乐，对朝政一概不理。当年，江彬被封为平虏伯。这可是非常高的爵位啊，要知道王阳明历经了刘瑾的打压、贵州的谪贬，才是一个四品官，直到最后平定了宁王叛乱，那可是匡扶社稷之功，才封了一个新建伯，而江彬这不过是伺候正德玩乐，就成了伯爵。

出游之后，正德帝更是远离了钱宁，在争斗中钱宁自然渐落于下风，地位被江彬所取代。

（四）

正德帝玩玩闹闹的同时，还特别崇信藏传佛教，当皇帝没多久就封了八位法王，正德四年（1509 年）八月封著肖藏卜为大觉法王；正德五年四月封那卜坚参、札巴藏播两人为法王；正德五年六月封乳奴领占、舍剌扎两人为法王；还有三位法王被封时间已不可考，领占班丹为大庆法王，绰吉我些儿为大德法王，星吉班丹为大善法王。

至于封授西天佛子、灌顶国师等名号者，也有不少。藏僧“出入禁御，京食大官”，供养优厚。

正德帝推崇藏传佛教可不是凑凑热闹，那是真信真学真研究，正德二年（1507 年）三月以后，他“颇习番教”，开始钻研藏传佛教。三年后，到正德五年六月，他“佛经、梵语无不通晓”。要知道明武宗小时候读《论语》，在一群名师的指点下，他八年都没读完《论语》全书，这个学渣纪录估计也是没谁能打破了……而现在竟然三年就学好了梵语。

正德五年，正德帝在西华门内豹房创立“护国禅寺”，与藏僧“群聚诵经，日与之狎昵”。据实录记载是：“上诵习番经，崇尚其教，常被服如番僧，演法内厂”。正德帝迷恋的“实是藏传佛教中的秘密教”，所谓藏僧“以秘戏进”，“恣声伎为乐”，“以秘术得幸，出入宫禁”。宫女“有愿祝发为尼者”，正德帝“作剃度师，亲为说法，置番经厂中”。正德五年（1510 年）十月，正德帝还准备度藏汉僧、道四万人，“所司度不可诤，因如数搴印”。

正德帝甚至自封为“大庆法王”。藏文史料记载，藏传佛教噶玛噶举派黑帽系第七世活佛、大宝法王却扎嘉措曾说，“于我后来之转生时，噶玛巴一派因教法之大义无所成就，将分两派”。正德帝即位，正是却扎嘉措去世、第八世活佛弥觉多吉出生之年，黑帽系遂说，“天子正德皇帝与御身之化现同时，即尊者第八代之诞生，与天子之登狮子座同时。此天子遂冠黑帽云，‘朕乃噶玛巴也’”。正德帝知悉黑帽系的神话，正德五年六月自封为“大庆法王”，并令有司铸金印，“兼给诰命”，“定为天字一号云”。

藏僧等宣传说，弥觉多吉“能知三生”，引得武宗心动。正德十年（1515 年）十一月，正德帝派太监刘允打着“往乌思藏赍送番供等物”旗号，“乘传往迎之”。正德帝“以珠琲为幡幢，黄金为供具，赐法王金印、袈裟，及其徒馈赐，以巨万计，内府黄金为之一匮。敕（刘）允往迎，以十年为期，得便宜行事。又所经略，带盐、茶之利，亦数十万计”。

正德帝如此迎佛，遭到群臣强烈反对和持续不断的批评。不过正德帝从来都不把这些抗议批评当回事。

（五）

就是在这种背景下，王阳明提笔写下了《谏迎佛疏》，抛开该文当时的时政意味不说，这篇文章的后半部分非常值得研读（前半部分都在绕着弯子劝明武宗听话），这是一代圣人王阳明对儒家、佛家文化的全盘总结和对比。从儒家、佛家文化意义角度来看，这是王阳明最重要的文章之一，重要意义不只在于进谏皇帝以安黎民，更在于从一代大儒的角度，解构了儒家和佛家的关系。

谏迎佛疏

臣自七月以来，切见道路流传之言，以为陛下遣使外夷，远迎佛教，郡臣纷纷进谏，皆斥而不纳。臣始闻不信，既知其实，然独窃喜幸，以为此乃陛下圣智之开明，善端之萌蘖。郡臣之谏，虽亦出于忠爱至情，然而未能推原陛下此念之所从起。是乃为善之端，作圣之本，正当将顺扩充，逆流求原。而乃狃于世儒崇正之说，徒尔纷争力沮，宜乎陛下之有所拂而不受，忽而不省矣。愚臣之见独异。

于是，乃惟恐陛下好佛之心有所未至耳。诚使陛下好佛之心果已真切恳至，不徒好其名而必务得其实，不但好其末而必务求其本，则尧、舜之圣可至，三代之盛可复矣。岂非天下之幸，宗社之福哉！臣请为陛下言其好佛之实。

陛下聪明圣知，昔者青宫，固已播传四海。即位以来，偶值多故，未暇讲求五帝、三王神圣之道。虽或时御经筵，儒臣进说，不过日袭故事，就文敷衍。立谈之间，岂能遽有所开发陛下听之，以为圣贤之道不过如此，则亦有何可乐？故渐移志于骑射之能，纵观于游心之乐。盖亦无所用其聪明，施其才力，而偶托寄于此。陛下聪明，岂固遂安于是，而不知此等皆无益有损之事也哉？驰逐困惫之余，夜气清明之际，固将厌倦日生，悔悟日切。而左右前后又莫有以神圣之道为陛下言者，故遂远思西方佛氏之教，以为其道能使人清心绝欲，求全性命，以出离生死；又能慈悲普爱，济度群生，去其苦恼而跻之快乐。今灾害日兴，盗贼日炽，财力日竭，天下之民困苦已极。使诚身得佛氏之道而拯救之，岂徒息精养气，保全性命？岂徒一身之乐？将天下万民之困苦，亦可因是而苏息！故遂特降纶音，发币遣使，不惮数万里之遥，不爱数万金之费，不惜数万生灵之困毙，不厌数年往返之迟久，远迎学佛之徒。是盖陛下思欲一洗旧习之非，而幡然于高明光大之业也。陛下试以臣言反而思之，陛下之心，岂不如此乎？然则圣知之开明，善端之萌蘖者，亦岂过为谀言以佞陛下哉！陛下好佛之心诚至，则臣请毋好其名而务得其实，毋好其末而务求其本。陛下诚欲得其实而求其本，则请毋求诸佛而求诸圣人，毋求诸外夷而求诸中国。此又非臣之苟为游说之谈以诳陛下，臣又请得而备言之。

夫佛者，夷狄之圣人；圣人者，中国之佛也。在彼夷狄，则可用佛氏之教以化导愚顽；在我中国，自当用圣人之道以参赞化育，犹行陆者必用车马，渡海者必以舟航。今居中国而师佛教，是犹以车马渡海，虽使造父为御，王良为右，非但不能利涉，必且有沉溺之患。夫车马本致远之具，岂不利器乎？然而用非其地，则技无所施。陛下若谓佛氏之道虽不可以平治天下，或亦可以脱离一身之生死；虽不可以参赞化育，而时亦可以导群品之嚣顽；就此二说，亦复不过得吾圣人之余绪。陛下不信，则臣请比而论之。

臣亦切尝学佛，最所尊信，自谓悟得其蕴奥。后乃窥见圣道之大，始遂弃置其说。臣请毋言其短，言其长者。夫西方之佛，以释迦为最；中国之圣人，以尧、舜为最。臣请以释迦与尧、舜比而论之。夫世之最所崇慕释迦者，慕尚于脱离生死，超然独存于世。今佛氏之书具载始末，谓释迦住世说法四十余年，寿八十二岁而没，则其寿亦诚可谓高矣；然舜年百有十岁，尧年一百二十岁，其寿比之释迦则又高也。佛能慈悲施舍，不惜头目脑髓以救人之急难，则其仁爱及物，亦诚可谓至矣；然必苦行于雪山，奔走于道路，而后能有所济。若尧、舜则端拱无为，而天下各得其所。惟“克明峻德，以亲九族”，则九族既睦；平章百姓，则百姓昭明；协和万邦，则黎民于变时雍；极而至于上下草木鸟兽，无不咸若。其仁爱及物，比之释迦则又至也。佛能方便说法，开悟群迷，戒人之酒，止人之杀，去人之贪，绝人之嗔，其神通妙用，亦诚可谓大矣，然必耳提面诲而后能。若在尧、舜，则光被四表，格于上下，其至诚所运，自然不言而信，不动而变，无为而成。盖“与天地合其德，与日月合其明，与四时合其序，与鬼神合其吉凶”，其神化无方而妙用无体，比之释迦则又大也。若乃诅咒变幻，眩怪捏妖，以欺惑愚冥，是故佛氏之所深排极诋，谓之外道邪魔，正与佛道相反者。不应好佛而乃好其所相反，求佛而乃求其所排诋者也。陛下若以尧、舜既没，必欲求之于彼，则释迦之亡亦已久矣；若谓彼中学佛之徒能传释迦之道，则吾中国之大，顾岂无人能传尧、舜之道者乎？陛下未之求耳。陛下试求大臣之中，苟其能明尧、舜之道者，日日与之推求讲究，乃必有能明神圣之道，致陛下于尧、舜之域者矣。故臣以为陛下好佛之心诚至，则请毋好其名而务得其实，毋好其末而务求其本；务得其实而求其本，则请毋求诸佛而求诸圣人，毋求诸夷狄而求诸中国者，果非妄为游说之谈以诳陛下者矣。

陛下果能以好佛之心而好圣人，以求释迦之诚而求诸尧、舜之道，则不必涉数万里之遥，而西方极乐，只在目前；则不必縻数万之费，毙数万之命，历数年之久，而一尘不动，弹指之间，可以立跻圣地；神通妙用，随形随足。此又非臣之缪为大言以欺陛下；必欲讨究其说，则皆凿凿可证之言。孔子云：“我欲仁，斯仁至矣。”“一日克己复礼，而天下归仁。”孟轲云：“人皆可以为尧、舜”，岂欺我哉？陛下反而思之，又试以询之大臣，询之群臣。果臣言出于虚谬，则甘受欺妄之戮。

臣不知讳忌，伏见陛下善心之萌，不觉踊跃喜幸，辄进其将顺扩充之说。惟陛下垂察，则宗社幸甚！天下幸甚！万世幸甚！臣不胜祝望恳切殒越之至！专差舍人某具疏奏上以闻。

王阳明提出的儒学胜于佛学的原因为四：

一、夫佛者，夷狄之圣人；圣人者，中国之佛也。跨海要用船，陆行要用车，在中国就该用圣贤的学说，这是中国、天竺不同国情所决定的；

王阳明还讲述了自己也曾经尊信佛教，对佛教有着深刻的了解，并由此展开了其他的反对理由。

二、佛祖活了八十二岁，而尧舜都活了上百岁，从养生角度来看，儒家之道更有效果；

三、佛慈悲救世，但需要“苦行于雪山，奔走于道路”后，才能有效果，而尧舜是无为而治，九族和睦，齐家治天下，不用搞得那样苦兮兮的；

四、佛度人还需要“说法”，而尧舜都是“不言而信，不动而变，无为而成”。

尧舜虽然已是上古之人，听起来很遥远，但佛陀也涅槃许久了，“中国之大，顾岂无人能传尧、舜之道者乎？”

王阳明的这篇文章很有意思，自佛教东传以来，中国儒家辩佛者多矣，但多是从哲理、佛学等方面入手，大谈出世、入世的异同，但像王阳明这样抓住佛祖释迦牟尼自身经历来谈的不多，这里面切中了王阳明注重“知行合一”的思维，不只看佛祖、佛教怎么说，还要看佛祖本人怎么做的，从而校验自身的立场。

但文成之后，王阳明三思许久，最后没有把这篇文章进谏给正德帝。

毋庸置疑，这篇文章包含了王阳明对时局判断、对宗教信仰的解读和对自身责任的认知，但最后王阳明书成而没有上书。对比一下正德元年，那大胆上书最终被一顿廷杖、贬到贵州龙场的王阳明——“每一个十年，许多难忘的片段，当转眼回头，望一遍已经很远。”

第七章　贵人与变数

（一）

管他信佛还是信道，管他刘瑾还是江彬，只要哑口无言，我官我自为之。

卿本文人，在这样的道路上，王阳明本该一直这样走下去，四品、三品、二品，混得好的话，最后跟他父亲一样，成为二品大员，一部主官。父子两代大员，也是一段佳话。

非常有意思的是，王阳明一帆风顺的仕途突然变道了。王阳明转做军职了。

按我们现在的眼光，古代文人转做军职，似乎没有那样稀奇。汉代班超，三国诸葛亮，宋代虞允文、文天祥，清代曾国藩，在国家危难之际都毅然决然，弃笔从军，创造出一番事业，或成或败，但都彪炳史册。

实际上从常态的职业选择和官场设计来看，王阳明这次转型是非常独特的。

设身处地，大家在职场、官场之中，有谁听说过这位局长，前几天还在管庆典仪式、大小活动，管后勤车辆，过几天再听到他的消息，已经当师长，带兵打仗去了？

就算你自己任性，四十多岁了依然愿意参军保家卫国，可军队也未必要你啊。你要了一辈子笔杆子，凭什么保证你就能要得动枪杆子？你有这个自信，军方的领导、将士们对你有这份信任吗？你要是一个战士或者下级军官，正准备上战场，听说领军的指挥官昨天还在太仆寺管祭祀呢，你是不是有一种想哭的感觉，觉得领导们都在瞎搞？

你说你热爱军事，年轻时就是军粉，研读兵书，但谁敢把部队交到你这样一个外行手里？大明朝又不是没有职业军人。

放在官场生态中，你会发现王阳明的此次转型是异数，而王阳明之所以能做出这种转型，完全是因为一个人——王琼。

（二）

王琼是山西太原人，弘治朝进士，比王阳明的父亲王华晚三四年登进士，最初担任工部主事，后升为郎中。外调治理漕河三年，工作期间竟把所经历过的事罗列出来，于弘治八年（1495 年），编著了《漕河图志》八卷。后来接任的人查考那些事，竟然是毫厘不差，由此王琼以勤勉、干练而出名。

凭借过人的业绩，王琼不久改任户部郎中，又转官河南右布政使。

正德元年（1506 年），王琼被提升为右副都御史，负责督办漕运。

正德二年（1507 年），王琼入朝，担任户部右侍郎。

正德三年（1508 年），吏部侍郎空缺，满朝文武先后提了六个候选人，都被否决了，推荐到第七个候选人王琼时这才通过。

各位，还记得这时是谁当政吗？对，是刘瑾。

就是在刘大太监当权期间，王琼被提升为了中央从二品大员。

正德五年（1510 年），刘瑾伏诛，六部尚书彻底大换班，满朝重臣大清洗，王琼没事。

王琼此人一生功绩非凡，但士林评价：这人做事只计目的，不计手段，唯才是举，对德行、口碑看得不重，所以在刘瑾当政时也混得不错，在后期钱宁、江彬等权臣当道时，王琼跟他们私交也很好。王琼的这种做派，自然为以道统自居的士林所不齿，所以尽管王琼功劳赫赫，但有明一代王琼的口碑并不好。

正德八年（1513 年），王琼升为户部尚书。王琼在为郎官时就把过去的文牍、规则抄了下来，全面掌握了户部钱财收支、亏盈的情况。等做了尚书，他更加熟悉了国家的财政计算。

有一次，边境有个将领来请拨发粮草，王琼屈指计算一下某仓库、某草场有多少粮草，各郡每年运送多少，边防士卒每年秋收粮草多少，就说："这些已经够了，再伸手要就是弄虚作假。"有理有据、有凭有节，谁能不服？一堆硬数字怼得那想冒领的将军哑口无言。王琼之精明，岂能让你轻易钻了空子？

正德十年（1515 年），王琼出任兵部尚书。当时军队都拿人头来计算军功，杀了几个人、带了几个人头，算多少功劳。但这种做法给了太多空子，正德年间盗贼蜂起，处处平叛，太多军队到了叛乱之处随便杀人，反正杀完了拿人头顶功劳，哪管杀的是良民还是反叛，而且说到底反叛多难杀啊……看到如此弊政，王琼还是不忍心因循守旧，提出来：以人头记功这是秦朝的弊病，这种做法用在国防战争中也就罢了，因为国家战争中杀的多是外国之人，而用在镇压反叛的战争中就不合适了。现在江西、四川两地妄杀平民千万，真正的反贼反倒是跑了。从此以后，内地征讨，只以是否荡平匪徒贼寇为目标，再也不用人头记功了。二十四史历朝历代，杀良冒功不绝于书，恐怕冤死在官军手下的良民不少于反叛啊，不管王琼为人如何，仅凭他这一条就是为万家生民造福啊。

王琼管兵部后，就把王阳明转成军职了。

正德十一年（1516 年），王阳明被兵部尚书王琼举荐升任右佥都御史，巡抚南康、赣州、汀州、漳州等处。

（三）

正德帝胡作非为，弄得民不聊生。在他当政时期，盗贼蜂起，遍地狼烟。

正德五年（1510 年）十二月七日，盗贼攻陷江津，佥事吴景战死。

正德六年（1511 年）正月二十二日，盗贼攻陷营山，杀佥事王源。

四月，淮安盗贼兴起。

六月，山西盗贼兴起。

七月二十四日，盗贼侵犯文安，京师戒严。二十五日，征调宣府、延绥兵进入京师救援。

八月二日，兵部侍郎陆完率领边境军队征讨盗贼。四川巡抚都御史林俊擒杀贼首领蓝廷瑞、鄢本恕。

八月七日，盗贼刘六侵犯固安。

十月六日，盗贼攻陷长山，典史李暹战死。

十月七日，盗贼在济宁州焚烧粮食船只。

十月二十五日，盗贼抢劫苍溪，兵备副使冯杰战败而死。

仅正德六年这一年，从畿辅到江、淮、楚、蜀，盗贼杀官吏，山东最厉害，最盛时攻破官军九十余城，道路交通为此而阻塞断绝。

正德七年（1512 年）正月八日，盗贼侵犯霸州，京师戒严。十一日，攻陷大城，知县张汝舟、主簿李铨战死。十三日，大祭天地于京师南郊。霸州离北京近在咫尺，天子之侧已经是兵火屠城，可想而知这盗贼之乱已经乱到了什么地步。

二月二日，副都御史彭泽、咸宁伯仇钺提督军务，太监陆訚监督军队，征讨河南贼。四日，盗贼攻陷莱州，指挥佥事蔡显等奋力战死。

三月二十六日，副总兵时源在河南溃败，都督佥事冯祯奋力战死。

五月三日，陆完打败莱州贼、平定山东盗贼。十一日，左都御史陈金征讨并平定抚州盗贼。二十三日，盗贼杀害副都御史马炳然于武昌长江中。

闰五月十九日，仇钺在光山打败盗贼，平定河南贼。

尽管正史，把正德朝这些揭竿而起的英雄好汉、草莽英雄都斥之为“盗贼”，但想一想能够击败中央军队、地方军队，只能靠紧急调边防军才能镇压的“盗贼”，这是什么盗贼？够得上逐鹿中原的盗贼了吧？“山东最厉害，最盛时攻破官军九十余城”，这已经是分庭抗礼的义军雏形了。

翻翻二十四史，一朝之内，盗贼如此蜂拥而起，帝国竟然还没有崩塌进入末世，也真是不多见啊。正德帝这个人，有时候也非常残忍。赵鐩等几个所谓的流贼被抓住后，直接被正德帝判了六个人剥皮之刑。司法部门对此提出了意见，表示前朝有制度，行刑应该按照朝廷法律来做，不能这样滥刑。但正德帝置之不理，最后还把剥下来的人皮做成了马鞍、马镫，他自己天天骑马的时候用。

一时气愤，非刑杀人，这对皇帝来说就已经够过分了，拿人皮做马鞍、马镫，自己天天摸来摸去，这得什么心理承受力？但就是这样的血腥镇压，也无济于事，因为民不聊生，盗贼自然四起。

1516 年，正德十一年，王阳明已经四十五岁，正在南京。

面对天下纷乱，英才岂能袖手书斋？

当年九月，经兵部尚书王琼特荐，王阳明升都察院左佥都御使，巡抚南赣、汀、漳等处，就是现在的江西赣州、福建南安、汀州、漳州区域。

现在说起这些区域，都是神州大地上的美丽城市，国泰民安，但在明朝，南赣汀漳区域可是出了名的难搞啊。

（四）

赣州，位于江西省南部，是江西省的南大门，地处赣江上游，处于东南沿海地区向中部内地延伸的过渡地带，是内地通向东南沿海的重要通道。赣州东接福建省三明市和龙岩市，南临广东省梅州市、河源市、韶关市，西靠湖南省郴州市，北连江西省吉安市和抚州市。

如此连接江西、湖南、广东、福建的要地，地势更是险恶。赣州群山环绕，断陷盆地贯穿于赣州市，以山地、丘陵为主，四周有武夷山、雩山、诸广山及南岭的九连山、大庾岭等，众多的山脉及其余脉，向中部及北部逶迤伸展，形成周高中低、南高北低的地势。

赣州除了四周山峦重叠、丘陵起伏，更是溪水密布，河流纵横。赣南山区是赣江发源地，也成为珠江之东江的源头之一。千余条支流汇成上犹江、章水（古称豫章水）、梅江（古称河水，也称宁都江、梅川）、琴江、绵江（又称瑞金河）、湘江（湘水，又称雁门水）、濂江（濂水，又称梅林江、安远江）、平江（又称兴国江、平固江）、桃江（又名信丰江）九条较大支流。其中由上犹江、章水汇成章江；由其余七条支流汇成贡江（贡水，古称湖汉水，又称雩江、会昌江）；章贡两江在章贡区相汇而成赣江，北入鄱阳湖，属长江流域赣江水系。另有百条支流分别从寻乌、安远、定南、信丰流入珠江流域东江、北江水系和韩江流域梅江水系。区内各河支流，上游分布在西、南、东边缘的山区，河道纵坡陡，落差集中，水流湍急；中游进入丘陵地带，河道纵坡较平坦，河流两岸分布有宽窄不同的冲积平原。

山势险恶，水文复杂，当地的居民呢？更是难搞。

赣州是客家先民南迁的第一站，是客家民系的发祥地和客家人最大的聚居地之一，在赣州共有畲、回、蒙古、藏、维吾尔、苗、彝、壮、布依、朝鲜、满、侗、瑶、白、土家、哈尼、哈萨克、傣、黎、傈僳、高山、佤、拉祜、水、东乡、纳西、景颇、独龙、土、达斡尔、仫佬、羌、布朗、撒拉、毛南、仡佬、锡伯、塔吉克、怒、乌孜别克、鄂温克等几十个民族。

明代也不讲什么民族平等，大明政府也没空儿去搞什么民族辨析，管你什么民族，一概视为蛮夷，弄得与各民族之间矛盾重重。

漳州是福建省下辖的地级行政区，与台湾隔海相望，东与厦门相邻、南接广东省，是泛珠三角、海峡西岸中心城市之一。漳州市境内博平岭横亘于西北，戴云山余脉深入北部境内。平和县的大芹山主峰海拔1544.5米，为漳州市第一高峰。九龙江全长1923千米，为福建第二大河。流域面积14741平方公里，在漳州境内流域面积7586平方千米。此外还有鹿溪、漳江、东溪等主要河流。九龙江中下游平原面积720平方千米，是省内最大平原。

明代是漳州快速发展的一个时期。耕地进一步扩大，山区继续营造梯田，时人称之“地无旷土，人无遗力”。当时沿海围垦、兴修水利受到当局重视。

漳州也是四方来人杂处之地，这杂处不光指中国人，还包括外国人。有明一代，安南（现越南）水稻良种，吕宋（现菲律宾）甘薯、烟草，都是通过漳州传入中国的，其与海外往来频繁由此可见。

汀州即现在的福建龙岩市，从地理位置上说，是闽南金三角腹地，也是闽粤赣三省的交通要冲和物资集散地，是海内外客家人的祖地。地势东高西低，北高南低。境内武夷山脉南段、玳瑁山、博平岭等山岭沿东北西南走向，大体呈平行分布。

南安，现在是福建省泉州市下辖的县级市，位于福建省东南沿海，晋江中游。这个南安历史悠久，一度是闽南的政治、经济和文化中心，这个地方地形还非常复杂，溪涧纵横，流向繁复，水系呈羽状，河流主要属晋江水系及沿海水系。

总体来说，南赣汀漳几地民情复杂、地势复杂，山水相连。本来治理就不易，结果明武宗当政、刘瑾当权又是瞎搞，弄得南赣汀漳遍地狼烟，多少老百姓交不起税就揭竿而起了。

几年下来，大股匪患就有多起。

江西谢志珊自称“南征王”，占领南安府的横水、左溪、桶冈等地；

广东池仲容自称“金龙霸王”，据浰头三寨；

福建大帽山詹师富起义；

江西大庾陈曰能起义。

从正德八年（1513 年）起，詹师富的部队与江西横水、桶冈谢志珊、蓝天凤，广东浰头池仲容、池大宾开始协同，转战闽、粤、赣边区，明廷称此次几股土匪协同，使“三省骚然”。整个南、赣、汀、漳区域实际上就是一团糜烂，无非就是差几位有雄心壮志、天赋才能的义军领袖而已，如果真有唐代黄巢、宋代方腊、明初朱元璋那样的人物混迹其中，整个南、赣、汀、漳区域早就彻底连成一片，另立一国了。

其实这也是治理匪患的关键时刻，此时再不悬崖勒马，恐怕就后患无穷了。举个例子，清朝太平天国之所以能够分立山河，就是在起义之初，打出了福建金田，纵横南方大地。如果当时清政府能够迅速调集兵力将洪秀全、杨秀清等人扑灭在金田一地，太平天国又怎么会发展成为席卷大清王朝、险些鼎故革新的一代传奇？

虽然大明王朝明武宗正德帝无道，但下面的几个重臣门儿清得很，这王琼已经斟酌到南、赣、汀、漳区域问题的严重性、复杂性，匪患此时不除，来日就是滔天大患。于是王阳明来了。

（五）

正德十二年（1517 年）正月初三日，从家乡出发的当天，王阳明即接到南赣衙门送来的消息，广东、福建两省已派兵往两省交界的漳南山区的土匪詹师富部进剿。

结果不到半个月，正月十六日，刚刚到达赣州官巡抚衙门的王阳明就接到败报，两省官兵被詹师富等打得惨败。

这位土匪领袖詹师富，也被称作詹师傅，是平和县人，原本以竹业为生，故称师傅。在正德二年（1507 年）就被逼得活不下去了，与温火烧等人，以芦溪、象湖为根据地，聚众起义。到此时已经盘踞在漳州南部十余年了。十年都没有被当地政府剿灭的顽匪，可想而知势力是多么根深蒂固。

按王阳明的话就是“本院巡抚地方，盗贼充斥”，整个赣州、漳州、汀州区域，哪里是民，哪里是匪，你根本分不清楚。今天或许还是良民，明天吃不饱饭就上山当土匪抢东西去了；看着是个种地的本分人，哪知道他的兄弟朋友是不是在山上纵横呼啸？

对这种局势，“因念御外之策，必以治内为先。”为此，王阳明创造了“十家牌法”，这个制度落地以后，效果显著，后经过明清两朝的官员，终于把这个制度确定为了“保甲制度”。这一制度对中国乡土社会影响重大，直接关系到千家万户的生活。

其实在此之前，中国传统社会也有一套管理措施，秦汉定制以来，在县以下没有政府的派出机构，那县以下的乡镇怎么管理呢？靠的是由政府控制的中国传统的宗族制、家长制相联系的民间组织形式。

这种组织形式在秦汉以前叫什伍之法，从汉到隋唐称乡里之制，宋以后改为保甲制度。此前的制度都过于依靠血亲、宗族、人情化。

直到明代中期以后，王阳明创造了“十家牌法”，规定十分细密，使保甲制度逐渐走向成熟和完善。

王阳明“十家牌法”的主要内容为：每十家为一牌，每户门前置一小牌，查实造册报官备用。规定每日每人执牌挨户察纠情况，随时报官。如有隐匿者，十家连坐。具体规定：“凡置十家牌，须先将各家门面小牌挨审的实，如人丁若干，必查某丁为某官吏，或生员，或当差役，习某技艺、作某生理，或过某房出赘，或有某残疾，及户籍田粮等项，俱要逐一查审的实。十家编排既定，照式造册一本，留县以备查收。及遇勾摄及差调等项，按册处分，更无躲闪脱漏，一县之事如指诸掌”。

十家一牌，牌上注明各家的丁口、籍贯、职业，轮流巡查。一家隐匿盗贼，其余九家连坐。如有人口变动，需向官府申报，不然则被认定为“黑户”。

当然这个政策出台后，给老百姓增加了很多不便利的地方，天天被“执牌挨户察纠”，没有人会觉得很愉悦。

王阳明也知道这种把所有人都先界定为“坏人”然后加以管理的措施会

不得人心。他在告示中也反复表达了“不得已而为之”的善意：“今为此牌，似亦烦劳。尔众中间固多诗书礼义之家，吾亦岂忍以狡诈待尔良民。便欲防奸革弊，以保安尔良善，则又不得不然，父老子弟，其体此意。”

王阳明也反复强调了十家牌法的效果：“或有隐匿，十家连罪，如此庶居民不敢纵恶，而奸伪无所潜形。”

王阳明在十家牌法的具体落实上也毫不手软，明确要求“务在一月之内了事”，同时“该道亦要严加督察，期于着实施行，毋使虚应故事。仍令各将编置过人户姓名造册缴院，以凭查考；非但因事以别勤惰，且将旌罚以示劝惩”。

最终王阳明也给出了消灭匪患、进入儒家生活的幸福远景，“自今各家务要父慈子孝，兄爱弟敬，夫和妇随，长惠幼顺，小心以奉官法，勤谨以办国课，恭俭以守家业，谦和以处乡里，心要平恕，毋得轻易忿争，事要含忍，毋得辄兴词讼，见善互相劝勉，有恶互相惩戒，务兴礼让之风，以成敦厚之俗。吾愧德政未敷，而徒以言教，父老子弟，其勉体吾意，毋忽！”

只要各家各户父慈子孝、夫妻和睦、勤俭持家、不要轻易纷争，各种管理措施自然消于无形，德政还是终极目的。

王阳明的“十家牌法”取得了立竿见影的效果，当地土匪与老百姓被有效地切割开来，土匪的纵深活动区域被大大压缩，以往灵通的信息源也纷纷为“十家牌法”框定，家家户户连坐联防、多位邻居二十四小时审视着你，哪个敢再随意给土匪报信去？

“十家牌法”的强力推进，为王阳明平定匪患做了基础性的工作。

这个工作成果也成为先进经验，在明清两朝得到普及和进一步细化。清承明制，自顺治到嘉庆，清代的帝王皆十分重视保甲的作用。雍正四年（1726年）吏部遵旨议行保甲法。其法：“十户立一牌头，十牌立一甲长，十甲立一保正。”按规定，即便村庄不合标准，也可不限于具体规则，“村庄虽小，即数家亦可编为一甲。”为稽查方便，十保甲之法得以更好实施，规定每户“发给印信纸牌一张”。到乾隆二十二年（1757 年）又更定保甲法十五条，使清代保甲制度更为具体严密。

按照明清制度，各地在印制门牌时，多加有知县的告示，盖有官印，以视郑重。十家牌分为两种：一种是写明十家姓名者，由牌长执挂，用以轮流稽查；一种只写明一家户主及子女情况者，是各家悬挂于门首的牌。《清会典》在“户部尚书侍郎职掌五”中对烟户详细解释：“正天下之户籍，凡各省诸色人户，有司查其数而岁报于部，曰烟户。”也就是说，报于官府备案的户籍，谓之“烟户”。没有向官府申报的户籍人口，只能称为“黑户”。

值得一提的是，王阳明当年采取“十家牌法”，已经开宗明义表明了：“本院巡抚地方，盗贼充斥”，这只是为了平定匪患的临时措施，不得已而为之。王阳明知道这个政策非常扰民，承诺德政才是终极目的。

而此后的明清政府，则忘记了王阳明定此法的前提条件。普天之下，管你是太平盛世，还是匪患出没，统统保甲制度框起来，当一个非常措施变成常态措施，它也就丧失了严肃性和合理性。太平无事之时，谁能长期坚持天天“执牌挨户察纠”？就算坚持下来了，这种执法成本与效果之间并不匹配。而长期的平安无事，必然引发执法懈怠；执法懈怠，必然导致真需要使用该方法发挥功效时，没人把成法当回事。

学习好的方法是对的，但王阳明立法的初衷不可不察，非常之法应对非常之事，承平之法应对太平之时，管理方法要与具体时事配套。

（六）

王阳明一边用十家牌法肃清剿匪环境，一边分析形势、重新凝聚军心。还没上任，麾下部队就遭遇败仗，这怎么都不是一个好消息，但王阳明这个从来没有过军事经验的人，却把这个刚到任就到来的败仗转化为了胜利的契机。

在解决了涣散的军心这些基础问题后，王阳明开始反攻。在反击之前，王阳明造了一些舆论。

王阳明先是对阵亡士兵大搞追思、祭奠，军队都是刚死了战友、胆气已寒的形象，天天还大办丧事，自然是一副军无斗志、军容涣散的样子。

然后大明军队开始放出风去，准备要从漳南撤兵，说是要先去攻打江西横水的另一股土匪谢志珊，等到秋后再征漳南，再来打詹师富。

表面上大办丧事、号称去江西，实际上，就在那几天王阳明挑选了精兵两千，连夜从赣州奔往福建长汀、上杭。

行军路上，刚带兵的王阳明对自己也是几多期许，在诗中写道：

将略平生非所长，
也提戎马入汀漳。
数峰斜日旌旗远，
一道春风鼓角扬。
莫倚贰师能出塞，
极知充国善平羌。
疮痍到处曾无补，
翻忆钟山旧草堂。

行军赶路的同时，王阳明严令各军不可因小挫而气馁，应立即向分散在各处的山贼再度发起进攻。

山贼得到的消息是官军撤了，去打横水了，于是尽皆怠懈，没想到遭受突击，大败而逃。

官兵久无胜过，此战一胜，备受鼓舞，越战越勇。

从正月十八日至三月二十一日，连续六十多天的紧追猛打，詹部终于全溃。

同一支部队，正月初三到正月十六日，面对同样的土匪，那是惨败而归；但在王阳明的率领下，从正月十八日开始进攻，再无败绩。这是多么神奇的改变。

（七）

打垮了詹师富后，王阳明进一步分析了赣州等地的匪情。两三年前，三省的盗贼不过也就是三千多人，从现在各府州县汇报来的数据看，盗贼已经数万人，比两三年前多了十倍不止。王阳明很纳闷盗贼是怎么快速发展壮大的，于是他与当地官僚、父老乡亲做了大量谈话，深入田间地头，了解情况。最终发现，盗贼之所以日益滋生，是因为官府打击不力，当地出了盗贼，事情闹大了，不过就是招抚了事。表面上看招抚的时候是平安无事了，可其他老百姓一看，这当了盗贼有利无害啊，可以抢劫财物，官府也不管，转头一招抚，还进入了国家公务员体系，这何乐不为？只有好处，没有危害，谁不干？所以做盗贼的人越来越多，盗贼们也越来越无所顾忌，知道官府拿自己没办法，只能招抚自己。老百姓知道官府不会为自己做主，不会去从根本上打击盗贼，那就只能从贼了。所以几年下来，盗贼越来越多，最后离盗贼近的老百姓都被拉入了伙，离盗贼远的老百姓都成了盗贼的向导，在官府做事的一些人索性就成了盗贼的间谍。

王阳明认为，招抚这种手段对一些被无辜裹挟的老百姓，是可以用的，这些老百姓本来就是被迫从贼；但对于一些随招随叛之党，则应该严厉打击，不该随意招抚。

具体分析到江西政府之所以多用招抚策略，王阳明发现，以往有的官员也想对盗贼进行打击，也想为民报仇雪恨，为地方除患，但江西的地方军事力量实在是太差了。他们平素从不练兵，出现匪患了，征调士兵，十几天才能完成部队集结；等完成整编、集训，开始进剿，这又得花费十几天时间；这二十多天时间，足够盗贼们从容劫掠、满载而归了。就算有时候，盗贼没有撤退，两军相遇，官军们往往不用交锋就败了，犹如驱赶群羊去攻打猛虎，这一吃败仗，主战的官员自然会受到责罚，而主张招抚的官员反倒是看似有了道理、能立竿见影地创造平贼幻觉。这样几次下来，主战的、勇于任事的官员越来越少，大家都以招抚为策。

军队的战斗力为什么这样差呢？王阳明走访了大量将官、战士后发现，明军的赏罚体系有问题。当时部队里，奋力死战的人得不到任何赏赐，而闻风而逃的人，也不会得到任何处罚，这样的赏罚不明，战士们干吗要冲上去？“何苦求必死乎？”

恶性循环到最后，江西地方的大明部队都是“畏敌不畏我”，这怎么打仗？

当时也有意见说，可以从广西调军队，来江西剿匪。朝廷派来的军队多是湘西或贵州、广西少数民族地区的狼兵，这些狼兵多属于当地土司豢养的家兵，他们以当兵为业，凶猛勇敢，吃苦耐劳，善于爬山钻林，南赣的山贼十分惧怕他们。于是，南赣的山贼们采取回避的战术，狼兵来了，他们躲藏起来，狼兵回去了，他们又出来骚乱。而狼兵除了赣州卫所留下来世袭外，其余各地请来的狼兵是要回去老家的，一来一回得一年，又费钱财又没用。

王阳明对此也不赞同，王阳明认为外省部队调拨过来，首先费用惊人，另外这军队过境，惊扰太大，明朝部队也是劫掠成性，其危害不比盗贼轻。

综合实际情况，王阳明确定的策略是对这些盗贼必须严打。但与其调兵于外省，不如自己练兵，严加赏罚，增强战斗力。王阳明决定培养当地民兵。他让各州府从所属县衙的弩手、捕快、打手中各挑选骁勇者十名左右为将官，又从各卫所中挑选有实战经验者充当教官，让他们编练民兵。很快，一支比朝廷卫所官兵更有战斗力的民兵队伍组织了起来。

（八）

南安府所属的大庾、南康、上犹三县，就有三十多处大盗贼，有名的大贼首有谢志珊、志海、志全、杨积荣、赖文英、蓝瑶、刘通……所统帅的贼众有八千多人，而且与湖广的桂阳、桂东、鱼黄、聂水、老虎，广东的乐昌等匪巢相勾结。广东龙川、浰头、龙南也是土匪众多，贼首池大宾、大安、黄秀魁、钟万光、古兴凤、王金、曾子奈、王洪等人统领的贼众也有五千多人。

这些土匪互相勾结，前后夹击、合作劫掠已经三次，占据田土数千万顷，杀人无数。

正德十二年正月十六日，八百多盗贼直接攻破乐昌县，掠走知县韩宗尧，劫掠府库，还把监狱囚徒全部放跑了；还有上万瑶族土匪，集结起来，放话出来要造攻城战车，准备攻打州县城池。“如疽痈之在人身，若不速加功治，必至溃肺决肠。”

面对如此严重的匪患，不征调外省军队，自己练兵，并且赏罚严明，说起来容易，做起来难啊，无论是练兵，还是赏罚，都需要钱，钱从何来？

王阳明算了一下，他已计划在本省练兵三万，用半年时间平定匪患，预计粮饷费用需要白银数万两。赣州府地方财政只有二千九百两现银，经过一番催缴征税，又征得了一千六百两白银，合计四千五百两银子，战事迫在眉睫，这军费缺口巨大，怎么办？

王阳明想出了一个妙招，他上奏了一个折子《疏通盐法疏》，提出三项主张：一是把原来南安、赣州两府行销潮州粤盐的范围扩大到吉州（今吉安）、临江（今樟树）、袁州（今宜春），商人在南赣两府卖盐按原来的税率十抽一交税，到新增的三府卖盐则按十抽二的高税率交税；二是为了防止偷税漏税，把南安梅亭税关归并到赣州龟角尾税关，统一纳税；三是在平定民乱之前，这些盐税全部留作军费使用。

对王阳明的提议，朝廷反复了几回，给一个地方独立的税权，这在明朝也不是常有之事，你一地方军官，又有军权、又有了财权，这是不是很容易尾大不掉？这样的财税口子能不能开？

但换个角度看，朝堂也很是无奈，如果不给予王阳明盐税权，则平定不了民乱，民乱平定不了，终究还是丢了盐税。

朝中大佬们思前想后，想来王琼在朝中没少为王阳明站台，最终朝廷同意了王阳明的要求。结果，南赣地区“不加赋而财足”。王阳明争取到了稳定经济来源。

一月到任，不过到六月份，王阳明已经建立起了自己的军队、经济体系，并且已经拿下了好几个胜仗。

完成了部队训练，严明了军纪，稳定了财源后，王阳明开始大展宏图，他首先把目光瞄准了盘踞在南安一带的土匪谢志珊。

这谢志珊是畲族人，于正德十一年（1516 年），在上饶横水寨举事，与蓝天凤一起组织起义军。他们以横水、左溪为据点，攻打赣州、大庾、南康诸城，处决贪官，歼灭官军，声势波及闽、粤、赣、湖广等省，得到附近汉、苗、瑶、壮等族人民的支持，并建立了农民政权，自称“征王”，是当时诸股土匪中声势最大的一股。

谢志珊所盘踞的横水、桶冈等地，地处上犹、南康、大余三县边界地区的崇山峻岭之间，地势险要，号称天险。

当时朝廷已经批准了湖广巡抚陈金的剿匪方案，先调集三省驻军夹击桶冈，然后再灭其他匪患。这与王阳明的剿匪策略并不相同，面对上司的策略，王阳明实事求是，选择了坚持自己的意见。

（九）

征剿横水、桶冈的匪徒时，县丞舒富发出了一份极其详尽的匪情通报：

当地已经有各种谣言流传，说朝廷要派湖广士兵前来征剿匪徒，当地的这些畲族土匪怕官军来了没得抢，最近更加猖獗，要在官军到来前抢个够。他们除了大肆抢劫外，还积极备战，雇了很多人帮他们开山挖壕。桶冈后山就是万丈绝壁，只能靠一部飞梯攀登，后山挨着就是范阳大山，茫茫山区，绵延千里，杳无人烟。这些土匪现在忙着构建工事、积累粮草，就是为了加强战备，他们也做好了打不赢的准备，打输了到时候就把那绝壁飞梯一断，往深山里一逃，哪怕官军拥兵十万，也无所施展、无处发力。

王阳明抓了多个土匪“舌头”，严加询问，都和匪情通报的说法一样。

你来他就跑，千里大山，你怎么跟他耗？面对土匪依仗地利之策，该怎么办？

王阳明盘算，如果等到湖广士兵集结，我们虽然实力增强了，但敌人戒备也增强了，打得过他们打一打，打不过跑了，我们怎么办？大军在外，一日耗费就是成千上万，劳民伤财不说，这土匪剿灭不干净，你这一撤军，这匪患又重新蔓延。

土匪们一向只觉得湖广的官军战斗力强，对南赣的官军非常轻视。土匪们发现湖广的人马还没到，一定不相信仅靠南赣本地的士兵，官军就能发起进攻。但兵法就应该出其不意、攻其不备，湖广兵力未到，土匪也戒备松散，不如我们奋兵合击，先以一支精锐部队，直插匪徒后方，把他们那个绝壁飞梯给断了，斩断他们的退路，这才能把这伙土匪一网打尽。

于是王阳明定下方略，“身督中军，直捣横水大巢。所据各哨官兵，合就分委督发，依期进剿”。

但湖广巡抚陈金的剿匪方案是，先打桶冈蓝天凤，然后再灭横水谢志珊。

当时王阳明认为谢志珊这个人颇有远见，如果蓝天凤被围剿，一是他保不齐会去支援，增加了剿匪难度；二是如果蓝天凤被灭，谢志珊必有提防，要是他早早采取措施，断了绝壁飞梯，退入茫茫大山中，剿匪那就无穷期了。

所以从实际出发，应该先剿灭谢志珊，再打桶冈蓝天凤。但这与巡抚的策略不同，根据巡抚的策略与实际情况，王阳明玩出了更高的一招，他决定再次将计就计——明攻桶冈，暗取横水。

正德十二年十月初七，王阳明秘密调动部队向横水进发。

十二日黎明时分，部队借助蒙蒙山雨，发起猛攻。首领谢志珊从睡梦中惊醒，急忙组织抵抗，却见山头山腰四处尽是官军旗号。这其实是王阳明学《赣州府志》里记载的岳飞在于都破宁都贼的故事，当时岳飞也用的这一招，官军旗号一出，匪徒们以为各处要隘均失，斗志丧失，四处溃逃。

横水一破，官兵信心大增，王阳明号令乘胜追击，直捣桶冈。

二十八日，官兵屯围于桶冈山寨外，在派人说降无效的情形下，于十一月初十午时，借着大雨突破隘口，一举破寨擒王，桶冈巨匪蓝天凤全军覆没。

至十二月初九战事完全结束，前后不过两月。

至此不过一年时间，漳南詹师富部、横水谢志珊部、桶冈蓝天凤部三股土匪已彻底覆灭。

（十）

大明军队一年以来军威赫赫，王阳明用兵攻无不克，对其他处土匪产生了巨大威慑。

盘踞在九连山麓三头（上、中、下）的池仲容团伙内部发生严重分歧。

相传，这池仲容出生在和平县浰头（浰源）曲潭村，家境贫寒，祖祖辈辈靠租种财主的土地和打猎为生。池仲容少时常随父进山射猎，练就一身好本领，力缚猛虎、捷如猿猴。

后来浰头一带连年荒灾，哀鸿遍野，民不聊生。

池仲容家因欠租欠债，父亲被地主恶霸强行抓走。过了不久，县衙门派来两名官吏，带领一帮差役，又往浰头征粮征税，破门入户，并将暴取的粮物，强迫一批农民运送。

此时，池仲容挺身而出，带领数十人，半途截击，杀死两名官吏，夺回粮物分给农民，就此揭竿而起。

池仲容的部队以“劫富济贫”为口号，以红色“蜈蚣”为旗帜，以红布扎头为标志，池仲容自称“金龙霸王”。

几年之内，池仲容的部队就发展到一万多人。他们以浰头为大本营，据说现在望障山下曲潭村有个营盘的地名，就是当年池部的大本营。

“金龙霸王”池仲容后来又封自己的亲戚同乡池仲安、池仲宁、李鉴、高允贤、高飞甲、黄尚琦等为元帅，下设都督、总兵，据守浰头三十八个寨子。

明正德年间，池仲容起义军先后攻打龙川、翁源、始兴、会昌等县城，曾活捉河源主簿、龙南县官，掳南安府经历，戳信丰所千户。

正德十二年（1517 年）二月，池仲容率部围攻信丰城。

明王朝曾先后两次调集数万官兵“围剿”起义军，均遭惨败溃退。

这“金龙霸王”池仲容也算是一方霸主，在浰头曲潭村千斤担一带开荒种地、屯兵耕活、炼铁铸器、保证供给，已然是独立王国。

面对这样的悍匪，王阳明挟胜仗之威，以攻心为上，经过一番捭阖纵横，池仲容的手下大多主张出山投降。池仲容无奈之下，于十二月二十三日，率九十三位首领来到赣州投降。王阳明将池等安排到赣州祥符宫（现文庙）住下，并送青衣油靴给他们穿，教他们习礼，还让吏人陪同他们浏览街市。

官府乘过年（春节）之际，有意大肆铺张、张灯结彩、舞龙舞狮、观灯、看大戏，热闹非凡，池仲容他们看到处处是一片欢乐喜庆的气氛。王阳明把池仲容当作已归降的部下来对待，奖赏了很多钱物。

但刀光剑影皆在其后，就在一团喜庆的同时，王阳明也在观察这池仲容团伙是否真心投降、是否真心从善。结果他发现他们贪婪暴劣、不可教化，而当地士众也纷纷建言，均认为不可养寇贻害。种种考虑之后，王阳明下定决心暗取这帮人的性命。这也符合王阳明最初制定的策略，对待悍匪绝不轻易招抚，以免这些人降而复叛。

当池仲容和众首领在赣州快乐地度过了大年初一和初二后，初三事变了！

当天照样是设酒宴招待，池仲容彻底放松了警惕，而就在年初三晚上，王阳明安排人把池仲容及大小首领九十多人全部处死。

在池仲容被杀的同时，王阳明也指挥大明军队对池部大本营曲潭村发起进攻。

据说，大明军队当时对池部眷属和村民封锁池仲容被杀的消息，而是指使叛徒传话，说池仲容等首领们已归顺朝廷了，为了表示奖赏，官府给眷属和村民每人派发半斤猪肉、两斤大米，全村男女老少，吃完晚饭亲自到离大本营约两里路的“黄江围”大围屋内领取。吃完晚饭后，他们陆陆续续来到黄江围，并被要求一个个从前门进、后门出，但最终没有一个人能从后门走出来。

失去总首领、核心团队的池仲容残部再也无力威胁大局，到第二年七月，池部匪患全部肃清。

（十一）

就在赣南剿匪、戎马生涯之余，王阳明也记挂着家人，他曾写过一篇《示宪儿》，本为一纸“家训”以教训儿子，但后人也可以从中窥见一代圣人的教子方略。

幼儿曹，听教诲：勤读书，要孝悌；学谦恭，循礼仪；节饮食，戒游戏；毋说谎，毋贪利；毋任情，毋斗气；毋责人，但自治。能下人，是有志；能容人，是大器。凡做人，在心地；心地好，是良士；心地恶，是凶类。譬树果，心是蒂；蒂若坏，果必坠。吾教汝，全在是。汝谛听，勿轻弃。

语言简单，三字一句，内容并不复杂，只是在最后几句颇为体现心学特色。但值得注意的是，这篇家训的对象宪儿，即王正宪，时年十一岁。王阳明本可以写一封家书，循循善诱。但为了让孩子易懂，他采用歌谣体的形式。整篇家训，三字一句，共三十二句，一韵到底，通俗易记，便于朗诵。

王阳明在行文时，特别注意对象的特点。在涉及心学重要概念“知行合一”以及“天泉桥四句教”的时候，他都反复强调学习者到底是利根还是钝根，对不同人要有不同法门。因材施教、因地制宜，随情况而变，绝不会因循守旧。无论用兵，还是为学，这种思维模式是贯穿在王阳明一生中的。

第八章　家族的魔咒与巧占先机

（一）

宁王世系在明代一直就是很特殊的存在。

第一代宁王是明太祖朱元璋的第十七子朱权。朱权十五岁时，朱元璋为防御蒙古，封朱权于大宁（今属内蒙古赤峰市宁城县），与燕王朱棣等王子节制沿边兵马，称宁王。

洪武三十一年（1398 年），朱元璋死，皇孙朱允炆即位，是为建文帝。

次年，即建文元年（1399 年），朱棣进军南京，发动了长达四年的靖难之役。朱棣起兵前，胁迫朱权出兵相助，并许以攻下南京后，与他分天下而治。

经过四年战争，朱棣打败建文帝，夺取了政权，即皇帝位，是为明成祖，年号永乐。朱权恃“靖难之变”有功，颇骄恣。结果，朱棣即位后，非但只字不提分治天下，而且还开始打压宁王朱权，尽夺其兵权，朱权时年二十五岁。

新朝定鼎，大家分享胜利果实，一开始宁王请求分封到苏州，上有天堂下有苏杭嘛，结果永乐帝的回复是：苏州离国都太近（当时永乐大帝还没迁都北京，大明的国都还在南京）。宁王又请求分封到钱塘去，永乐帝的回答是：当年咱爹打算把钱塘分封给五弟的，后来也没什么结果。建文帝（被永乐帝赶下台那位）无道，把钱塘封给他弟弟了，也没什么好结果。现在建宁、重庆、荆州、东昌都是善地，你随便选。等到永乐二年，才把宁王改封到了南昌。也就是说在二十五岁时，朱权就成了大明王朝的头号政治嫌犯。

然后朱权为了保命，只得把所有的人生精力都投入到了道教事业之中，于南昌郊外构筑精庐，曾于西山缑岭（今属南昌市）创建道观与陵墓，还撰写了道教专著《天皇至道太清玉册》八卷。此书成书于正统九年，收入《续道藏》，此书在道家文化中还颇有一定地位。

此外朱权在经子、九流、星历、医卜、黄老等方面都下了一番功夫，且戏曲、历史方面的著述颇丰，有《汉唐秘史》等书数十种，堪称戏曲理论家和剧作家。所作杂剧今知有十二种，现存有《大罗天》《私奔相如》两种。

朱权在音乐史上也是地位卓然，善古琴，编有古琴曲集《神奇秘谱》和北曲谱及评论专著《太和正音谱》（中国现存最早杂剧曲谱，是中国戏曲史上重要的理论著作）。所制作的“中和”琴，号“飞瀑连珠”，是历史上有所记载的旷世宝琴，被称为“明代第一琴”。

朱权还悉心研究茶道，将饮茶经验和体会写成《茶谱》，对中国茶文化颇具贡献。

等到永乐帝的儿子明仁宗洪熙帝当政时，宁王又给大明中央上过书，提出南昌并非其封国，想换地方。结果洪熙帝回答：我爹已经让你在南昌待了二十年，这不是你的封国是啥？

等到永乐帝的孙子宣德帝当政时，宁王又时不时地提了点儿意见，结果被宣德帝一顿训斥，弄得宁王自己又上书谢过。实际上这宁王等于在永乐、洪熙、宣德三朝都是被看作头号政治犯，被压制在南昌动弹不得。

年轻时跃马江湖、分鼎天下的人物，最后也就在道观、古琴、一杯清茶之间消磨意气了，可不然又能怎样？还要脑袋不要？

第二代宁王是朱权的孙子宁靖王朱奠培。第三代宁王是宁康王朱觐钧，是朱奠培嫡长子。这两代宁王都没有什么影响力。

第四代宁王是朱宸濠，是宁康王的庶子。他于弘治十二年（1494 年）袭封宁王。

此时距离明朝开国、朱棣夺位已经百年，但“宁王分治天下”的传言一直是朱氏皇族里流传的段子，是明朝时局里公开的政治秘密，也是宁王世系隐藏的渴望，或者该说是诅咒。

（二）

第四代宁王朱宸濠出生的时候，他爸就梦到蛇在屋中，猫头鹰在大白天怪叫，心里就很膈应。

宁王朱宸濠原本倒也是顺民，在弘治帝当政时期老实度日。但正德帝的所作所为，给了很多朱氏子孙遐想的余地，君既然不配其位，岂不是雄才大略者逐鹿天下的机会？

按照明朝的制度，各地藩王“分封而不赐土，列爵而不临民，食禄而不治事”，诸王在封地，没有治民之责，却有统兵之权，各王府都配有护卫三千至两万人。但因为宁王世系过于特殊，明皇朝之前找了个理由，剥夺了宁王的护卫资格。

等到朱宸濠长大后，非常轻佻，没什么威仪，还喜欢炫耀自己的文学才能。术士李自然、李日芳都妄言朱宸濠有异表，又说南昌城内有天子气。这就更刺激了朱宸濠的内心，时时喜欢打听朝廷的事，听到朝政昏暗的话就开心，谁夸皇帝好、朝廷清明，这宁王就怒了。

正德二年，宁王朱宸濠派了他府里的一个太监带着给刘瑾的巨额私礼到北京。太监转送了礼物，转达了宁王希望有卫队，并给他维持恢复了的卫队的收入的要求。前文提到过，刘瑾同意了。尽管此时兵部明确提出反对，但宁王的卫队还是恢复了。这就给了宁王扩军备战、准备造反的契机。

正德五年（1510 年），宁夏安化王朱寘鐇率兵发动叛乱，就是这次叛乱间接弄倒了刘瑾。

安化王在明朝皇室序列里，那地位、实力远远低于宁王，安化王都敢干，宁王为什么不试试呢？

在安化王造反后，宁王的野心更被进一步激化了。

但就在 1510 年九月刘瑾伏诛的前一日，宁王的卫队被朝廷取消了。从此也可以看出，朝廷对宁王的猜忌是非常之深的。

宁王在此之后，又开始大肆行贿朝中重臣，意图恢复卫队。

为此，宁王"辇白金巨万，遍赂朝贵"，在兵部尚书陆完、伶人臧贤及幸臣钱宁等人的帮助下，终于在正德九年（1514 年）四月获准恢复护卫，钱宁在其中出了大力。

此次再复宁王卫队的行为，依然激起了群臣的反对，群臣纷纷谏言，希望皇帝提防宁王的狼子野心，你如果是一位安分守己的王爷，天天惦记着打造护卫部队干什么？总觊觎军权，这不就是司马昭之心路人皆知吗？但正德帝不以为然，身边那几位权臣也被宁王喂饱了银子。看在钱的面子上，宁王的方便之门从来都没有被彻底关上过，所以宁王实际上一直保留了自己这支武装力量。

（三）

宁王的谋逆之意不光在朝堂上为人所知，在江西地方官场官员也是为之侧目。这时江西的一些地方官员和南京的一些御史经常控告宁王有不法之事。

正德九年（1514 年）一月，南京的一些御史上奏朝廷，宁王在江西鱼肉百姓，擅自把一些肥沃的土地据为己有、苛敛富户，还放纵自己的手下恐吓地方当局，不许地方官员插手宁王的敛财之事，弄得江西的士绅、官员怨声载道，但他们也无能为力，这宁王从不听劝，我行我素。

南京的御史们进谏的目的是希望朝廷能出来做主，主持正义，向江西臣民发布圣旨、严肃法纪，应该明确所有被宁王掠夺的财产应当归还；宁王的爪牙闹的各种乱子可由江西地方政府予以惩处；地方官员不应交结宁王。

奏章递到北京后，正德帝、各位内阁大臣对此毫无反应。

同年四月，一个负责在江西镇压盗匪活动的官员又上奏朝廷：宁王勾结匪徒为祸一方，这宁王收容了很多土匪作为爪牙，用这些土匪为非作歹，祸害百姓。这宁王还跟许多土匪有勾结，是很多黑恶势力的保护伞。就因为宁王在背后撑腰，江西的匪患一直无法肃清，很多老百姓的财物都得不到保证，很多百姓被劫掠之后一贫如洗，生计无门，索性加入了匪帮，也当了土匪。如此一来，江西地方不靖，全省的商业、贸易都受到了严重的影响。

但跟之前南京御史们的奏折一样，这位江西官员的奏折也没有引来任何回应。

等到正德九年六月，宁王卫队的合法性终于确立，朝廷同意了宁王再设卫队的请求，这一问题上的拉锯战，又一次以宁王胜利告终。这一信号让朝堂为之侧目，宁王到底有多大势力，能在朝堂上予取予求？此次卫队重设成功也极大地刺激了宁王的欲望，宁王随后竟然向朝廷提出，他不光要管由他自己把控的宁王卫队，还想把江西当地驻军的军权抓在自己手里。自己的卫队，再加上地方军队，宁王实际上已经一跃成为江西的军阀，整个江西再也没有任何能约束他的武装力量了。

但宁王的军事治理才能实在让人担心，他谋算了半天军权，但最后并没有找到什么颇有名望、军威的人替他掌管军务，宁王只是招募了上百名盗匪作为他的心腹，做他的私人卫队，又聘请了几个有名的大盗，做他军队里的将军，这种做法很让正规军界不屑。种种做派，没有体现出一点儿精兵强将的风范，总是一股挥之不去的土匪气息。

正德九年八月，宁王的要求又升级了，他向朝廷提出要求，希望准许他审讯并惩处他管辖范围内的皇族。这一要求实际上已经把自己置于其他皇族之上，用心叵测。但有意思的是，宁王的这个无理要求，竟然也得到了朝廷的认可。

据说，一帮拿了宁王贿赂的权贵在正德帝面前大唱宁王赞歌，夸得宁王无比敬业、勤于工作，弄得正德帝还以为宁王这没完没了的揽权揽事都是因为敬业，宁王这钱真没白花啊。当时朝堂上也有反对声音，但正德帝此时只把这些反对声当作了对宁王的诽谤不予理会。

正德帝的不闻不问、大胆放权，朝中权贵受贿之后的卖力维护，更让宁王有恃无恐。在一些私下的场合里，宁王已经开始频频违制，甚至有时公然把自己称作“朕”，这可是皇帝的专属名词啊。

宁王还通过种种手法，开始试探江西本地官员们的底线，比如宁王让江西的诸位官员都穿好正式的朝服，跟随他一起外出办事。这在古代某种程度上就是违制之举，亲王不得与命官交通，宁王这不但与官员们往来密切，还等于是把朝廷命官当作了自己的属官，越来越突破底线地把自己推向帝座。

但宁王的这次尝试，被江西巡抚孙燧顶住了，他拒绝带领官员们陪宁王外出。

孙燧是弘治六年的进士，为官多年，官声很好，在当江西巡抚之前，他就知道这份差事不好干。这宁王外结群盗，内通权佞，挟持群吏，对江西省内不肯依附于他的官员都是下黑手、打黑枪，臭名昭著。孙燧上任前就先把自己的妻子、孩子送回老家了，自己一人带了两个书童到南昌赴任。赴任之后，他时不时地找宁王谈心，聊做臣子的该如何忠君爱国，听得宁王头大。

看到这孙燧明显不是一路人后，宁王就安插了不少耳目在他身边，重点盯防。

孙燧有个副手叫许逵，这许逵长得高高大大，沉静有谋略。他是正德三年的进士，正德初年出任乐陵知县。当时有流贼刘七造反，攻城略地，气焰嚣张。很多州县都是望风奔逃，有的干脆主动给流贼们送粮草马匹武器，求流贼们别来攻打。只有许逵毅然决然，积极备战。乐陵县一开始没有城墙，许逵就指挥全县百姓背土担石，不到一个月修出了城墙。他又招募了一批死士天天埋伏在深巷之中，就等流贼来犯。果然，没多久流贼劫掠而来，许逵打开城门，让流贼入城，等入场后举旗为号，伏兵四起，流贼大惊，被打得大败而逃。此后流贼数次侵扰乐陵县城，都被许逵打退了。由此许逵一下闻名官场，得到了提升。后来许逵又歼灭了流贼杨寡妇团伙，威名大著。

孙燧知道这个副使许逵可以信赖，就与他商量对策，如何应对宁王造反。

于是孙燧托言防御其他流寇，要加固南昌周围几个县城的城池，还安排了重兵把守九江要害，又请设通判驻弋阳，监督南昌周围五县之兵，从军事布局上，对南昌加强了防范。为防宁王造反后抢夺军需库中的大量兵器，他又假托防贼，将南昌的大量辎重转移他所。经过这样一番布置后，孙燧认为，如果宁王真的叛乱，也一定会因这样的摆布而增加造反难度。

宁王也渐渐发现这孙燧太烦人了，察觉到了孙燧的意图，一面使人贿赂朝中幸臣设法将孙燧调走，一面又派人送枣、梨、姜、芥四物给孙燧，暗示孙燧“早离疆界”。孙燧笑而却之。

正德十三年（1518 年），江西大水，宁王手下招揽的那些土匪凌十一、吴十三、闵廿四等趁机流扰鄱阳湖，孙燧与许逵计划从江外围捕这些土匪。

当夜，大风雨，这三个贼人看围捕太急，无路可去，竟然逃入宁王的祖墓间失踪了。

于是孙燧密疏宁王必反，秘密上书，称宁王“不愿做藩王，甘去做盗魁，想是做藩王的趣味，不如盗贼为佳。”但一连七道上疏都被宁王同党中途缴截。看到孙燧的奏章后，宁王极为恼怒，设宴毒死孙燧，孙燧也早有防范，宁王没有得手。

宁王与孙燧为首的这些官员不断斗法，这更加促使宁王加速招揽人才、扩大势力。对一些反对他的官员，宁王更是加大了攻击力度。各方暗战，整个江西的局势堪称激流涌动。

（四）

当时王阳明正在江西南部剿匪，赣南汀漳四地，特别是赣州与南昌离得很近，宁王对朝中大臣都是着力结纳，像王阳明这样具有家族背景且又近在咫尺，还手握兵权的大臣，更是结交的重点对象。还有一点，王阳明在正德初年就栽过大跟头，挨过廷杖、被发配贵州，算是正德帝执政后不得志的那派臣子，按照宁王的思维，王阳明应该与宁王这种反对派在政治倾向上具有先天亲近感。

有据可查的是，宁王曾经请王阳明吃过饭，双方进行过一场真诚的聚会。

在这场饭局上，宁王千方百计要拉王阳明下水，而王阳明面对这位反迹未彰又心怀不轨的王爷，既不能得罪，又不能接近，这种分寸不好把握啊。

当时在宴席时，宁王先是对当时的政局大发议论，批评正德皇帝，宁王身边的谋士李士实接着宁王的话，首先挑起话题，直接说道："世岂无汤、武耶！"

众所周知商汤、周武王那都是革命的帝王啊，夏桀无道，商汤革命推翻了他；商纣王无道，周武王革命，推翻了商朝。这谋士李士实上来就是直奔主题。

面对这种赤裸裸的话语，王阳明回了谋士李士实一句："汤、武亦须伊、吕。"就算是商汤也需要伊尹的辅佐，周武王也需要姜太公的辅佐。

这话回得非常耐人寻味，既可以理解为王阳明讽刺谋士李士实水平太差，不足以帮忙宁王成帝业；也可以理解为王阳明以史实谈古今；第三重解读可以理解为王阳明隐含着自比伊尹、姜太公。

但在当时的宴席上，宁王一方的理解是王阳明在讽刺，讽刺宁王的谋士们太差。

所以宁王接过话语，回复王阳明："有汤武便有伊、吕。"只要有了商汤、周武王那样的帝王，自然会有贤臣来辅佐。

王阳明回道："若有伊、吕，何患夷、齐！"如果真有伊尹、吕尚的辅佐，这世间也少不了什么伯夷叔齐，何患没有伯夷叔齐？

伯夷叔齐是坚决不肯投降周武王，不食周粟而死的两位古人，一向被誉为忠臣楷模。

谈话至此，王阳明已知宁王必反无疑，而宁王也知道了，这王阳明宁可做伯夷叔齐，也不会跟自己一起造反了。

后来宁王又以求学为名，屡次向王阳明问学，王阳明就把自己的得意门生冀元亨派到了宁王那里，让冀元亨觇其动静，益得其详。

这冀元亨到了宁王府邸后，天天给宁王讲忠君爱国的大道理，听得宁王头都大了，宁王也实在不愿意王阳明的一颗钉子就这样钉在自己跟前，就送了冀元亨一些礼物，把他打发走了。

但就是因为冀元亨与宁王的这段往来，到最后给他自己带来了杀身之祸，也险些让王阳明坠入百口莫辩的深渊。

（五）

宁王虽然一直扩军备战，图谋造反，但他也在不断地尝试通过种种政治途径染指皇帝宝座。

正德帝虽然早已经大婚，并且荒淫无度、有无数宠妃，但他一直没有子嗣。正德帝虽然还算年轻，但帝国继承人的太子位置始终是空着的，空置就隐含了无数的可能性，太子宝座也引起了整个帝国的高度关注。

宁王也想对太子宝座伸手，于是他想尽一切办法，重金贿赂钱宁等一批权贵，想把自己的儿子送到北京过继给正德帝，去当太子。如果这手计划得逞，这样宁王世袭在下一代帝位继承战中就取得了不可动摇的优势，宁王一族多年的梦想也就有望实现了。一开始宁王一派没弄得太露骨，只是提出想让宁王世子去太庙承担一些祭祀任务。太庙的一些重大祭祀活动往往都需要皇帝、太子亲临，宁王想让他的儿子承担太子角色的祭祀任务。这被朝堂上脑筋清晰的重臣们坚决否定了。

据记载，宁王还申请过离开南昌，到北京生活，想在北京建立根基更为深厚的势力范围，这样正德帝万一有个三长两短，他就是最能迅速站出来掌控大明中央的人。但按照明朝制度，亲王不许离开自己的封藩之地，宁王此举违背祖制。此议也被江西地方官员、朝廷给否了。

宁王的诸多政治篡权尝试纷纷破灭后，他对阻碍他的人更是刻骨仇恨。当时内阁有一位大臣叫费宏，就是江西人，对江西的情况太了解了，非常清楚宁王的所作所为，对宁王的异志颇高警惕，经常提醒皇帝、同僚们小心宁王的一举一动。这费宏也是大明王朝数得上的天才人物。王阳明的父亲王华是成化年的状元，这已然非常了不起了。可这费宏十三岁中信州府童子试“文元”，十六岁中江西乡试“解元”，二十岁中殿试“状元”，是明代最为年轻的状元翰林。而且费家也是人才辈出，家族多人中举，都在朝中为官。

宁王的眼线早把费宏不利于宁王的言行传回了南昌。宁王岂能容忍在帝国中枢埋着这样一个反对自己的重臣，于是着力于整倒费宏。一开始宁王是派人在费家门口设伏，宁王的本意是天下乌鸦一般黑，哪有当官不贪污的，这费宏及其家人能不行贿受贿？只要在他家门口埋伏好，逮着行贿的证据，就安排人弹劾他。但费宏真是官风清廉，等了几个月，一点儿证据没抓住。

此计不成，宁王又动用了钱宁这张王牌，让钱宁在正德帝跟前总是说费宏的坏话、进谗言。一来二去，就把费宏在正德帝心中的形象给搞垮了。看时机差不多了，宁王、钱宁安排他们的党羽御史余珊弹劾费宏的从弟费寀不应留在翰林院，这费寀之所以能在翰林院待下去，全靠费宏这个大学士走后门，费家有结党营私之嫌。正德帝一看也是实情，怎么都是你费家的人在朝中任职，就降旨申斥了费宏。遇到这种打击，费宏只有引咎辞职，回归故里，回到了江西。

宁王一看费宏去职，更是要斩草除根、对费家斩尽杀绝。费宏刚一出京，宁王就派手下伪装成土匪跟在了费家后面，等费家走到山东临清，宁王手下就动手了。这伙人装成土匪，把费家的船一把火烧了，幸亏费宏也比较警惕，船虽然被烧了，人员倒没什么损失。等费宏回到江西后，这宁王又唆使费宏家乡一些恶棍地痞，偷了费宏家的东西，烧了他的家，甚至毁坏费宏的祖坟。逼得费家根本无法安身，出于无奈，费宏就只能搬家了。这宁王又让一帮手下伪装成盗贼攻打县城，绑架了费宏的哥哥和弟弟，把费宏的哥哥杀了。宁王气焰之嚣张，已经堪称无法无天了。

费宏自然也不肯善罢甘休，把这事越闹越大，弄得朝野皆知。最后朝廷也派了官员专门来江西调查此事。

有意思的是，这时候钱宁的政敌、正德的另一位宠臣江彬却说话了。江彬认为这是扳倒钱宁的一次良机，开始向皇帝建议，提醒正德帝注意钱宁和宁王的密切关系。

正德十四年（1519 年），钱宁在皇帝面前又反复建议让宁王世子进京，承担太子的角色。钱宁一次次地为宁王唱赞歌，一次次地替宁王说好话，本来就显得过于穿凿。经过江彬的点拨，正德帝也开始警惕钱宁和宁王了。

这江彬看到其中有机会了，就指使自己的党羽上奏章，弹劾宁王和钱宁。奏章中公然揭露了钱宁和宁王勾结的种种内幕，他们想通过这次机会，一举把钱宁斗倒。

钱宁一看已经引火烧身，事情危急，出于无奈，就在朝堂上要求朝廷深入调查此事，他担保宁王不会造反，一场宫斗大戏从暗流涌动，终于向明面上转化。

（六）

当时的首辅是杨廷和，这杨廷和也是一代牛人。杨廷和年少成名，十二岁时就乡试中举，成化十四年（1478 年）十九岁时中进士，授翰林检讨，明孝宗弘治帝时为当时还是皇太子的朱厚照讲读。朱厚照登基称帝后，杨廷和作为帝师也是火箭般蹿升，正德二年（1507 年）入阁，拜东阁大学士，专典诰敕。刘瑾被诛后，杨廷和被拜为少傅兼太子太傅、谨身殿大学士。正德七年（1512 年）杨廷和出任首辅。

杨廷和此人风度翩翩，性格安静慎重，所作文章明白畅达，很有法度。他喜欢考究史事、民间疾苦、边防战事及“一切法家言”，史称其“郁然负公辅望”。当时，云南镇守太监钱能及黔国公沐廷章都以厚礼馈赠杨廷和，杨廷和均不受，在士林颇有清誉。

当杨廷和执政时，正德帝长期不理朝政，放心大胆地在大同、宣府、延绥间游玩，朝廷大事多有缺失。杨廷和未尝不劝，但正德帝朱厚照一概不听。杨廷和也无法坚持己意，不停地上奏，因此心情忧郁，很不满意，几次称病求退，都未获允许。宦官谷大用、魏彬、张雄及其义子钱宁、江彬等人，非常放肆、专横。杨廷和虽然没被他们压服，但也无法对其有所制裁，他自己也只能稍稍自安于位。

看到宁王、钱宁、江彬斗得不可开交，杨廷和给正德帝的建议是仿效宣德皇帝所树立的先例。1426 年，当宣德皇帝的叔父朱高煦公开反叛时，皇帝率领一支军队把他的暴动镇压下去。朱高煦没有挣扎就投降了，而皇帝饶了他的命。

当时还有另一个王爷朱高燧最后也招认他牵连进了这一反叛阴谋，但没有采取不利于他的行动，朝廷只是把不利于他的陈述的副本交付给他，作为对未来罪行的一种警告，就算完事。杨廷和建议像处置朱高燧那样处置宁王，可以派几个高级官员和皇亲去告诫他，并且夺去他的护卫。这对宁王那几乎要公开反叛的所作所为来说，是一种非常宽大的惩戒，也是非常高明、免动干戈的处理方式。

于是按照杨廷和的谋划，最后正德帝和杨廷和商定派太监赖义、驸马都尉崔元去南昌，夺去宁王护卫。崔元是永康公主的丈夫，地位尊崇。正德帝和杨廷和对此事处理得非常机密，没有对其他任何人提及，只是通知锦衣卫宣召崔元第二天来皇宫领旨。

崔元接到锦衣卫的通知很是莫名其妙，搞不清楚这第二天到底有什么事，不知道这突然宣召背后是什么祸福，想提前了解下情况，就派家人去六部打听。这驸马家人打听了一圈，都不知道是什么事，路过兵部的时候，刚好兵部尚书王琼还在办公室，这驸马家人也进去问了王琼一下，自然这王琼也不知道。

等王琼下班回家，特意路过杨廷和家，王琼就进去问了一下："听说宣召崔驸马，找他到底有什么事啊？"

杨廷和先是否认，只推说不知道。

王琼就笑了，"这您连我都瞒啊？我好歹也是二品大员，兵部尚书，国防部部长，军委班子成员啊。"

杨廷和没法子，说实话了，"宣德年间，赵王有造反的迹象，后来朝廷就派了赵驸马过去，把这事抹得风平浪静了，朝廷和地方都没出什么大乱子。所以我们也打算效仿前朝，派崔驸马去革除宁王护卫。”

王琼就开始提异议了，“这事是国家大事，哪里能偷偷摸摸地推进呢？应该在朝堂上公开告知文武百官，然后再派驸马前行。”

杨廷和、王琼两人就此争了起来，最后还是王琼赢了，决定先给文武百官宣告了朝廷的计划后，才派崔元出行。弄得崔元耽误了一天，在五月二十五日出发。

崔驸马那边刚出发，杨廷和又开始召集兵部开会，要商量出兵征伐江西匪患的事情。但这兵发江西，名为剿匪，实际也有敲打宁王的意思，意在从军事上，配合崔驸马的使命。

但王琼又提出了意见：像这种出兵的事情该是高度机密，不能泄露的，你这却开会公开讨论，这不是泄露军事机密吗？崔驸马那种宣召取消宁王护卫的事情，本来是可以公开的，你非要神神秘秘；调动军队这种高度机密的事情，你非要开会，处处违背常理。

结果王琼和杨廷和这边还没吵清楚，那边宁王布在京城的密探已经开始向南昌送情报了，情报的内容是：驸马已经带人兼程而来，然后朝廷又在兵部开会，不知何事。

这份语焉不详、模模糊糊的情报是六月十三日送到宁王那里的。

宁王接到情报后大惊失色，他这边看到崔驸马要来，首先想起的，荆王也曾经犯过法，前朝也曾经派人抓过荆王，当时派的就是太监萧敬、驸马蔡震、都御史戴珊，也是驸马领衔办案。而这次崔驸马领衔，自然也是来抓我的。他可没有想起赵王的那段往事，完全没有正确理解杨廷和通过人事任免所进行的暗示。

这自己准备了十来年，还没造反动手，结果朝廷要先动手抓自己了，怎么办？趁着专案组没到，反了吧！

六月十四日，恰逢宁王生日，宁王就以庆寿为名，宴请地方官，把江西地界大大小小的官员都邀请了过来，以便于他一网打尽。

六月十五日，按照礼仪，在宁王宴请后的第二天，地方官们还要回谢宁王，就在这一天，宁王发难了。

就在满省官员齐聚宁王府之时，宁王府侍卫数百人包围了来谢官员。

宁王声称正德帝朱厚照根本就不是皇族血脉，他就是一个抱自民间的野孩子，“太后有旨，令我起兵讨贼。”

史载，闻听宁王此语后，众官相顾愕然。

此时众官之首就是江西巡抚孙燧，巡抚为二品大员，也是江西地方军政事务的最高长官。前面说过这孙燧来江西上任的时候，就已经决心“生死以之”，遣妻、子还乡，独携二僮入南昌，与宁王周旋已久。面对宁王府的刀光剑影，面对宁王的造反之词，孙燧真是大无畏，上前责问：“安得此言，请出诏示我。”

宁王回复道：“毋多言，我往南京，汝当扈驾。”

孙燧大怒：“天无二日，吾岂从汝为逆哉！”

宁王大怒，入内殿换上戎装，叫手下缚住孙燧，并折断其右臂。

此时，江西副使许逵也挺身而出，“汝曹安得辱天子大臣！”

宁王问他：“许副使何言？”

许逵曰：“副使惟赤心耳。”

宁王怒曰：“我不能杀汝邪？”

许逵骂曰：“汝能杀我，天子能杀汝。汝反贼，万段磔汝，汝悔何及！”

宁王大怒，将孙燧、许逵两人五花大绑，推出去斩首。

两人骂不绝口，双双被害于南昌惠民门外。

孙燧是年六十岁。

许逵是年三十六岁。

以孙燧、许逵的人头开路，宁王朱宸濠反了。其他诸多江西官员，一见如此风色，谁还敢多言？纷纷沉默或称是，就这样不情不愿地被裹挟进了宁王的造反队伍。

宁王就此迅速接管了南昌城中所有大小官员的印信，又放出囚徒，劫掠国家府库，四处征集粮草，并开始派出手下兵马四处抢劫，为即将到来的大战积极准备。

（七）

经过多年积累，宁王此时已经拥有两万死士，招募勾连了四万多盗贼，里外合计六七万人，又胁迫了江西的诸多官员，揭竿而起之时，也是声势浩大。

王阳明此时受命去福州平息叛乱，正要路过江西。

本来也要赶在六月十三日，去给宁王拜寿，但不知道是有意还是无意，王阳明这样精细的人，出发时竟然把官印忘带了，走到江西吉安，才发现官印没带，又派人回去取，自己在吉安等候，所以沿途路上耽误了。王阳明到达离南昌还有一百二十里的丰城县时，宁王已经造反了，巡抚孙燧等已经被害。

在历史上多把王阳明失印这件事解释为苍天庇佑，但隔了几百年，从现在的角度看，我很难相信这一切是出于偶然。

兵部尚书王琼是此次裁撤宁王护卫的直接参与人，而王阳明是王琼一手提拔的得力干将，王琼之所以此时派王阳明途经江西，去福州平叛，这就隐含着防范宁王之意，在这种各方高度戒备、密切关注对方行动的时候，王阳明会完全不知裁撤宁王护卫之情？会没有预测到宁王会有异动？会傻乎乎贸贸然地一头撞到宁王的罗网里吗？但面对宁王的寿诞，作为朝廷命官出于礼仪、官场常识，你也不能缺席，王阳明这个丢印、取印的理由，岂不是很完美地拖延了时间？

其实道理很简单，难道王阳明会因为没有带官印就不能拜寿吗？宁王又不是不认识王阳明，大家一起吃过饭、聊过汤武革命的，还需要官印证明才能认出王阳明？你可以在吉安等官印，就不能去南昌等官印？

那江西巡抚孙燧与王阳明同榜中举，交情更是不浅。王阳明完全可以在南昌等随从取官印来，也不耽误给宁王拜寿。从逻辑上看，王阳明的失印之举，大概是一次自导自演的演出。王阳明也明白，宁王如果造反，没有比借寿宴把江西官员一网打尽更好的时机了。

宁王造反后，不到半天时间丰城县就知道了消息，此时还传言宁王已经派了上千人马直扑丰城，前来捉拿王阳明。

王阳明也是紧急逃离丰城，此时已经是兵荒马乱，艄公不想开船，而且此时转向是逆流而行，又是南风大作，逆水逆风，船难以行动。

王阳明无奈，只得在船头焚香祈祷：

如苍天怜悯生灵，愿意让我匡扶社稷，那就立刻北风；如果就想生灵涂炭，那就让我溺于水中，不望余生了。

祈祷完毕，风向真的渐渐转变。

但那艄公还是推三阻四，不愿再船。在此生死一线之间，看这艄公如此阻拦，王阳明大怒，拔剑就想斩了他。各位随从连忙劝阻，最后割了艄公一只耳朵，以示惩戒，这艄公才听命令上路，但船开了不到二十里，天就已经黑了。

王阳明看这大船行驶缓慢，艄公又不得力，就又找了一艘渔船，自己带了两个随从，微服上渔船，迅速逃命去了。

王阳明逃上渔船没多久，宁王的追兵就杀到了，只在大船上找到了王阳明的仪仗、官服，没有捉到王阳明，追兵只得作罢。

第九章 用心学领导军队

（一）

王阳明逃到临江府后，与临江知府戴德孺召开了紧急会议，在一片慌乱之中，开始策划反击。就是在此次短暂而仓促的会议上，王阳明确定了全盘的平叛策略，且事后验证他在逃命途中所做出的预判无不中的。

首先王阳明做出判断，临江府与南昌太近，且地理位置重要，宁王大军必定会进攻此处，不能在此停留太久，平叛指挥部不能设置在临江府。

随后王阳明对宁王的战略布局做了精准的分析，王阳明认为宁王此时的上策是：趁着刚刚起兵造反，大军士气正足，各地对宁王造反的消息还反应不过来，出其不意攻其不备，直接从南昌挥师北上，直趋北京，那朝廷的局势就危急了；宁王的中策是从江西东征，进攻南京，拿下南京后称帝，意图划江对峙、南北分治，如果宁王这样做，那这场战争无疑将拖延日久，大江南北将饱受生灵涂炭；宁王的下策就是暂不开展大的军事行动，只是占据南昌。江西位于中国腹地，周边皆可成为突破口，没有战略纵深，不利于防守，如果宁王选择据守南昌这种做法的话，大明军队则可以从四面八方汇集而来，宁王必败。

随后王阳明制定策略，既然只要把宁王困在南昌，就能锁定宁王的败局，那就这样干吧！逼宁王走出下策这步臭棋。

这计划确实是清晰明确了，但怎么执行？宁王图谋多年，大军士气正足，人家这也是计划多年一朝行动，既然造反了，几万反叛大军凭什么就蹲在南昌不动呢？

临江知府戴德孺问道：我们现在手中没有兵力，宁王有六七万大军，我们能有什么办法，把宁王的大军封锁在南昌？

王阳明的办法是：造谣！

王阳明的判断是：宁王此人从来没有打过仗，那么他初次上手军阵之时，必定会谨慎畏缩，想确保主力安全。

这其实也是人之常情，人在上手一件新事物的时候，绝大多数人都是小心谨慎，先做试探性的尝试，熟悉了之后才会投入更多的资源。

王阳明判断：既然宁王处于新手上阵的局面，那我们就利用他谨慎多疑的心理讹他。我们先伪造兵部的红头文件，然后对外宣称北京兵部已经下令，要调集重兵围攻南昌。宁王得到这个消息后，一定会固守南昌老巢，不敢轻易远征，只要拖延宁王大军十天，让宁王失了先机，我军必将汇集而来，宁王束手可擒。

在临江府确定完平叛策略后，王阳明又连续转移，四天后撤到了吉安。还记得吉安吗？这可是王阳明从贵州复出后的第一站啊，他在吉安府庐陵县当过知县，可以算是王阳明的主场啊。而且前面也详细地写过，吉安在明朝地位重要，经济发达、人文荟萃，纵观明代的江西版图，也只有吉安这里的资源，堪与南昌一战。所以撤到吉安后，王阳明不再后退，与吉安知府伍文定一起设立前线指挥部，着手平叛之战。

这伍文定也是以精明强干著称。弘治十二年进士，先是出任常州推官，官声很好。那时候还是刘瑾当权，这伍文定为民说话，后来得罪了权贵，惹到了刘瑾，直接被打入了牢狱，后来被开除公职，贬为了平民。

刘瑾覆没后，伍文定又被重新启用，王阳明在平定赣南匪患的时候，就已经结识了他。两人都曾被刘瑾下过黑手，自然有许多共同语言，在平定桶冈、横水的战役中，伍文定出力甚多，与王阳明算是老熟人了。

宁王造反的消息传出后，吉安府内也是大乱，这伍文定亲手杀了数人，才稳定住了人心、稳定住了军心。

（二）

宁王手下有两大谋臣，一是刘养正，一是李士实。

这刘养正原系举人出身，读书知兵，颇有凌云之志，受到宁王朱宸濠的青睐，成为府中幕僚。当时赣南一带匪盗猖獗，宁王偏好结交鸡鸣狗盗之徒，常与各方匪首往来，并招纳府中充当护卫，成了当时名副其实的“黑老大”。

这刘养正就投其所好、巧言献媚，称宁王为“拨乱真人”，又常以宋太祖陈桥兵变说事，蛊惑宁王。这宁王本身也对朝廷早存异心，只是时机不成熟，不敢贸然行事。两人一拍即合，刘的谄媚蛊惑，使宁王心花怒放，叹为奇才，称之为“刘先生”，待之若“军师”，继而招兵买马，铸造军械，加快了谋反步伐。正德十四年（1519 年）秋，宁王起兵，就是刘养正奉命起草的《讨正德檄》。宁王刚一“称帝”就授予他“右丞相”之职，堪称宁王团队中的核心人物。

李士实也是科举翰林出身，工诗，善画。书瘦、险、丑、怪，在当时也是名声甚著，官至刑部侍郎致仕，退休后就被宁王招纳，成了宁王重臣。宁王造反之后，李士实被授予国师、“左丞相”之职。

宁王造反虽谋划良久，但从真正接到京城的情报到决议起兵，到最后杀孙燧、许逵起兵造反，也就是那几天的工夫。几天时间里，宁王那边一时也是诸多事务交杂。刘养正、李士实两人也是跟着忙得不可开交，一时间就有意无意地疏忽了一件小事。但就是这件小事，给了王阳明发起攻心战的支点，奠定了宁王的败局。

这件小事就是——李士实、刘养正两人都有家眷在庐陵，他们虽然跟着宁王造反了，但家眷还留在庐陵没有接到南昌。

王阳明就此灵机一动发现了机会。古往今来，两军交战的时候，怎么对待对方家人的故事太多了，多是挟持其家人胁迫对方的，比如项羽抓住了刘邦的父母，就说要把刘父斩成肉酱。虽然刘邦当时不为所动，但这种亲人绑架策略还是颇能影响人心士气的。只是株连亲人的做法过于残忍粗鲁生硬。

王阳明采取的策略就高明许多了，他只是派人把刘养正的家小接到了吉安城里，好吃好喝地养了起来，然后给刘养正写了封信，只说了日常琐事。

然后，王阳明又跟李士实的家人聊了聊天，并没有体现出丝毫的敌意。

跟刘、李两家人玩完统战策略后，王阳明开始了大规模的谍战。

他先是派亲随装成带着兵部密令，刚刚从赣州赶来的样子，然后透风出去说：将军许泰、郄永分领边军四万从凤阳、将军刘桂勇分领京边官军四万从徐淮水陆并进，王阳明自己领兵二万、杨旦等领兵八万、陈金等领兵六万，几路大军正要分道夹攻南昌。不过这几路大军目前都是缓慢推进，因为朝廷已经设计好了，只等宁王出南昌城，一离开他盘踞的根据地，朝廷的几路大军就要出击合围，一举擒获宁王。

这谣言编得相当有水平，将军、大员们都有名有姓，所辖管的军队也都有精准的编号归属，军队涉及的辖区、驻地也都对得上。一般市井谣传到不了这个水平。

放出这个消息后，王阳明又赶紧制作了兵部征调两广军马的令牌，说兵部已经率领狼达官兵四十八万，前往江西公干，然后让手下拿着令牌满街宣扬，广而告之。

王阳明还生怕这些伪造的军事情报流传不广，又专门给江西各地的知府、知县官员们写信、发公文，四处宣称：各路军马俱于南昌取齐，并要求本省各府县速调集军马，刻期接应。

这真是个一举多得的好办法，要知道宁王在江西沉浸多年，很多地方官员都与他交情颇深。宁王造反的消息传出，江西的其他地方是跟从还是拒绝，还是保持沉默，静观其变后再做定夺？很多知府知县都打起了自己的小九九。王阳明这一封书信一是稳定了人心，知道朝廷大军即将到来，人心就会安稳许多；二是粉碎了观望派的如意算盘，朝廷大军已经到了，现在让你调集军马准备接应、一起平叛。这信接到手后，你还怎么观望？这就是军情命令啊，各地只得赶紧调集军马，这一行动起来，就是彻底与宁王方面划清了界线。

屈指一算，就在这几个情报中，王阳明就给自己方面伪造出了七十二万大军。

王阳明做完谍战工作后，怕宁王府的情报工作做得太差，又施展了反间计，故意派了十多位信使，身怀军情密件，经过宁王军队领地，让宁王方面拿获。

王阳明之前判断的上中下三策，宁王那边其实也有计划，李士实、刘养正已经提出了北伐方案，直趋北京；要不然就是东征南京：只有北京、南京先取其一，这才有号令天下的资本啊。宁王原本准备按两大谋士的建议去办，但获悉了王阳明散布的这些信息，再加上擒获了王阳明派出的信使后，宁王真觉得周围到处都是朝廷的大军，自己只要出城就会遭遇伏击，疑神疑鬼，不敢出击，只是多备滚木雷石，多做守城的打算。

看着宁王坠入王阳明之计，李士实他们真急了，反复谏言于宁王：

朝廷这刚派驸马来裁撤我们的护军，怎么可能这样快就派七十多万大军来打我们？我们这已经造反，如果不赶紧出击，只是困守在南昌城里，等到朝廷大军云集，我们将死无葬身之地。如果没有进逼北京的意思，那我们应该迅速派部队攻占九江，直逼南京，拿下南京后宁王赶紧继位称帝，号令天下。

宁王犹犹豫豫，在两大谋臣的反复劝说下，这才派出闵廿四、吴十三等人，分别带来一万军马，攻打南康、九江两地，结果一出兵就试探出所谓七十二万大军的虚实了。九江、南康根本无力抵抗，全都毫不费力地拿下了。此时，宁王方面也通过各个信息源，发现王阳明所发布的那一堆军令都是假的，各路大军连影子都没有。

宁王这才安心，觉得自己可以平平安安地出征了，但他忘了什么叫兵贵神速，这几天的延误已经足够把宁王送往断头台。

花费几天的宝贵时间，看破了王阳明的虚实后，宁王终于决定，率领大军出征。出征前，宁王决定派宁王一系的宜春王朱栱樤率一万大军，坚守南昌；又在南昌城外，安排了一路人马，与南昌相呼应。

（三）

七月二日，宁王自己率六七万大军，号称十万，沿江而下，东征南京。此距六月十四日，宁王造反，已经过去了十八天，这是多么宝贵的十八天啊。如果宁王造反后立刻发兵，当时沿途各地都缺乏准备，十八天都够打到南京了，但宁王就这样被王阳明的疑兵之计吓得闭门不出，无所事事地待在南昌城里十八天。

发兵后，宁王大军一路通畅无阻，直杀到安庆。安庆位于安徽省西南部，长江下游北岸，皖河入江处，素有“万里长江此封喉，吴楚分疆第一州”之誉，为安徽、江西、湖北三省交界处全国重要的综合交通枢纽和军事战略要地。安庆不同于一般小城镇，此地濒临长江，易守难攻，军备、人力、经济均有一定实力，加上宁王造反的消息早已为各地周知，各地也早做好了准备，安庆知府张文锦、都指挥杨锐对宁王叛军进行了坚决抵抗。

宁王的军事经验确实不足，在军事史上安庆岂是通过强攻就能被轻易得手的地方？蒙古军队灭宋时，打到安庆那也是得费些力气的。从南昌到安庆一路上异常顺利，让宁王烧晕了头脑，让他以为对安庆也是一攻即下，对安庆并没有特别重视，未对将来可能出现的各种情况做预案，就开始布置大军围攻安庆。在宁王前几天固守南昌时，安庆滚木雷石早已准备充分，加上城池坚固，宁王攻打了一天，没有得手。等到入夜后，宁王军队还被安庆守军打了一个夜袭战，损失不少。

看到安庆防范如此严密，李士实等人劝告宁王，对安庆这样的地方，没有必要耗时耗力地跟他们死战，此行的目标是南京，对安庆索性就先放弃掉，绕道而行，拿下南京才是能撼动整个大明、夺取帝位的关键战役。

但安庆的固守和夜袭，把宁王彻底激怒了，宁王的轴劲儿犯了，誓言道：一个安庆且不能克，安望南京！非要拿下安庆而后快。

于是，宁王叛军与朝廷官军在安庆形成了胶着战势，一时难分胜负。

在吉安的王阳明时刻都在掌握着宁王军队的动向，对安庆前线态势了解得一清二楚。看到安庆被围、宁王与安庆守军厮杀得难解难分，王阳明的多位下属都提出挥师安庆，以解安庆之围。

王阳明怎会这样简单布局？宁王造反等于是宁王抢了先机；王阳明谣言谍战、安庆固守等于是扳回了一局，把宁王的先手优势抹平了。如果王阳明领兵支援安庆，那会是什么局面？不过是两下合兵，与宁王主力在安庆城下鏖兵而已。

王阳明此时下出了一步妙棋，这也是中国兵法上堪称千古妙棋的“围魏救赵”之策，带领部队进攻南昌。

因为王阳明判断，此时“九江、南康，皆为贼所据，而南昌城中精悍尚且万余、食货重积，我兵若抵安庆，贼必回军死斗。安庆之兵，仅足自守，必不能援我于湖中。南昌之兵绝我粮道，而九江、南康之贼令势挠摄。四方之援又不可望，大势去矣。今各郡官兵渐次齐集。先声所加，城中必已震慑。因而并力以攻省城，其势必下。既破南昌，贼先丧胆、彼欲归救根本，则安庆之围自解。而宁王亦可擒矣。”

王阳明的意思是：如果我们兵发安庆，那宁王必定与我们决战，安庆的兵马也不多，也就够他们自守的，对我们无法形成有效支援。如果我们和宁王在安庆形成胶着态势，那留守南昌的叛军袭击我们怎么办？其他的援军都是本人吹出来的，谍战可以，真打仗现在是指望不上的。如果我们被敌人前后夹击在安庆城下，那就大势去矣。所以研判全局，我们应该全军进发打下南昌，只要夺下南昌，占领了宁王的大本营，那宁王的军心就彻底乱了，叛军必败。

王阳明的这一篇分析，言简意赅、直抵核心，真堪称眼观全局、算无遗漏，深得《孙子兵法》的妙义。

宁王造反，王阳明刚刚逃出生天后，就在六月十九日给正德帝、朝廷飞报了宁王造反一事。

随后，王阳明已经决议自己先组织兵马征伐宁王，在出兵之前的七月五日，王阳明又给正德帝写了一封奏章。

奏章先是汇报了宁王造反的情况，在最后一段，王阳明写道：

臣闻多难兴邦，殷忧启圣。陛下在位一十四年，屡经变难，民心骚动，尚尔巡游不已，致宗室谋动干戈，冀窃大宝。且今天下之觊觎，岂特一宁王；天下之奸雄，岂特在宗室。言念及此，懔骨寒心。昔汉武帝有轮台之悔，而天下向治；唐德宗下奉天之诏，而士民感泣。伏望皇上痛自刻责，易辙改弦，罢黜奸谀以回天下豪杰之心，绝迹巡游以杜天下奸雄之望，定立国本，励精求治，则太平尚有可图，群臣不胜幸甚。

想王阳明那时的场景，危城之下，寥寥孤旅，面对造反的宁王，就要生死决战了，就在这种时刻，不向朝廷诉苦讨价还价、不向领导吹嘘邀功，反而在上呈皇帝的奏章中，竟能如此书写、直斥其过：

正德你在位十四年，就知道巡游玩乐，弄得民不聊生，天下骚动，宗室里从安化王到宁王，一个个谋反，都想从你手中把皇帝的宝座抢过来。现在天下觊觎帝座的，岂止一个宁王？天下的奸雄，又岂止是宗室的那几位王爷？国家局势危急，山河摇动，微臣一想到这里，就觉得刻骨心寒。希望正德帝能够及时反省，罢黜奸臣，不再巡游，让那些奸雄无机可乘，求一个太平盛世。

放眼二十四史，能以这种语气、这种勇气向皇帝进谏的大臣能有几人？这真是完全把生死置之度外的勇气，明知前有宁王的刀山，王阳明这是抱着必死的决心，要与宁王拼一个玉石俱焚，这才能给自己完全不留后路、痛指正德劣迹的行文，完全不考虑正德帝看完奏章后会不会严惩自己的后果。从某种程度上，这就是王阳明决心殉国的一篇尽忠遗言。

由此段文章更可见王阳明的高尚人品、豪迈勇气，生死之际，不顾自己死生，全无私心，心中只是国家。翻遍阳明先生全集，其人生之大勇大爱莫过此段文字。

七月十三日，王阳明大军从吉安出发。

七月十五日，王阳明诸军在临江府完成集结。

此时王阳明已经有病在身，勉强带病书写军令，招知府伍文定、邢珣、徐琏、戴德孺四人授之。

那军令上就三行字：

伍不用命者斩队将。

队将不用命者斩副将。

副将不用命者斩主将。

士兵不给力，就杀队长！队长不给力，就杀副将！副将不给力，就杀前线主将！

王阳明又特意补充一句："军中无戏言：此是实语，不相诳也。"

这伍文定是吉安知府，邢珣为赣州知府，徐琏为袁州知府，戴德孺为临江知府，按照职能序列，这四位知府都是文官。此前邢珣、伍文定也有过一些军事经验，但都是剿匪之类的战斗，面对的都是非正规军，与此次两军对垒还是不同。但就是王阳明带领着这一群文官，开始了挽大明江山狂澜的壮举。

王阳明现在汇集的人马来自于附近各个府县，都是没有投降宁王、自发形成的武装力量，杂乱无章。十五日到二十日，王阳明用了五天时间，先对投奔汇集来的部队重新厘定了建制、确定了各支部队的将领，明确了隶属关系，统一了指挥体系，经过几天准备，到二十日，王阳明指挥的这些杂牌部队已经成型，王阳明开始带兵出发，开始了对南昌的围攻战役。

可以想象这支部队的状况，十几个县的衙役、士兵，各有各的乡亲，或许几天前还不认识这突然派来的主将、副将，而这所谓的主将可能也就是在邻县当通判，从来没拿过刀，大家彼此从来没有一起演习过、没有一起打过仗，就这样临时凑在一起，要生死相托了，这种部队的团结力、执行力肯定是让人心里打鼓的。

临出发前，王阳明为了严肃军纪，又玩了一个小技巧。出发前，号令全军，把几个不用军令的人当场斩首，首级传令诸军。这消息一出，“各军无不股栗”，军纪一下就严明了起来。但实际上王阳明杀的只是几个宁王那边的俘虏而已，这几人本来就该死，不过王阳明抓到他们的时候没有当场处死，只是先押了起来，当时王阳明的几个近臣还奇怪呢，王大人养这些反叛做什么？这时候用得着了，给他们定了个违反军纪的名义，借他们的人头严肃军纪了。

看到王阳明不断向南昌逼近，留守在南昌的宜春王朱栱樤着急了，紧急向还在围攻安庆的宁王求援。

宁王方面也召开了一次紧急的军事会议，不过宁王这次会议是奠定自己败局的。

宁王的意见是回师南昌，先解南昌之围。

李士实、刘养正两大谋臣都提出了不同意见，李士实表示：若现在撤军，那军心将会动摇。

宁王反驳道：南昌乃我之根本，如何不救？

看到宁王拿出了以南昌为根本的说法，刘养正建议道：我们围攻多日，现在安庆已经快守不住了，不如我们先拿下安庆，有个落脚之处，然后再调南康、九江的兵马，一起去救南昌，那时我们各军汇集在一起，实力强大，官军没有能力跟我们对抗。

结果宁王回了一句，李士实和刘养正都傻眼了。

宁王说的是：“汝家属受王守仁供养，欲以南昌奉之耶？”你们家人被王阳明好吃好喝供着，所以你们打算用南昌城来回报王阳明吗？

此言一出，李士实和刘养正再也无话可说。

王阳明在吉安时的统战功夫没有白下，接近李、刘两家人这步遥遥布下的妙棋发挥了效力，而且一发力就是杀棋。自此以后，宁王与李士实、刘养正两大谋臣已经主宾互疑，宁王体系的两大智囊实际上已被王阳明的离间计锁死，宁王对他的总参谋部实际上已经丧失了信任，两大谋臣再也没有发挥过什么效力。

宁王在离开南昌时，还在南昌城外设下一支伏兵，准备与南昌守军互相呼应，随时打围攻部队一个措手不及。但这一情报也被王阳明获悉了，知道宁王在南昌城外的新旧坟厂这个地方设了一千伏兵。于是计上心来，他派奉新县知县刘守绪、千户徐诚，领精兵四百，从小路把这伙伏兵给偷袭了。

其实，按照王阳明此时的兵力，他完全可以对这一千伏兵打歼灭战，但他偏偏只派了四百精兵，打的击溃战，只求把敌人击溃，不求全歼。

为什么呢？

这些伏兵溃散后，都逃向南昌城。城中骤闻王阳明兵至，杀散伏兵，人人惊骇。“传相告语、俱怀畏避之意。”

这些溃兵起到了王阳明大军起不到的作用，南昌城就此人心动摇。此外，相比于围歼战，击溃战更易上手，主力部队战斗力够强大，就可以完成击溃战，而围歼战则对自己一方提出了更多的协同、合作要求，王阳明这支新军士气正旺，但相互之间配合肯定是不够的，王的此次计划正是扬长避短，一次小规模的击溃战，算是首战胜利，也可以极大地提升自己一方的士气。

打扫完城外伏兵，动摇完南昌军心，凝结完自己一方的军心后，总攻开始。

七月二十日五更，也就是现在的凌晨三点到五点，各部队各自确定主攻方向、进城路线，王阳明再次严申军令：

一鼓附城；再鼓登城；三鼓不克诛其伍；四鼓不进诛其将。

各路军马知道王阳明军令森严，知道退回去就是军法从事，人人争先，一闻鼓声，各军奋进。伍文定带领的部队率先登上广润门，杀入内城，直接攻入宁王府。

宁王的守城军队一见官军已经入城，且攻势凶猛，纷纷溃败。

各路官军随即从南昌的各个城门完成突破，杀入内城。城中喊声大振、四下鼎沸。

一番巷战之后，宜春王朱栱樤被擒，宁王之子三哥四哥并伪太监万锐等上千宁王嫡系被擒。

战到激烈时，宁王府的宫眷们放火自焚，数百宫女被活活烧死。火势猛烈，后来延烧到了居民房屋。

此时，王阳明也已领兵入城，传令各官分道救火、抚慰居民。

火熄后，伍文定等各路人马都来汇报战果，王阳明审明发监，并查封了宁王府库大小衙门印信九十六颗。

看到南昌已落入官军手中，被宁王挟裹一起造反的江西省诸多官员也纷纷自首。

一番整顿，南昌人心始安。

收复南昌，这已经敲响了宁王的丧钟。

（四）

就在王阳明攻克南昌之后，宁王也回师南昌了。

以兵法来看，王阳明从进军南昌之后，就一举把握了战场上的主动权。宁王方面非常被动，这安庆城本来也不是具备全局影响力的城市，在大明时代，安庆与南京的影响力、号召力相去甚远，连南昌也难与之相比。宁王起兵之后本来就该趁各地驻军来不及反应，直奔南京，在安庆纠缠不下就是严重失策。

在应对王阳明的问题上，宁王方面做得非常之差。在造反之前，宁王还知道派人捉拿王阳明，但捉拿未遂后，宁王似乎就遗忘了王阳明。王阳明部队从吉安出发，到在临江府集结，到向南昌发起进攻，这十几天的时间里，宁王方面竟然对王阳明的部队毫无作为，任由王阳明顺利推进。这要么是因为宁王方面的情报工作做得惨不忍睹，要么就是宁王方面战略思维有问题，战场上放着王阳明这样一支敌军，竟然无人盯防，不败者几兮？

南昌如果能够坚守五日，宁王回师城下，里应外合，那王阳明反倒面临困境。结果呢？南昌一天就丢了……宁王苦心经营多年的部队，在王阳明那一帮临时拼凑起来的书生面前，竟然连一天都支撑不了，战斗力也确实不敢让人恭维。看看宁王这支部队，围攻安庆不下、固守南昌这座坚城竟然也做不到，攻城无力，守城竟然也无力，这多少说明宁王治军大有问题，太缺乏军事经验。

在战术应对上，宁王方面也是严重失策，知道南昌被袭，要么早回师，以形成内外夹击之势；要么不回师，继续东征，兵发南京。

结果偏不，什么策略必败宁王就偏选必败的那个，等南昌丢了，宁王心疼了，这才开始回师。可等宁王回师时，王阳明已经在南昌城以逸待劳了，反倒是宁王被调动得安徽、南昌到处跑。

安庆不克，南昌失守，连番败仗，前后无据，军心动摇，这样的部队，虽千古名将怕也难以领军制胜，况且是宁王这种水平。

到二十二日，王阳明已经获悉，宁王已经派凌十一、闵廿四分率两万人马直奔南昌而来，自己带大军随后跟进。

面对宁王的回师之举，王阳明又召开了军前会议，商谈局势。

众人的建议主要是：宁王六七万人马，势力强大。现在我们可以固守南昌，有坚城依靠，不如固守待援，等援兵到了再迎战宁王。

这确实是一条稳健的常态思路，敌军来袭，自己人少，那就坚城稳收。

但王阳明否决了这一防守策略，王阳明的决议是：宁王部队虽然人多，但一路上都没有遇到什么强劲的对手。他们之所以能够势大，不过是靠着封王拜相之类的许愿，勾结了一帮乌合之众。现在他们前进无门，后退无路，士气已经大不如前。如果我们出奇兵，一战制胜，把他们残余的那点儿锐气打掉，那宁王部队将不战自溃。

众人为王阳明所说服，于是调兵遣将，准备主动出击打垮宁王。计划在南昌城外设伏，打垮宁王部队。

在出击之前，王阳明先做了一手妙棋，那就是安抚南昌城内。

南昌是宁王的根据地，盘踞四代，城内的关系盘根错节，加上前几天攻城战，难免死伤。王阳明怕宁王回师后，双方在前线厮杀，南昌城内再起叛乱，于是先出手消弭祸根。

先是开仓放赈，让城中军民都有吃有喝，然后又亲书告示：

晓谕全省人等，除了真正谋逆的人之外，其他被胁迫、被裹挟的军民人等，都不要外逃乱窜了，父兄子弟如果能够书信告知叛军中的亲人，让他们能及时改过、擒获正犯的，都论功行赏，尽快自首的，免其本罪。

这告示写得非常具有攻心效力，宁王部队中多是南昌人，部队随宁王出战，家属都还在南昌，现在王阳明据守南昌，这些家属也就都在王阳明控制之中，王阳明鼓励各家给宁王部队写信劝降，并赦免其罪。

可以想象，这招一出，宁王部队里多少将官将收到劝降家书？这样的队伍还有多少战斗力？家属如果都忙着写劝降书，那还有多少人会动心思，想着在南昌作乱？

古人“四面楚歌”吹散西楚霸王的子弟兵，王阳明这手劝降书也是攻心为上，写散了宁王的七万大军啊。

（五）

七月二十三日，宁王先锋凌十一、闵廿四已经从水路回师逼近。王阳明麾下的伍文定、邢珣、徐琏等知府已经率军接战。

七月二十四日，北风大起，宁王大军趁风势有利，大举前进，已经进逼黄家渡，此时离南昌只有三十里距离了。伍文定、余恩两位将领先佯败撤退，将敌军引入埋伏圈。

凌十一、闵廿四对王阳明的部队过于轻视，各船争相前进哄抢战利品，阵形大乱，前后不相连。这时王阳明的部队全面出击，邢珣带领部队从后方切入，直捣中军，直接把凌十一、闵廿四的队伍切开，敌军大乱。

此时伍文定、余恩等各路人马合力夹击，伏兵四起，凌十一、闵廿四见势不妙，开始回撤，但为时已晚，已经无法约束部队形成有效战斗力。官军已经追赶了十余里路，斩杀宁王部队两千多人，凌十一中箭落水而死，只有闵廿四带着几千残卒，逃了出去。

听到前锋惨败的消息后，宁王大惧，但他依然还是坚持预定的进兵计划，并把九江、南康两处的守军都调集过来，汇集全部军力，准备再战。

对宁王军队的调动情况，王阳明掌握得及时而准确。九江、南康的宁王部队一开拔，王阳明那边就知道了，迅速派部队去收复两地，继续以主力部队与宁王对决。

二十五日，宁王发起总攻，上阵前，宁王传令当先冲锋者赏银一千两，对阵受伤者赏银百两。

明代正一品官员的月俸是禄米八十七石，一石是十斗，一斗为十升，明代的一升为现在的 1.0737 市升。折算下来，明代的一石米大约是现在的 185 斤，按现在一斤米值 2 元钱算，年薪大概是 38.6 万元，按明代银价折算，一品官年薪约为白银 277 两。明清时代的社会经济史研究表明，当时普通百姓五口之家每年如果有 30 两银子，日子已经可以过得不错了。

所以看看宁王这时的赏格，冲锋在前就一千两，顶一品大员干四五年的，够普通五口之家花三十多年的。这对普通人来说，无疑是一笔巨大的财富。

在重赏的激励下，宁王部队焕发了强大的战斗力，加之当天风向有利于宁王水军，战役一开始，宁王军队大占上风。王阳明这边仍由伍文定部做前锋，一时间被宁王军队连杀数十人，军容大乱，败绩已显。两军交战，能不能顶住主力攻击波，有时候就看这几个关键时刻。

这时王阳明直接军法压上，传令下去：如果败退，就要把伍文定斩首示众！

伍文定见到这种军令也是心中大惊，作为一介文官带军打仗本已不易，此时伍文定也把心一横，持刀站在船头，冲到第一线亲自上阵了。

当时双方战况激烈，炮火往来，直接把伍文定的胡子都烧着了，但战况激烈，伍文定连胡子上的火都顾不上处理，领着军士拼命死战。

此时，王阳明这边的邢珣等知府也带兵压上，对宁王军做到了炮火压制，将宁王中军的副舰击沉，宁王前锋闵廿四也被这轮凶猛的炮火打死。

双方主将都直接在对方的炮口之下领兵白刃厮杀，可见双方恶拼到什么地步。

就在这种炮口对炮口、刀尖对刀尖的关键时刻，宁王怕了，看着闵廿四在眼前被炸死，看着自己旁边的船被击沉，宁王自己怕了，率先后撤。

两军生死相搏，宁王这一撤，让整个部队士气溃散了，纷纷后撤，宁王部队一下子被追击斩杀两千多人，溺死无算。

双方恶战一天，以宁王撤退告终。

（六）

当天晚上，王阳明方面又召开紧急会议，结合战场形势，制定了火攻策略，紧急调拨了火攻器具。

而宁王那边只是连舟为方阵，退守应敌。宁王当夜还大肆犒赏，以真金白银维系士气，意图反扑。

二十六日早晨，宁王这才召开会议，商议对策，开始责骂昨天不尽心的一些将领，并要斩几个后退将领示众。就在众人辩解求情之时，会议还没开完，王阳明的军队就杀过来了。

这个细节也挺值得思量。两军对垒，战场上这种生死时刻，当天夜里就加加班，赶紧开开军事会议吧，非拖到第二天早上。这晚一步，宁王便步步被动。

被王阳明军打了个措手不及不说，对手还换了打法，昨天恶战，今天火攻，火烈风猛，还没正经交锋，宁王这边看到漫天大火就已经惊慌失措，被烧得阵脚大乱。

此时王阳明部队又开始大肆宣扬，大喊：宁王已擒，降者免死。

在战场上那种烽火连天的局势中，大家都信息混沌、心态浮躁，这种口号多喊几次，两军都信以为真，王阳明部队勇气倍增，宁王部队更加涣散，无人征战，纷纷找小船逃命去了。

看着诸军败绩已定，宁王心知大势已去，凄然话别，想在亲信的掩护下逃出战场。结果被王阳明安排的人马擒获。

不但宁王被活捉，宁王的大儿子及宁王封赏的所谓数百公卿都被擒获。宁王部队被擒拿斩杀的有三千多人，淹死的有两万多人，衣甲器械、浮尸、各类财物在水面上漂了十多里。

宁王之乱彻底平息。

但后面的事情更为凶险，与拿刀的敌人相比，更凶险的敌人往往在幕后。

第十章 官场如此险恶，有赖『知行合一』

(一)

公元1519年，也就是正德十四年，因当政的正德帝太过荒唐，地处南昌的宁王朱宸濠早有异志，终于抓住机会发动叛乱。

消息传到朝堂后，正德帝和一帮近臣大喜，嗯，你没看错，面对宁王反对派的造反行为，正德帝团伙乐了。

这倒不是因为正德帝他们早就未雨绸缪、谋定后动，对此事胸有成竹了，而是因为正德帝这年春天就想到南方“巡游”，抢夺民女，游山玩水，由于廷臣劝阻而未能成行。

宁王的反叛终于为他找到了机会，可以借“征讨”之名，行南游之实。

然后正德帝就开始带着自己这帮亲信，准备行李，准备出征，这一准备就是八十多天，八十多天还没动窝呢。

造反的宁王也是个行事犹豫、猜疑心重的蠢货，徒有野心却无足够的能力，恰好又遇到了用兵如神的王阳明，只用了三四十天，王阳明靠着自己的英明神武、靠着召集来的忠勇将士，平定了宁王叛乱，宁王被擒。

接到反叛平息、宁王被擒的奏章后，正德帝和宠臣的反应不是为此高兴，而是怒了：我行李刚准备好，宁王那边散场了。不行，平叛了朕也要亲征，朕还得再平一遍。

正德帝在北京下诏亲征，自称“奉天征讨威武大将军镇国公”，他身边的一批太监人等也纷纷谋欲夺功，宦官张忠、张永，边将江彬、刘晖，正德帝的干儿子许泰等人俱称“将军”，带兵数万人，前呼后拥开出京城。

面对反叛已经平息但御驾还要坚持亲征平叛的复杂态势，王阳明又上了一道奏章《请止亲征疏》，奏章上说明：宁王已擒，逆党已获，从贼已扫，平叛的地方部队都各回驻防地了，地方也刚刚安静下来，微臣将在九月十一日亲自带官军把宁王一伙押送北京。

王阳明这奏章写得极为全面，一叛党已灭，没仗可打了；如果您还要坚持亲征，要坚持慰问战斗部队，那第二点部队都已经回驻防地了，没什么可好您现场慰问的了；如果您还要坚持来安抚百姓，那第三点老百姓已经安定了，不需要您来安抚了；第四点，这帮造反派我给您送过去，用不着您来提审……

这奏章四点一线，把正德帝名为亲征、实为扰民的行为堵得严严实实，让你找不到要来的理由。

奏章写好后，王阳明派人从南昌给皇上送奏章，同时，正德帝也带着亲军出京，开始了亲征之旅。

问：王阳明派的快递员，与正德帝团伙同时出发、相向而行，走的还是同一条路，这两拨人应在哪儿相遇？

如果速度一样，那答案应该是中点，当然快递员一个人轻车简从，可能速度更快；但正德帝好歹也是打着平叛的旗号出京的，你也不好太慢是吧？

答案是：正德帝是在良乡接到的奏章。良乡位于北京西南 20 千米（由于经济建设发展的需要，良乡现已划归北京所属），王阳明这奏章是从南昌发出的，南昌距离北京 1472 千米。

按现在的理解就是，王阳明的快递已经从南昌到了北京，正德帝还没出北京。

嗯，就是这样一位爷要去平叛……得亏王阳明是平叛那伙的，王阳明要是造反那伙的，造反团伙能直接把正德帝堵炕上。

想想这样一位爷能听劝吗？

正德大军继续勇敢进发，去平息已经不存在的叛乱。

但就因为宁王造反，正德帝的宠臣钱宁终于倒台了。宁王造反后，钱宁就害怕了，便报告正德帝，收捕了宁王朱宸濠所派的联络人卢孔章，还把这些都归罪于自己的手下臧贤，将臧贤贬官并遣去戍边，随后他又派校尉在途中将其杀死以灭口，还将卢孔章弄死于监狱之中，想把这些知情人都弄死后，保全自己。但他最后还是中了江彬之计，被派去总理皇店工役，离开了正德帝。

送走了钱宁后，江彬在路上，终于抓了单独觐见皇帝的机会，借机把他通逆的全部情况报告了正德帝。正德帝说："这狡猾的奴才，我早就怀疑他了。"于是将他拘禁在临清，派人驰入京师收系钱宁的妻儿家属。后来正德帝回京时，将钱宁裸身绑住，抄了他的家，获得玉带二千五百束、黄金十余万两、白金三千箱、胡椒数千石。但正德帝还是念旧情的，对钱宁关而未杀。

（二）

正德帝一生胡搞，其中有一个著名的桥段就是爱给自己封官，最后给自己封了一个什么威武大将军，还动不动以威武大将军的身份指手画脚。这就搞得文武百官都很苦恼，因为官场是制度森严的，你皇帝有皇帝一级的待遇，将军有将军一级的迎接方式，你以皇帝之尊又弄了个将军之名来下命令，百官们是该按圣旨对待这命令呢，还是按将令的方式处理？这里面牵扯到一个朝廷的制度、体统问题。

看到王阳明的捷报后，正德帝又以自封的那个“威武大将军”的名义，发了一道命令，让一个锦衣卫千户携命令去王阳明处提取宁王。

在浙西严州这里，王阳明接到了锦衣卫千户的命令。

王阳明的属下就劝他：这威武大将军就是皇帝，这命令就是圣旨啊，您应该去迎接这位钦差大人。

王阳明回答道：大将军不过是正一品而已，且我是文官，大将军为武将，文武不相同属，大将军下个命令，这传达命令的人不过是个快递而已，我干吗要迎接一快递啊？

属下们忙说：这大将军就是皇帝啊，这不能当快递打发，这是钦差啊，如果不去迎接必然就得罪了钦差，咱没必要一见面就得罪钦差啊。

王阳明回答道：如果父母说些乱七八糟的命令，做人子的应该苦苦劝告，怎么能跟着溜须逢迎呢？

对正德帝这种放着皇帝不当，非要当将军，搞乱朝堂管理体制的行为，王阳明非常不屑。

但各个司官苦苦哀求，王阳明不得已，让手下迎接了这位钦差。

收了公文之后，王阳明的手下又问：对这位锦衣卫钦差应该送多少程仪？程仪就是路费，古代上级、亲友要远门旅行，作为下级或亲友，送给他一笔钱在旅途中花销。

但这其实是古代官场的一项潜规则、一项陋习。中央设立各部，地方设立各司，原本就是办公的。这些“公务员”拿着国家的薪水不办事，要办还得另收费，天底下又哪有这样的道理？送路费就更没有道理，说白了，这程仪其实是一笔变相的贿赂。当时官场无人不是如此，不送者反倒成了凤毛麟角。随着送的人不同，这程仪还有各种花哨名称，送给地方政府的叫“使费”，送给中央部院的叫“部费”。

王阳明回道：不过五两银子。

那手下建议：这恐怕太少了，这锦衣卫看到钱这样少，恐怕会发怒。

王阳明本来对官场陋习就不满，对正德帝不按朝廷规则办事不满，直接回答：随他的便。

果然，这锦衣卫一看只有五两银子的程仪，勃然大怒，看不上这几两银子，挥袖而去。

第二天这锦衣卫按规矩来向王阳明辞行。

王阳明一把握住这锦衣卫的手：“我十几年前就被你们锦衣卫关过，你们那里的官员我见多了，从来没有见过像您这样轻财重义的人。我们为了表示感谢您远道而来，昨天送您五两银子，结果您一腔正气，拒绝接受，与官场陋习做斗争，这让我太感动了！我没什么别的长处，就会写写文章。以后我一定要写篇文章，把您这种清廉的品格记载下来，让后世的锦衣卫都知道还有您这样一位人物。”

王阳明这样一番皮里阳秋的话，反而挤对得这锦衣卫无语可说。到最后，王阳明也没有接受这所谓“威武大将军”的命令，没有把宁王交给这锦衣卫。

这锦衣卫回来复命后，自然添油加醋告了王阳明一状，江彬、许泰更是心头起火。

正德帝特别宠信江彬、许泰这几个人，正德帝来南昌是为了寻花问柳、赏山玩水，这几个手下都是为了敲诈勒索、大炮一响黄金万两来的，一路敲诈索贿而来。见到王阳明后，更是准备大敲一笔，但从这锦衣卫的回复可知，这王阳明很难对付。

于是，江彬、许泰就开始四处造谣，说王阳明本来与宁王就勾勾搭搭，混在一起，还曾把自己的门人冀元亨派到宁王那里负责通风报信，还答应要借给宁王三千大军，他这是后来看到宁王造反不成，才又反目攻打宁王以掩盖自己罪行的。

正德帝和王阳明还没见面，这谣言已经是四处流传了。

这谣言真是狠毒啊，把王阳明从平叛功臣一步就打成谋逆同党了，论功行赏还没开始，断头闸刀就已经磨好了。得罪了皇帝身边的人，是有多么可怕啊。

（三）

古代官场里，怎么面对贪污受贿问题，堪称每一位官员的试金石，特别是索贿的是你的上司。

与王阳明见面之后，正德帝大军的先锋张忠、许泰问王阳明的第一个问题就是：“宁王府一向都是富甲天下，这些金银财宝现在都哪儿去了？”

这话里话外的，意义太明显了，这两个权臣认为，你王阳明既然抓了宁王，肯定是把宁王的财产都搜刮到自己腰包里了，现在也不知道主动拿出来孝敬大爷们。

这些权臣总是按照自己的思维去判断人，自己为了发财而来，那别人也都是一丘之貉。

那王阳明哪会为这些钱动心，宁王造反自然是开销巨大，等到平叛后，慰劳军队、安抚百姓、修复残破，这都是一笔笔海量开支，仅有余款，也已经是造册登记，找财政部人员接收了。

但非常有意思，面对张忠、许泰这样公然的索贿行为，王阳明一是守住了底线，没有找点儿财物去逢迎这些贪官；二是没有一五一十地翻出账本，一笔笔地汇报开支。因为王阳明知道，这些贪官污吏早已经贪得闻名天下，良知沦丧，哪会听你公事公办这套做法；三是也没有勃然大怒，没有公然上书抨击，没有与这些奸党不共戴天，没像后世的清官海瑞那样抬棺而战！因为王阳明知道，正德帝这样的皇帝会主持公道吗？那只能呵呵了。

一不行贿；二未按公事处理；三没有不共戴天，那王阳明是怎么回复的呢？

王阳明只回答了一句："宁王造反之前，把这些财宝都拿来勾结京师要人了，约这些受贿的要人做内应，这都是可以彻查出来的。"

这话说得太高明了，攻敌之所不备。张忠、许泰以前都是宁王行贿的常客啊，你要敲王阳明竹杠，王阳明就准备追查宁王同党、勾结造反之人，孰轻孰重？你盯着那点儿钱，人盯着你的命运和仕途，要钱要命？就算皇帝信任你们俩，饶你们不死，但这种事情闹出来，谁脸上都不好看不是？更重要的是王阳明说的不是实话吗？大实话。

张忠、许泰一听这话，"气慑不敢复言"。

面对上司索贿，一代圣人王阳明守住了底线，但也不是一腔书生意气，有权有谋，不卑不亢，恪守良知，知行合一。

（四）

索贿未果，江彬、许泰、张忠这一干人等自然不肯罢休，于是派人散布谣言：那王阳明平日里就和宁王勾勾搭搭，经常参加宁王的宴会，还专门派自己的弟子冀元亨常驻在宁王府，作为两人勾连的中间人；王阳明曾经许诺过只要宁王起兵，他就派兵三千，支持宁王造反。等宁王造反后，王阳明看宁王难以成功，这才又倒戈一击，他攻打宁王就是为了掩盖自己谋逆的罪行。

这谣言真是造得有水平，王阳明确实见过宁王，宁王那边确实暗示过造反之意，冀元亨确实在宁王府待过，真真假假掺杂在一起，造反那都是密室之约，除了当事人外，无人能够证伪，这让所有的旁观者都无从批驳。更要命的是，红口白牙的几句话而已，就把王阳明从平叛功臣，转瞬变成了反复无常、包藏祸心的乱臣贼子，杀人诛心。这种谣言流传开来，有识之士虽然会认为是无稽之谈，但街谈巷议八卦流转，谁受得了？

宁王大军的刀山剑雨的威力怕也没有这铺天盖地的谣言厉害，一个应对不当就是灭家之祸。这种关键时刻，王阳明想起了一个人，只有这个人出手，才有可能保得平安。这个人就是昔日的八虎之一、扳倒刘瑾的头号重臣——大太监张永。张永是正德帝的铁杆班底，近在中枢，且与江彬这些新进宠臣不是一路人，因为他的倒刘之功，朝堂文武百官对他印象极好，算是正德朝中能得宠臣体系和文官体系都信任的核心人物。

当时张永随正德帝南征，已经到了杭州。王阳明从江西几百里奔波，投奔张永而去。

在《明史》记载中，这次会面颇为简单：

“守仁夜见永，颂其贤，因极言江西困敝，不堪六师扰。永深然之，曰：

‘永此来，为调护圣躬，非邀功也。公大勋，永知之，但事不可直情耳。’守仁乃以宸濠付永。”

王阳明深夜拜见了张永，先表达了对张永的仰慕之情，又讲述了江西经历宁王长期横征暴敛、加上战乱摧残后已经一片凋零，实在承受不了御驾亲征大军驻扎。

张永对此深表理解，开宗明义地回复王阳明：“我之所以来此不过就是为了跟随皇上，不会为了邀功而冒战的。宁王之乱里，你已经立下了赫赫功勋，我对此是非常清楚的，但这事不能直接这样处理。”这等于清楚地告诉王阳明，会尽力劝阻皇帝兴兵侵扰江西，但在正德帝面前，很难为王阳明去表功。

两人谈完后，王阳明就把俘虏来的宁王朱宸濠移交给了张永。

但民间传说是另一个样子的，张永一开始并不愿意见王阳明，因为他知道这一见就等于是把麻烦粘在手里了，见了王阳明也意味着需要他出面和江彬这伙人斡旋了。但王阳明的诚意最终打动了张永，两人会面。

见面时王阳明拿出了一张名单，称是宁王历年来向京城诸位亲贵重臣的行贿名单，这名单几乎囊括了京城里所有头面人物，江彬、钱宁、许泰、张忠皆在其中，但是没有张永的名字。

为什么会没有张永的名字呢？是宁王会遗漏掉张永这样的大人物吗？还是王阳明在名单里动了手脚？还是张永坚决地拒绝了宁王的贿赂？只有天知道。

张永看到这名单后自然明白了王阳明的用意，很承王阳明的情，又接受了宁王朱宸濠这样一份厚礼，事情到了这个份上，自然决定出面维护王阳明了。

王阳明随后又到了京口，想找机会觐见正德帝，但还没有等到机会，就领到了巡抚江西的命令，只得又返回了南昌。

（五）

此时张忠、许泰也已经率军到了南昌，这两人先是觉得没能亲自把宁王抓到手里，丧失了立功的机会；又敲诈王阳明未果，一分钱都没有捞到，功劳没有、银子也没有，等于是白跑一趟，很是恼火，于是故意纵容所带来的所谓“京军”去骚扰、欺辱王阳明。

这王阳明此时怎么也是一名地方大员，就天天被一堆不入级的丘八们骚扰，动辄呼来喝去，经常被指着鼻子、点着名字大骂。

但王阳明面对这些兵痞不为所动，反而对这些兵痞更好了。病了给药，死了给棺材，路上遇到京军们给战友送葬，也专门停车下轿慰问许久，这样一来二去，王阳明和京军的兵痞们都混得挺熟，这些兵痞也是人，之前也没见过这样一位大官能真心实意地对待他们，最后双方好到什么地步？京军谓“王都堂爱我”，无复犯者。从指名道姓地当面喝骂，到“王都堂爱我”，这种转变，可见王阳明以诚待人的手腕。

传说张忠、许泰一计不成又生一计，他俩觉得王阳明就是一介文人，必然不懂刀剑弓马，于是非逼着王阳明在众军面前射箭，想看王阳明脱靶丢丑，扫扫王阳明的面子。王阳明挽弓在手，三发三中，众军欢腾，齐赞王都堂好箭法啊！张、许二人偷鸡不成蚀把米，反而极大提升了王阳明在军中的威望。

转眼到了冬至，照当时民俗，这一天要祭奠亡灵。王阳明灵机一动，让南昌居民可以“巷祭”，在街道、路边就可以祭祀亡灵。这一年宁王作乱，先是宁王造反杀了一批，接着又是王阳明平定反叛，又杀了一批人，“时新丧乱，悲号震野”，南昌城里一片哭声。

这些京军算起来离开北方时间也不短了，看到南昌城里这种悲凉，特别是看到南昌父老们祭奠自家的阵亡军士，更是感同身受。“可怜无定河边骨，犹是春闺梦里人。”听着那满城哭声，看着那点点鬼火，寒风萧瑟，“闻之无不泣下思归者”。看到军心思归，在南昌继续混下去，也实在敲诈不到什么油水，张忠、许泰不得已，只能班师回营。

但这帮人算是恨透了王阳明，功劳被你抢了，银子还没有敲出来，话里话外还透露出掌握了宁王与他们行贿受贿的证据，这帮宠臣怎么可能容忍这种人在朝堂上啊？于是江彬、张忠、许泰指使给事中祝续、御史章纶对王阳明开始百般谗毁，只有张永经常帮王阳明说几句话。

张忠直接在正德帝面前说：这王阳明手握兵权，又和宁王有交情，这人绝对会造反。不信陛下您就召他觐见，他心里有鬼，一定不敢来。

皇帝亲信的这种进言，就是直接要人命啊。正德帝还未知可否，这帮家伙已经借此由头开始给王阳明挖坑了。

张忠、许泰屡次假借正德帝的名义召王阳明觐见，这些宠臣的算盘是：只要王阳明一上当，一离开南昌，就告你擅离职守，图谋不轨，要你人头；如果王阳明不上当，不听这些假旨意的话，那他们还有法子，连环套接着下，几次三番的假旨意你不听，那就掺杂一次真的圣旨，真召你觐见，看你是听还是不听。如果你没分清哪次是真，哪次是假，呵呵，下真圣旨时还是不来，那就是欺君之罪了，照样要你人头。

这种阴毒的连环计，作为王阳明这种外臣，那是极难防范啊。你又不是天天在宫里行走，哪知道这种圣旨是真的，那种圣旨是假的，这个传旨的公公是真的，这位传旨的官员是打酱油的啊？

幸亏张永极力维护啊，每次假旨意发出的时候，张永就派人快马密信，告诉王阳明这是假的，可以不用来；等真圣旨发出的时候，就派人将实情告诉王阳明，让其速至。真是“朝中有人好做官”啊，如果不是张永，王阳明这次真是在劫难逃。

等到真旨意传王阳明觐见的时候，王阳明很快就来了，这一下让张忠放的那些假话不攻自破了。但张忠、许泰哪甘心失败，连环计失败了，那就继续挖坑，你来了，那就想办法让正德帝没空见你，等了许久，王阳明也没有得到面圣的机会。

这种处境就让王阳明非常尴尬了，奉命而来，但又没有面圣的机会，这到底是该进还是该退啊？无论进退都容易掉到陷阱里。

最后王阳明想了一个办法，就是跑到九华山庙里天天打坐去了。也不要求面圣了，也不要求回南昌了，我进庙里了。

这在当时估计也是一件大新闻啊，平乱功臣、部级大员突然进庙隐居，谢绝外出。

正德帝后来也听到这个消息了，就质问张忠、许泰这几个人：“王守仁学道人，闻召即至，何谓反？”

确信王阳明没有造反之心后，正德帝就下旨让王阳明回江西了，不过让王阳明重新汇报平叛报告，这报告里必须写“奉威武大将军方略讨平叛乱”，就是必须写上是按照正德帝的策略才平息了叛乱，报告里还必须写上江彬、张忠、许泰这些人在此役中都立了大功，这才算作罢。

接收完俘虏，正德帝就去江南花天酒地了，一路上数万大军随行，扰民无数，所谓的御驾亲征，又成了多少人家的噩梦。

（六）

正德十四年（1520 年）闰八月，正德帝在南方大肆游玩，先是路过清江浦。明清时，以清江浦为轴心的淮安，与扬州、苏州、杭州并称运河沿线的“四大都市”，有“东南四都”之称。清江浦在明清时期是京杭大运河沿线享有盛誉的繁荣的交通枢纽、漕粮储地和商业城市。

然后正德帝又去了扬州、南京，玩得尽兴。但就是在这时候江淮、扬州一带大饥荒，人相食。

玩到第二年也就是正德十五年春天，正德帝又到了南京，在南京祭了祭祀，等到了四月，好歹是赈济了一下江淮、扬州的饥荒。

闰七月，正德帝又到了镇江，还跑到大臣杨一清家去转了一圈。

等到九月，在积水池这个地方，正德帝非要打鱼，但不知道什么原因，正德帝竟然落水了，虽然被侍卫们赶紧救回，但从此落下了病根，还病得不轻。

随后正德帝就一路返京，十二月还在回京路上，就把宁王朱宸濠正法了。

直到正德十六年（1521 年）春正月，一行人才回到北京。

回京前，正德帝下令把众多反叛、从逆者的首级都挂在高杆之上，每一个高杆还都装饰上了白色的旗帜，一时间数里地都是白色的。当时很多人都觉得这不但没有擒杀逆党的威慑，还搞得就跟办丧事出殡一样，看起来很不吉利。

正月十四日，正德帝仍旧强撑，在南郊主持大祀礼。行礼时，正德帝忽然口吐鲜血，大礼不得不终止。

又病了两个月后，到正德十六年阴历三月十二日，正德帝处于弥留状态，对司礼太监讲：“朕疾不可为也。告知皇太后。天下事重，望太后与阁臣审处之。前事皆由朕误，非汝辈所能预也。”言毕驾崩，时年三十一岁。

历史上对正德帝的评价差异非常大，就连口碑爆棚的《明史》对正德的评价也是极其混乱。

《明史》是二十四史中的最后一部，从清朝顺治二年（1645 年）设立明史馆，纂修明史。因国家初创，诸事丛杂，修明史工作未能全面开展。康熙四年（1665 年），重开明史馆，但后来因纂修《清世祖实录》而暂停，当朝的实录肯定比前朝的历史重要啊。

康熙十八年（1679 年），以徐元文为监修，开始纂修明史。于乾隆四年（1739 年）张廷玉最后定稿，进呈刊刻。这张廷玉在康熙帝时任刑部左侍郎，雍正帝时曾任礼部尚书、户部尚书、吏部尚书、保和殿大学士（内阁首辅）、首席军机大臣等职，死后谥号“文和”，配享太庙，是整个清朝唯一一个配享太庙的汉臣，堪称当时的政界文坛泰斗，《明史》就是他把过关的重点国家项目。整部《明史》从第一次开馆至最后定稿刊刻，前后经过九十多年，是官修史书历时最长的一部。在二十四史中，《明史》以编纂得体、材料翔实、叙事稳妥、行文简洁为史家所称道，是一部水平较高的史书。这反映出编者对史料的考订、史料的运用、对史事的贯通、对语言的驾驭能力都达到了较高的水平。

赵翼在《廿二史札记》中说：“近代诸史自欧阳公《五代史》外，《辽史》简略，《宋史》繁芜，《元史》草率，惟《金史》行文雅洁，叙事简括，稍为可观，然未有如《明史》之完善者。”这样一部交口称赞的正史是如何给正德帝盖棺定论的呢？

“明自正统以来，国势浸弱。毅皇手除逆瑾，躬御边寇，奋然欲以武功自雄。然耽乐嬉游，暱近群小，至自署官号，冠履之分荡然矣。犹幸用人之柄躬自操持，而秉钧诸臣补苴匡救，是以朝纲紊乱，而不底于危亡。假使承孝宗之遗泽，制节谨度，有中主之操，则国泰而名完，岂至重后人之訾议哉！”

意思是：明代自英宗正统帝以来，国势渐弱。正德帝挥手之间除掉刘瑾，御驾亲征挥师边关，有奋然之志，想以武功称雄。但正德帝在行动上却沉迷于嬉戏玩乐，亲近小人，甚至于自己给自己封官，搞得朝廷体制尊严荡然无存。幸亏正德帝自己还把持了人事权，用了一些能臣，可以四处救火，所以虽然正德一朝朝纲紊乱，但还不至于国家危亡。假如正德帝能够像他父亲弘治帝那样，制节谨度，做一代中兴之主，那自然是国家安泰、自己也落得一个好名声，哪至于后人都是非议之声。

要知道清朝时皇子们如读书不认真，师傅往往训斥：“你想学正德帝朱厚照吗？！”朱厚照是绝对的负面典型。

总体上，《明史》认为，正德帝处事也算果断，诛灭刘瑾，平安化王、宁王之叛，击退蒙古王子，他在位时臣下仍有不少贤才，也从侧面反映出这位帝王治下总体上仍有可称道之处。像在一些案件上，有时候甚至体现了清君的特质，比如浙江钱塘发生命案，死者身中五刀，刀刀致命，钱塘县令断定此人系自杀身亡，在上报刑部后，刑部认为案理不通，驳回重审。事后，杭州府重审后仍以自杀身亡上报，刑部再次驳回并报送大理寺，此案遂上达天听，进入正德帝的视野，正德帝了解案情后勃然大怒：“岂有身中五刀自毙者？欲将朕比晋惠乎？”于是严旨彻查杭州知府及钱塘县令，最终查明凶手是钱塘县令的妻侄。

基本论断是，正德帝荒唐但并不糊涂，如果他能够兢兢业业，尽心尽力，完全有可能做一代明君而成为中兴之主，功垂史册，但他恣意妄为的行径却为后人所訾议。

有时候剥开历史的表象，你会看到更深层的内容。

一个人有可能一边欺男霸女，一边明镜高悬吗？一个人有可能无组织无纪律、天天不工作，但同时又识人、用人无误吗？正德帝会具有这样反人类的双重品质吗？不是没有这种可能啊，但这个概率极低。还有一个更高概率的原因，导致了正德朝荒唐但并不糊涂的局面，肖公子试着剥开迷雾，讨论一下。

前面说过，正德帝是独子，张太后对其非常溺爱。但张太后是一位什么样的人？是一个糊涂的老太太吗？

错，弘治帝死的时候也就三十六岁，这说明张皇后成为太后的时候也就是这个岁数左右，这是一个人人生的黄金时期，虽然青春不再，但精力、经验都处于巅峰时期，她可是弘治中兴伟业耳濡目染的亲历者，亲自见证、甚至参与了弘治帝十八年的皇帝工作经历。虽然皇家有明训，后妃不得干政，但作为多年夫妻，这种相知相伴的伴侣，不可能在精神、政治层面没有共鸣，如果她真是家庭妇女一枚，那弘治帝也不可能这样痴心不改，创下大明皇帝的痴情纪录。

正德帝十五岁登基，背后这样一位精明强干的太后，天下大事会少参与其中吗？这可是亲生的啊。

所以正德朝会出现一种奇怪的现象，皇帝胡搞，但每到关键时刻，总有人把偏离轨道的帝国拉了回来，这是正德帝自己所为，还是背后亲妈的功劳？我们是该相信正德帝人格分裂，忽好忽坏，还是该相信张太后在关键时刻控制着帝国的命脉？

尽管在浩瀚的历史中，张太后的功业似乎隐匿无踪，但这样一位大人物的所作所为还是有细节会呈现出来的。

还记得江彬吗？

在刘瑾之后最为炙手可热的正德宠臣，他是怎么被清除出历史舞台的？这《明史》上写得清楚，“太后遽下诏收彬”，张太后和首辅杨廷和一点儿小花招，就把这大权臣给办了。

能这样悄无声息除掉权臣的太后，是个等闲人物吗？

她无非是太娇惯儿子了，她知道欺男霸女不对，她也知道正德荒唐，但那是亲生的儿子。她纵容他，只要儿子开心，几个草民家破人亡算什么？但江山社稷是老朱家的，她得帮儿子看好了、守牢了，谁若惹到江山社稷这个底线，一概杀无赦，至于正德那点儿荒唐事，当妈的怎么会在意？

只可惜了天下苍生，可惜了王阳明挨的那四十廷杖，可惜了千秋儒家渴望明君的正德大梦……谁叫你赶上这样一对荒唐又不糊涂的母子呢？

当你看明白了张太后的巨大影响力，也就能看懂正德之后嘉靖朝的格局了。

最早知道嘉靖朝“大礼议”这段历史时，我总觉得嘉靖朝初期的这些重臣有些莫名其妙，这有什么好争的？皇帝他爸妈的事情，你们一群当臣子的疯了，这样抛头颅洒热血地去争？等看懂了张太后，一切了然。

第十一章 嘉靖登基，开始新一轮大博弈

（一）

正德十六年（1521 年），明武宗正德帝驾崩，因正德帝无子嗣，所以由内阁首辅杨廷和根据“皇明祖训”寻找皇位继承人，而正德帝唯一弟弟朱厚炜幼年夭折，于是上推至正德帝的父亲明孝宗弘治帝一辈。弘治帝两名兄长皆早逝无子嗣，四弟兴王朱祐杬虽已死，但有二子，兴王长子（朱厚熙）已死，遂以“兄终弟及”的原则立次子朱厚熜为嗣，即为明世宗嘉靖帝。

嘉靖帝之父兴王朱祐杬是弘治帝的弟弟，那也是曾经有祥瑞附体的人，据说他的王船停泊地，曾经多次有数万乌鸦围绕，世人皆以为祥瑞。

兴王也曾经对国家治理提出过一些意见，得到过弘治帝的表扬。

兴王不近女色，对珍宝玉器那些也没什么兴趣，就是喜欢诗书，喜欢和自己的手下登台赋诗，他的封地在现在的湖北，当地老百姓比较相信巫术，不相信医术，兴王就专门选了一些中医良方，给穷苦之人赠药。

总体看来，兴王是位具有仁爱精神的王爷。嘉靖帝就是在这样的王府环境下出生、成长的，还算是风清气正。

嘉靖帝朱厚熜出生于 1507 年，1522 年承继大统时不过是一个十五岁的少年。嘉靖皇帝能从藩王之子跃升帝位，本身就带有极大的偶然性，所以导致权力交接过程存在颇多问题，为嘉靖朝初期的政治稳定埋下了巨大的隐患。

正德帝死的时候，不像大多数皇帝那样，储君太子就在身边，遗诏一下，新皇继位，权力交接。当时朱厚熜还在湖北，自兴王府所在地安陆府（今湖北钟祥市）回京继位，还需要个把月的时间。

在这段时间里，正德已死，嘉靖未到，北京城乃至全国都处在权力交替的真空状态下，隐藏着巨大的杀机与危险。

但就在这个月里，首辅杨廷和以雷厉风行之态，承担起了中流砥柱的作用，也顺手打垮了自己的政敌王琼，还顺便给王阳明的未来仕途埋下了雷，挖好了坑。

正德帝一死，为防止有人作乱，杨廷和根据遗诏命太监张永、武定侯郭勋、安边伯许泰、尚书王宪挑选各营兵马，分布在皇城的四门、京城的九门及南北要害地带，厂、卫御史安排他们的部下四处巡逻防备，加强京城治安。

控制住局势后，杨廷和开始大刀阔斧地清理正德帝那些乌七八糟的东西：

第一，当年正德帝搞的最耸人听闻的就是把大批边防军调入北京，不但干扰正常军区体制，还扰乱社会治安。杨廷和下令，先给边军重赏，然后让其各归本镇；

第二，正德帝当年招了大批斗鸡走狗之辈陪他玩。杨廷和下令，裁汰威武营的各团练部队；

第三，废除皇家商店和军门办事官校，原办事人员全部遣回家乡所在的卫所；

第四，正德帝搞了一个豹房淫乐无休。杨廷和下令，豹房的番僧、教坊的乐队、南京的快马船等，凡不是经常例设置的，一切都被裁撤、解散；

第五，正德帝及其手下动辄劫掠妇女，还让各地进献美女，供其淫乐。杨廷和下令，送回各地进献的女子；

第六，停止正德帝在京城里搞的那些不急需的工程建设；

第七，对正德帝胡乱封赏出去的那些国库珍宝，重新清点，收回了山西宣府行宫中的金银宝贝，放回内库。

（二）

面对杨廷和如此连环出招，正德帝的第一宠臣江彬怕了。

正德帝死了，靠山没了，拥有的一切转眼都被清除，依靠的边军回归本镇，豹房没了，抢来的美女、珍宝被送回，那下一步是什么？

杨廷和能饶过江彬这个始作俑者吗？

江彬怕了，就此称疾不出，暗中布下心腹，备下甲兵，观察朝局，都督李琮、周勇略这些铁杆同伙都劝江彬早动手，先下手为强，把杨廷和抓起来再说。江彬犹豫，只是先让和自己一伙的大臣们去杨廷和那里探望风色。探望的结果是，杨廷和出语非常温和，没有任何针对江彬的企图。

江彬这才稍稍安下心，又开始了正常的活动。

但明里是和颜悦色，暗里是刀光剑影，抓捕江彬的罗网此时已经悄然张开。杨廷和与张太后已经做了密谋，要擒拿江彬。

没过两天，坤宁宫大殿要安装兽吻。这兽吻就是屋顶正脊两端的装饰物，以龙头装饰，张牙舞爪，咬住正脊，又称“吞脊龙”，具有辟邪的作用。这也是营造过程中比较重要的一步，安装时一般还办一点儿仪式，杨廷和就命江彬和工部尚书李镃主持这个仪式。

江彬和工部尚书李镃遵命而来，主持完仪式后，江彬和李鐩正准备出宫回家，大太监张永又留他们吃饭，饭还未了，太后下旨：擒拿江彬。

这江彬在宫中也是早有耳目，太后那边刚一下令，他这边就得到了讯息，撒腿就跑，跑到西安门后，只见大门紧锁。江彬又转向北安门，门倒是开着，守门将士拦住了江彬的去路，告诉江彬："有圣旨，请提督留步。"

江彬驳斥道：正德驾崩，新皇未到，哪来的圣旨？推开守门将士就想跑。

结果将士们一拥而上，把江彬拿下，不光擒拿，还顺手把江彬的胡子拔了个干净。

没多久，江彬的同党，都督李琮、周勇略都被擒拿，这两人见到江彬后，破口大骂，"奴早听我，岂为人擒！"

就在抓捕江彬的同时，杨廷和也和几个大臣一起焦急地等待结果，时刻惴惴不安，一会儿催问一遍进程，生怕江彬跑了。这家伙手握军权，要是跑出去，那可够受的，弄不好自己这颗人头就保不住了。直到收网成功的消息传来，杨廷和才长出一口气。

曾经不可一世的江彬团伙，在正德帝死去的短短十几天内就被一网打尽。

（三）

随后杨廷和总揽朝政三十七日，嘉靖帝朱厚熜才入京登上帝位。

嘉靖帝登基后，在杨廷和的大力支持下，裁减的锦衣各卫所、内监局的旗校工役人数达十四万八千七百，节省漕运粮食达一百五十三万二千余石，那些宦官、义子及奉特别诏命而侥幸做了官的人大半以上被排除了。

对江彬则判处磔刑，这是古代一种最为惨烈的酷刑，先割肉离骨，再断肢体，再割断咽喉。

李琮等同伙斩首！

江彬的四个儿子江勋、江杰、江鳌、江熙全部斩首！

江彬未成年的幼子江然，江彬的妻子、女儿发配为奴！

江彬家被抄家，共抄出黄金七十柜，白金二千二百柜，其他珍宝不可数计。

杀江彬之前，北京久旱，杀江彬当天，北京大雨。

宁王造反后就已经被正德帝羁押的钱宁也难逃此劫，按新皇旨意，他被押到市场处以磔刑。他的养子钱杰等十一人都被斩首，儿子钱永安因年幼，得免死，妻妾被发给功臣家为奴。

杨廷和就如同这一阵大雨，把正德帝当权十六年积累的那些污垢全部冲刷而去，正德年间的弊端几乎被淘汰净尽。

朝野气象为之一新，上上下下都对嘉靖帝和杨廷和的新面貌给予了极高的评价。

但那些丢了官的人对杨廷和恨入骨髓，杨廷和上朝时有人身带利刃在轿旁窥视。

嘉靖知道后，命令从京营中选一百名士卒保护杨廷和出入。

嘉靖到经筵讲习，杨廷和负责经筵事宜。

编修《武宗实录》，也由杨廷和担任总裁。

杨廷和此前已被加封为特进，一品官满九年时，同时领取大学士的俸禄，嘉靖还亲自颁布敕令做了表彰。此时，杨廷和又被加封为左柱国。

那真是恩宠无二，杨廷和一时间权倾天下。

（四）

但有意思的是，前面说过王阳明的“伯乐”王琼，他与各类人物都相处得很好，与江彬、钱宁之流相处得不错。杨廷和的此次雷霆行动，横扫正德帝时期的一切所作所为，自然也把板子打到了王琼身上。江彬那边几乎都被灭族了，这王琼还有跑吗？

杨廷和揽权之后，谏官们就开始不停地揭发王琼，攻击王琼勾结奸佞、任用私人，直接把王琼弄进了都察院的监狱。

王琼不甘心坐以待毙，也开始攻击杨廷和。奏章递到嘉靖那里，那时正是嘉靖和杨廷和互相倚重的蜜月期，嘉靖看到王琼的奏章，直接判定王琼包藏祸心、存心报复、攻讦大臣，更认为王琼这个人不正直，就把王琼之事交由大臣们议处。

满朝文武都知道杨廷和此时红得发紫，谁肯站出来替王琼说话？所以王琼知人善任、精明能干、提拔王阳明平叛的那些业绩全都被遗忘、被抹杀，众大臣以“结交皇上左右侍卫”的罪状直接要判王琼死刑，最后改为充军庄浪。

王琼又上诉说自己年纪大了，因而被改派到绥德充军。

王琼这位一代能臣、王阳明的“伯乐”黯然垮台。

（五）

嘉靖帝倒并没有因为王琼与王阳明的相遇相知而牵连怪罪王阳明，此时的王阳明已经誉满全国，其平定宁王的事迹更是轰动性的重大事件。在王阳明平定宁王时，嘉靖帝已经十三岁，而且就在湖北，距离南昌并不遥远，对宁王之事更是熟悉。所以对王阳明那传奇性的军功，十五岁的嘉靖帝非常欣赏。刚刚登基不久的嘉靖专门下旨，要王阳明进京接受封赏，对“宁王平叛”之事要大加封赏。当时朝野为此热议，能让地方大员专门入京接受表彰，荣誉是一方面，这是否意味着王阳明在仕途上也将更有空间，将借此机会入主大明中央，成为阁臣宰辅呢？

此时的王阳明刚遭受了一次巨大的打击，内心堪称枯寂。还记得王阳明派到宁王府的那位弟子冀元亨吗？

前面说了张忠、许泰一心想把王阳明打成宁王的同党，所以在宁王被处死之前，天天诘问宁王，问他是否和王阳明串通过，这宁王回答道：“独尝遣冀元亨论学。”王阳明只派过冀元亨来教书。

张忠这些人得知此信后大喜，就把冀元亨抓了起来，施以重刑，甚至加以炮烙，把冀元亨放在烧红的铁器上烫，就算是受到这样的酷刑，冀元亨都没有承认，没有诬陷自己的老师。

王阳明得知此事后，愤然上书，在正德十五年上的《咨六部伸理冀元亨》疏中写道：

本生笃事师之义，怀报国之忠，蹈不测之虎口，将以转化凶恶，潜消奸宄，论心原迹，尤当显蒙赏录；乃今身陷俘囚，妻子奴虏，家业荡尽，宗族遭殃。信奸人之口，为叛贼泄愤报雠，此本职之所为痛心刻骨，日夜冤愤不能自已者也。本职义当与之同死，几欲为之具奏伸理，而本生虽在拘囚，传闻不一，或以为既释，或以为候旨；兼虑当事之人，或不见谅，反致激成其罪，故复隐忍到今。又恐多事纷纭之日，万一玉石不分，竟使忠邪倒置，徒以沮义士之志，而快叛贼之心，则本职后虽继之以死，将亦无以赎其痛恨！

这冀元亨本来是听我这个老师的话，怀着报国的忠心，才去宁王那个虎口之中，如果按照我们的本心，像冀元亨应该是给予奖励的。但现在不但没有奖励，他自己被抓了，他妻子也被抓去成了奴役，他的家产已经全部荡尽，亲戚也都受到牵连。这不是听信奸人话语，反而为反贼出气吗？对此我痛心疾首，日夜怨愤。按照职责我也要和冀元亨同生共死，曾经几次都想为他上奏申辩，但我根本不知道他是一个什么状态，有人说他已经被放了，有人说他还在候旨等待结果；再加上我就是当事人，如果连我都要被怀疑，那我这上奏可能反而加重了冀元亨的罪责，所以我才忍到现在上书。非常担心在这种多事纷纭的日子里，万一分不清忠奸邪恶、弄不清玉石砖瓦，这只能让义士们灰心，让叛贼高兴。那我就算是继之以死，将亦无以赎其痛恨！

王阳明愤然道："自平难以来，此同事诸人者，非独为已斥诸权奸之所诬构挫辱而已也，群憎众嫉，惟事指摘搜罗以为快，曾未见有鸣其不平而伸其屈抑者"。

全是挖坑害人的，没有公平可言。

王阳明的奏章递上去后如石沉大海，杳无音讯。

直到正德帝死后，嘉靖帝登基后，太多人都为冀元亨喊冤，嘉靖帝这才把他放了出来，结果冀元亨因为受伤太重，出狱五日卒。冀元亨虽然身受重刑，但在狱中依然对诸囚若兄弟，囚皆感泣。

冀元亨被抓的时候，他妻子李氏也被抓了，但李氏毫无惧色，对着抓她的人说：我丈夫尊师乐善，我绝不担心他会做坏事。李氏在监狱中也是和两个狱友一起纺织。等到冀元亨终于出狱时，看守也让李氏出狱，李氏对曰："未见吾夫，出安往？"没有见到我丈夫，我去哪儿？

真是夫忠妻贤，可惜死于小人之手。

嘉靖元年正月初十日，王阳明面对嘉靖帝封爵之赏，上《辞封爵普恩赏以彰国典疏》，其中一条理由即是冀元亨以忠受祸缘于自己，故认为"虽尽削臣职，移报元亨，亦无以赎此痛"。

但朝廷命令岂能违背，接到命令后，王阳明于六月二十日出发，但刚走到钱塘，当地的地方官对王阳明说：杨廷和杨阁老的意见，现在正是正德帝国丧期间，朝廷最近已经花了非常多的钱，所以近期不适合再搞什么兴师动众的宴赏之事。

杨廷和与王琼是死对头，好不容易借着铲除江彬、嘉靖登基的机会，把王琼斗垮了，怎么能让王琼的老部下王阳明进京？怎么可能眼看着王阳明从封疆大吏成为朝廷宰辅？

王阳明一听此语，感觉到背后那巨大的政治角力，这已经远远不是一次进京叙赏了，这已经演化为杨廷和一派对自己的打压，幼主的叙赏和重臣的暗箭，自然是暗箭难防。

看到如此局面，王阳明就上疏嘉靖，请求回家省亲。

嘉靖那边很快做了批复：王阳明升任南京兵部尚书，封新建伯，准许回家省亲。

南京兵部尚书那就是一个荣誉性的虚职，等于虽然给了王阳明正二品大员的级别，但还是没有任何实权。但王阳明也就是借此机会才回到了阔别几年的家乡。

（六）

回到家中，听到父老乡亲的话语，才更深刻理解了父亲王华在这几年的不易。

宁王朱宸濠造反之前，王华就已经有所察觉，就已经在上虞龙溪悄悄地置办了一处避难所，如果兵灾四起就准备带家族躲到那里去。但宁王造反的消息真的传来的时候，还传来了王阳明已经被宁王杀掉了的消息，那时候传言四起，也无法分辨真伪，全家惊慌，很多人就提议要去龙溪的那个避难所，但王华却说：“如果我儿子被害了，我还有什么可逃的？”告诫家人不要轻举妄动。

过了几天，王阳明举兵讨伐叛乱的消息传了出来，大家都松了一口气，很多亲戚朋友都来看王华，劝王华赶紧躲到安全的地方去，都说王阳明既然和宁王厮杀起来了，那保不齐宁王就偷偷派人来王家报复，最好还是先躲躲。结果王华笑着说：我儿子能弃家杀贼，那我能辜负父老乡亲的信任和期望，自己先偷偷躲起来吗？祖宗福泽深厚，这些反叛必然要被平息的，他们已经开始显露败端了。我也是国家大臣，只恨自己已经老了，不能上阵杀敌。如果敌军真的打赢王阳明，胜负难料的话，那我就和乡里子弟都战死在家乡。

王华还赶紧通知郡县官员们早早征集人马、调集粮草，不要因为战场还在江西，离浙江还有距离就疏于戒备，战患一起，谣言也是四起，还注意禁止各类谣言，让大家保持稳定。当时乡里乡亲的都惴惴不安，生怕乱世刀光剑影伤及无辜，都偷偷看王华的动向。如果王华跑了，他们都准备跑，结果王华天天笑语如常，平静生活，乡亲们才“稍稍复定”。

不过十几天，就如王华所料，传来了王阳明已经擒拿住宁王的消息，亲友们纷纷赶到王华家庆贺，王华这才与众亲友喜极而饮。

正德帝昏庸，众宠臣纷纷构陷打了胜仗的王阳明，又是谣言四起，一会儿王阳明勾结宁王，一会儿王阳明查抄宁王府中饱私囊，“危疑汹汹，旦夕不可测”。当地的一些小人也开始趁火打劫，一些人打着各种名目，跑到王家开始清点王家的财产、人丁、牲畜，一副要给王家抄家的样子。王家的人都觉得是不是大祸临头了，非常惊恐。只有王华，对此视若无睹，照常生活，只是告诫家人出入小心、不要乱说话而已。正德帝驾崩，嘉靖帝上台，给王阳明升了官，封了新建伯后，全家才又安定下来，那些有所图的小人才不见了踪影。

王阳明借此机会回家，几年来父子总算又见面了。王阳明几多感叹，给父亲敬酒，王华也是满腔感怀，对儿子说道：我们父子已经几年不见了。你以前去南赣剿匪，日夜操劳，虽然我替你的身体担心，怕你生病，但这都是你做大臣的本分。宁王之变，一开始都以为你死了，后来又都觉得这仗不知道要打多久，结果十几天就被你平定了。“吾虽幸汝之成，然此实天意，非人力可及，吾不敢为汝幸也。”平叛之后，谗言构陷四起，整整折腾了快两年，都觉得此危难逃了。大家都替你担心，我虽然嘴上不说，但心里能不替你担心吗？但这种时候只有“致命遂志，动心忍性，不为无益”。我虽然为你担心，也替你高兴，终于“天开日月”，忠良显现。我们父子俩又可以在一起喝酒了，人人都以为我们王家就此荣华富贵了，但我说这不是荣华富贵。“盛者衰之始，福者祸之基”，虽然为此高兴，但也要以此为惧啊。“知足不辱，知止不殆”，我老了，七十六了，父子能平安地在一起就知足了，不要盈满则亏，不要“覆成功而毁令名”。

老父亲的一席话说得王阳明泪流满面，他长跪在父亲面前说道：父亲之教诲，也是我日夜切心的事情。

但父子两人没相聚多久，转过年二月十二日，一代状元、礼学大家王华寿终正寝，享年七十七岁。

世人皆以王阳明为宗师，王阳明光焰万丈，盖过了王华的名声，但究其气质，王华更是王阳明之师。王阳明那一身正气，无疑就是家教所得，在面临各种考验时，哪怕是王阳明动摇灰心，想去海外避难时，也只有父亲王华坚定地站在他背后，鼓励他熬过困难。在儿子最需要帮助的时候，在平定宁王之战时，王华又以自己的胆识和智慧，在浙江无声地为自己的儿子加油打气。世间真是必先有王华气度，才能有阳明一派啊！

（七）

面对离权力中枢近在咫尺的王阳明，杨廷和不肯罢休，继续出招，虽然王阳明已经回家省亲去了，但杨廷和派系的御史程启充、给事毛玉开始陆续上书，要求查禁阳明心学。看到杨派人马先是阻碍王阳明入京受赏，再是弹劾心学，官场传言，杨廷和要对王阳明出手了，一时间风声鹤唳，流言四起。

面对这种汹汹物议，有一天王阳明召集了薛侃、邹守益、王艮等多位门人弟子一起聊天，王阳明问大家："关于王学，现在各种诽谤、议论越演越烈，大家都来说说这是为什么？"

有的门人说这是因为王阳明"势位隆盛"，所以很多人嫉妒；有的门人说，这是因为很多书生还是信奉宋代朱熹理学的那套东西，他们对王学不能理解，所以诽谤我们王学是异端……

王阳明说：你们说的都有道理，但我觉得有一点原因你们都没有提及。

门人们纷纷请教。

王阳明继续说道：我以前还有一些乡愿气息，但最近已经彻底"只信良知真是真非处"，以良知为基础，我现在的行为更没有一丝一毫的隐藏遮蔽回护，所以很多人会觉得我有些狂。但我不在乎天下人的议论，我只是按我的良知行事。

各门人又问：这乡愿和狂者怎么区分呢？

王阳明回答道：乡愿这种人，跟君子相处，他们就谈忠信廉洁；跟小人相处，他们就同流合污，生怕得罪了小人。所以这些乡愿其实是没有是非观念的，究其本心，乡愿无非是拿忠信廉洁来取悦君子，拿同流合污来取悦小人，乡愿之心"已破坏矣"；而狂者不然，狂者志存古人，一切纷纷扰扰、世俗叫嚣，都不会影响、改变狂者的心。

面对世俗流言，面对首辅集团施加的政治、学术压力，王阳明的回应是：狂者之音。如果说以前为了平定匪患、平定宁王之乱、对抗宠臣权奸的陷害，王阳明还有曲折回护的做法和念头，到此时，王阳明已全身心踏入王学的狂者境界。

第十二章　最高贵的人格

（一）

政治风潮真是波谲云诡，一场新的考验，或者该说是机遇又摆到了王阳明面前。

十五岁的嘉靖帝，六十二岁的杨廷和，两人相辅相成，极短时间内就铲除了权奸、扭转了朝局走向，堪称嘉靖新政完美开场。

按理说，这一老一少两人也该继续向着明君贤臣的方向发展了，但很快，嘉靖和杨廷和就为了一件在后人看来莫名其妙的小事掰了，而且这件小事波及巨大、跌宕起伏，最后竟然演化成了嘉靖朝的核心政治问题，实在让人始料未及，这就是“大礼议”事件。

因为嘉靖是以藩王之子的身份承继地位的，登基后首先就面临一个问题，嘉靖的生父兴献王在“祭祀与尊称问题”上到底该怎么处理。

当时杨廷和等人拿出来的意见是：让嘉靖帝尊弘治帝为“皇考”（即宗法意义上的父考），而以其生父兴献王为“皇叔父”。

杨廷和等一批重臣援引汉朝定陶恭王刘康（汉哀帝生父）和宋朝濮安懿王赵允让（宋英宗生父）先例，认为嘉靖既然是由小宗入继大宗，就应该尊奉正统，要以弘治帝为皇考，兴献王改称“皇叔考兴献大王”，母妃蒋氏为“皇叔母兴国大妃”，祭祀时对其亲生父母自称“侄皇帝”。另以益王次子崇仁王朱厚炫为兴献王之嗣，主奉兴王之祀。

五月初七，礼部尚书毛澄和文武群臣六十余人将此议上奏皇帝，并声称朝臣中“有异议者即奸邪，当斩”。

接到这种建议，嘉靖勃然大怒，自己当了个皇帝，亲爹妈怎么就成了叔父叔母了？“父母可更易若是邪”，而且嘉靖自己是皇帝，按照古代的礼法，自己的父亲兴献王也该被追认为皇帝，按杨廷和他们的建议，兴献王还是王位，这让嘉靖无法接受，令再议。

这种问题对一个老练的政治家来讲，或许就是文字游戏，但可以想象一下这位十五岁的少年当时的愤怒，远离成长地湖北，为重臣挟持，父母要从此改为叔母！这怎么能接受呢？

嘉靖也试图通过优抚杨廷和，并向礼部尚书毛澄厚赠黄金，欲使其改变主意，但两人都不为所动，几次下诏尊加其父徽号也被杨廷和等大臣封还。但毛澄亦修改意见，认为将来嘉靖帝有子时，大儿子可以做太子，以继承帝位，第二子可以取代朱厚炫成为兴王，继承其父亲的王统。

皇帝与宰辅大臣互不退让，陷入僵局。

嘉靖帝世系示意图

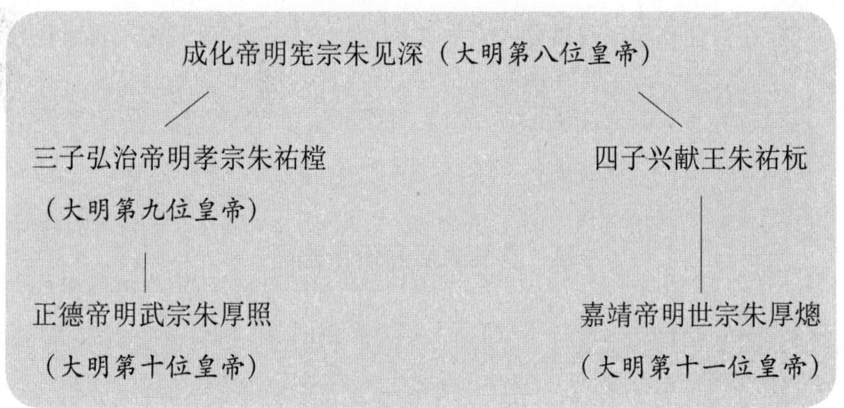

（围绕着兴献王到底能不能被追奉为皇帝、嘉靖到底是谁的儿子这一问题，十五岁的嘉靖帝和朝中重臣们展开了为时长久的权力斗争。）

（二）

七月初三，君臣对峙的僵局终于被打破。

新科进士张璁上疏支持嘉靖，认为嘉靖即位是继承皇统，而非继承皇嗣，即所谓“继统不继嗣”，皇统不一定非得父子相继。

更重要的是，张璁把杨廷和等重臣援引的两个古人的例子也击破了，张璁指出：汉定陶王、宋濮王都是预先立为太子，养在宫中，实际上已经是过继给汉成帝和宋仁宗，“其为人后之义甚明”。张璁建议嘉靖帝仍以生父为考，在北京别立兴献王庙。

嘉靖见此奏章后大喜说：“此论出，吾父子获全矣！”

当时诸多观望此事的重臣，也颇感张璁此说不可批驳。

曾经搬倒刘瑾的重臣杨一清见到张璁的上疏，不由得赞叹：“张生此议，圣人复起，不能易也。”

据说王阳明也“心喜其说”。

随后在奉迎嘉靖生母蒋妃入京的礼仪上，嘉靖帝与群臣的矛盾激化到了顶点。也就是通过此事件，隐隐露出，真正对抗兴王、嘉靖世袭尊号的人是张太后。

张、蒋两太后身份示意图

张太后	弘治帝之妻 正德帝之母 嘉靖帝之伯母	蒋太后	兴王之妻 嘉靖帝之母

在正德帝当政期间，张太后是正德帝的亲妈，自然是口含天宪，呼风唤雨，正德帝驾崩之时，张太后也是五十来岁，依然是精力旺盛之人，你看她联合杨廷和除掉权臣江彬时多么果断、利落。江彬那可是手握兵权的权臣，本人也是骑射精当、孔武有力，结果怎么死的？不过是太后出马，把他骗进宫来，几句话、几个力士就搞定了，真是兵不血刃，手段相当老辣。

新旧朝交替之间，杨廷和一举扫荡正德帝的弊政，哪能不经过张太后啊？自己儿子在的时候，随他折腾开心就好。等他不在了，瞬间洗涤乾坤。一百八十度的政策转弯，说办就办，这张太后果决起来，明快了得。这样的人物，在紫禁城里当太后说一不二已经十几年了，嘉靖帝来了，嘉靖帝他妈也来了……这宫里能容得了两位太后吗？所以杨廷和这一批臣子就得替主子站出来，去撕去咬去挡，去捍卫张太后的地位。

所以群臣拿出来的方案是：计划让嘉靖帝之母、兴王之妃蒋王后从正阳门进来，经过大明门、承天门、端门，从王门入皇宫。王门就是供王爷们出入的大门。

可问题是，蒋老太太的儿子都当皇帝了，凭什么还让人走王爷走的大门啊？

嘉靖帝肯定不能接受，于是直接下令：圣母（我妈）到了后，按太后待遇办，从御道走，直接去拜太庙。这就是直接给了自己的母亲蒋王妃皇太后的地位。

结果礼部的大臣都提出了自己的意见，说后妃从来都没有拜太庙的。这一轮攻防，背后肯定是张太后下的套。

当时蒋王妃已经到了通州，那离北京已经非常近了（现为北京市属范围），听到朝臣们和嘉靖帝为此争论，怨恨油然而生，“怎么能把我的儿子给其他人做儿子呢？”

直接停在通州不走了，不进京了。

嘉靖帝听到这个消息后，痛哭流涕，直接表示：我不当皇帝了，我回家当王爷继续伺候我妈去。他表示愿意辞位，奉母返回湖北安陆，皇帝不干了。生生把皇帝挤对得要辞职了，可见君臣关系、嘉靖与张太后关系之紧张。

面对嘉靖帝这一步鱼死网破的进逼，张太后和群臣也无奈了，事已至此，你还能再重新去选皇帝？

此后，杨廷和等廷臣迫于嘉靖压力，以皇太后懿旨的方式，也就是用张太后的名字，给“兴献王”上尊号为“兴献帝”，母妃为“兴献后”。总算解决了从“王位”到“帝位”的问题。

于是蒋王妃以兴献后的名义，享受太后待遇，走御道，这才进的宫。

虽然又以太后礼参拜了奉先、奉慈两殿，但没有去拜太庙。

事情远未就此终结，杨廷和等重臣又发起新一轮攻击。

杨廷和说：“汉宣帝继承汉昭帝即位后，加史皇孙、王夫人谥号为悼考、悼后；光武帝往上承继汉元帝的统绪，巨鹿、南顿君以上立庙于章陵，都没有追加尊号。现在如果追加兴献王、母妃的尊号为皇帝、皇后，与孝庙、慈寿并列，就是忘记了先皇帝而看重亲生父母，采用私人间的情感而放弃国家的大义。我们这些大臣对此无法推卸责任。”

杨廷和就此自请罢免官职，大臣们随之谏诤的有一百多人。

嘉靖迫不得已，于是嘉靖元年（1522 年）正月，在一番争议之后，嘉靖下谕尊弘治帝为“皇考”，而称兴献帝后为“本生父母”，意思就是称弘治帝为父亲，称兴献帝为亲爹，“大礼”初步议定，争论告一段落。

当时，湖广总督席书曾草拟奏疏，附和张璁、霍韬的意见，称兴献帝宜定号皇考兴献帝。吏部员外郎方献夫上疏，提出“继统不继嗣”之论，对嘉

靖帝进行支持。但两封奏疏都没能上呈。

席书是王阳明的密友，在龙场悟道时期就深深敬佩王阳明的学识，两人相知多年；方献夫是王阳明的弟子，阳明学派的重要人物。

（三）

经过“大礼议”的初次较量后，嘉靖与杨廷和的蜜月期彻底终结。在此轮争斗中，杨廷和先后四次把嘉靖的亲笔批示密封退回，坚持己见，上了近三十篇奏章，嘉靖为此常常愤愤不平。不少反对杨廷和的人也就此找到了新的武器，批评杨廷和放肆，对嘉靖大不敬。

当了皇帝后，嘉靖很喜欢请僧、道设斋坛祈祷。对此类事情，杨廷和都是极力劝说，反复引用梁武帝、宋徽宗这些反面事例来做论说。梁武帝信佛，以举国之力营造佛寺、捐建佛像，自己也几次出家为僧又反复重金赎身，弄得劳民伤财，最终亡国；宋徽宗迷信道教，在金国大军已经兵临城下的时候，还让道士们去作法请天兵天将下凡保卫汴梁，结果闹得北宋亡国。杨廷和这事例直接讽刺嘉靖有亡国之君的气象。

后来，又有宦官要求派人到江南督办织造。工部及给事中、御史提出谏劝，嘉靖不听，催促内阁为此起草命令。

杨廷和再一次力谏：前朝那么多那么好的爱民、节约的政策你不学，这种劳民伤财的法子，你倒学得快！你刚继位的时候，已经把正德年间那些乌七八糟的事情都废撤了，把这些借此揽财、向上爬的门路都堵死了。现在又忽然出现向江南督办织造的事，怎么能向天下人取信？杨廷和进一步要求，严查此事的始作俑者，到底是什么人唆使嘉靖再起织造之心。

谏官史道、曹嘉也上书，直刺嘉靖的罪过。

嘉靖心中非常不快，但只是将史道、曹嘉稍作贬谪，以稳住杨廷和。

杨廷和那边也不手软，紧接着把提出“继统不继嗣”之说的张璁也外放，任南京刑部主事。张璁可是嘉靖“大礼议”之争中的头号战将，嘉靖竟然都保不住他，可见双方暗战之惨烈。

这一系列的冲突下来，嘉靖、杨廷和已经不能相容。

（四）

嘉靖二年（1523 年）癸未冬，南京刑部主事桂萼上疏再言“大礼”驳廷议之非，并录当初席书、方献夫疏同上。此轮反扑，嘉靖派阵营势力剧增。再也不像第一轮那样，只有张璁一个进士冲在前头。

桂萼字子实，号见山，饶州府安仁县（今江西省余江县锦江镇）人。明正德六年（1511 年）中辛未科进士，正经科举出身。

桂萼这个人自从踏入官场就表现得非常强势，史称其人“性刚使气，屡忤上官”。他一开始是丹徒知县，没几天就得罪了上司，被调到浙江青田，结果桂萼硬是不去。后来又被推荐任武康知县，没干多久，就把上上下下得罪了个遍，还遭到御史白简弹劾。一般来说，一个人在官场里得罪人也算是常态，种种利益纠葛，难免磕磕碰碰，但像桂萼这样，能在几处任知县，把长官、下属全得罪一遍的，真是不多了。

后来桂萼又被调到成安任知县，在成安县桂萼倒是完成了一件了不起的事情，那就是“均平赋役”。历朝历代都有征税、逃税的斗争，明朝也不例外，当时的富贵人家，总是通过合法或非法的手段，把赋役转嫁到贫苦农民

身上。官豪势家不但通过诡寄、飞洒等诸种手法欺隐土地，而且还独占肥沃的土地，却只按低税率交纳很少的田租，不愿为农民“分粮”和“为里甲均苦”。桂萼任成安知县后，排除多方阻难，终于完成了清丈土地的工作，成安“原额官民地二千三百八十六顷五十九亩九分”，清丈之后，“均量为大地二千七百八十一顷四分五厘”，从2386顷到2781顷，一次核查就查出来16%的增加额，丈地之后，桂萼“计亩征粮，民不称累”，纠正了当地社民享无税之田、屯民供无田之税的现象。

从这些事例看，桂萼是有雄心壮志的人，也精明能干，就是太过于强势，按他的这种性格和能力，在四平八稳的官场风气里，如果没有强大的背景靠山和特殊机缘，那是很难出头的，也就是一直当一位刺儿头县令，官场不得意地蹉跎半生。

而“大礼议事件”给了桂萼晋升的重大机会。嘉靖二年十一月，桂萼上疏请正大礼，疏中找了一个宋代的事例，宋代的范纯仁已把预养为嗣的宋英宗和入继之主作了区别，而当今嘉靖帝入继帝位分明是入继之主，为什么要遵从为预养的宋英宗而制订的濮议之礼呢？桂萼还指出杨廷和所议“灭武宗十有六年之统，泯遗诏禅受之旨，而夺兴献帝不可夺之嫡宗，且使兴国太后处慈寿皇太后之间，礼莫之尽”。嘉靖帝采纳了桂萼的意见，决心重议大礼。

桂萼此举无疑是押上了自己的政治生命，成则为嘉靖帝大礼议的有功之臣，飞黄腾达；败则为杨廷和等一伙人所不容，成为士林耻辱。

在桂萼上书后，嘉靖帝又不断降敕诘责杨廷和，一边是倍受贬斥的重臣，一边是初露锋芒的新君，这种信号发出后，朝官中越来越多的人不再附从杨廷和。

（五）

面对新一轮的“大礼议”浪潮，杨廷和再次以辞职相威胁，但在嘉靖三年（1524 年）正月，嘉靖准了，听任杨廷和离去。但君臣之间总还是留下了一些体面，仍然赐杨廷和加盖玉玺的书券，按照常例供给他车马、钱粮、护卫人员，重申以前荫封一子锦衣卫指挥使的任命。

几位给事中、御史请求挽留杨廷和，嘉靖都不予答复。

杨廷和离任后，“大礼议”的最大障碍就此远离了，赞成张璁、桂萼观点的人渐次增多，看到形势越来越有利于自己，嘉靖帝下桂萼疏，令廷臣会议，并召张璁、桂萼、霍韬进京议礼，大礼争端再起。其间，张璁、桂萼、黄宗明、黄绾于南京联名上疏。

杨廷和去后，颇感群龙无首的礼部尚书汪俊酝酿再一起集体谏诤。适逢主事侯廷训据宗法作《大礼辨》，吏部尚书乔宇等人遂据此率群臣近两百五十人一同进言，反对嘉靖帝以兴献王为皇考。嘉靖帝不悦，下令更多的官员参与进议论中来。于是，给事中张翀等三十二人，御史郑本公等三十一人，以及邹守益等，也都抗章力论。状元唐皋也上疏说：“陛下宜考所后以别正统，隆所生以备尊称。”表面上是在调停，实际上倾向于反对。因为邹守益是王阳明的大弟子，唐皋是前朝状元，在朝中都属于影响较大的文臣，嘉靖因此恼羞成怒，此次进言之人均被斥责、罚俸甚至罢黜。最后，汪俊等只好妥协：“于兴献帝、兴国太后止各加一‘皇’字，以备尊称。”

阁臣蒋冕、毛纪都是杨廷和的班底，嘉靖三年（1524 年）四月，他们为了阻挡张、桂来京，采取以退为进的策略，主动提出在兴王尊号上略作让步，称嘉靖帝父母为“本生皇考恭穆献皇帝”和“本生圣母章圣皇太后”，但仍考孝宗母昭圣，并请下敕谕停召张璁和桂萼。

这等于是杨廷和一派向嘉靖帝请求言和，双方各退一步。

此时桂萼、张璁已经在入京的路上，知道最新的情况后，桂萼复上疏指出，问题的关键不在于皇不皇，唯在于考不考，请在尊号中去“本生”两字，爹妈就是爹妈，还用专门写什么“本生”不“本生”的？就应该名正言顺地追尊自己的父母。上疏之后，两人继续进京。

到北京后，桂萼又与张璁联名上疏，极论两考之非，指出两考是一种欺骗，实际上是剥夺皇帝尊奉父母的神圣权利，对杨廷和派继续猛攻。

六月，张璁、桂萼至京。杨廷和党的势力尚盛，二人颇为孤立。刑部尚书赵鉴与给事中张翀等勾结，阴谋扑杀桂萼和张璁。嘉靖帝通过厂卫侦知其事，立即任命桂萼、张璁为翰林学士，两人又受到武定侯郭勋的保护。事态进一步激化，双方已从观点之争、权力之争，直接发展到意图肉体毁灭。

（六）

七月十二日，嘉靖诏谕礼部，十四日为父母上册文、祭告天地、宗庙、社稷，群臣哗然。

当时正逢早朝刚结束，吏部左侍郎何孟春倡导众人道：“宪宗时，百官在文华门前哭请，争慈懿皇太后下葬礼节，宪宗听从了，这是本朝的旧事。”

杨廷和之子、状元杨慎亦称：“国家养士一百五十年，坚守节操大义而死，就在今日。”随后编修王元正、给事中张翀等在金水桥南拦阻挽留群臣，何孟春、金献民、徐文华等又号召群臣。随后两百余位朝廷大臣在左顺门跪请嘉靖改变旨意。

嘉靖在文华殿听闻门外哭声震天，命太监传谕大臣们退朝，但群臣直到中午仍伏地不起，企图迫使嘉靖屈服。

杨慎等人撼门大哭，“声震阙庭”。最终嘉靖震怒，令锦衣卫逮捕为首者八人，下诏狱。

此举令其他人更为激动，冲至左顺门前擂门大哭，嘉靖再下令将五品以下官员一百三十四人下狱拷讯，四品以上官员八十六人停职待罪。

七月十六日，嘉靖为母亲上尊号“章圣慈仁皇太后”。

七月二十日，锦衣卫请示如何处理逮捕的大臣，嘉靖下令四品以上官员停俸，五品以下官员当廷杖责。因廷杖而死的共十六人。

左顺门廷杖后，反对议礼的官员纷纷缄口。

随后，嘉靖下令兴献帝“本生皇考恭穆献皇帝”去“本生”，上尊号曰“皇考恭穆献皇帝”。

八月，席书入朝为礼部尚书。

九月，议定“大礼”，称弘治帝为“皇伯考”，称亲生父亲“兴献王”为“皇考”，“大礼”议定。兴献王墓也相应按帝陵规制升级改建，即后来的明显陵。

为时三年的“大礼议”以嘉靖获胜告终。

在后人看来，这就是一场嘉靖帝要管自己亲生父母叫爹妈，杨廷和等重臣非让嘉靖帝管他爹妈叫叔父、叔母的斗争，颇为无聊和莫名。但这次“大礼议”牵扯甚广，发展到最后满朝文武百官无不牵扯其内，人员臧否进退全与此有关。杨廷和系统在此次“大礼议”之争中，经过三年的较量，全盘溃败。

杨廷和之子杨慎于七月十五被捕，十七日被廷杖一次，死而复苏；隔十日，再廷杖一次，几乎死去，然后充军云南永昌卫（今云南保山县）。

过后王邦奇诬蔑杨廷和与他的二儿子、兵部主事杨惇，女婿、修撰金承勋，同乡、侍读叶桂章与彭泽的弟弟彭冲相互勾结、请托，他们全被抓进诏狱中，经审讯没有根据，才被释放。

随着大礼议的一步步深化，嘉靖帝、蒋太后一步步站稳脚跟，嘉靖对张太后的态度也越来越差。

到了嘉靖三年，嘉靖帝对张太后的称呼已经从“圣母”改成了“伯母”。

也就是在嘉靖三年，蒋太后生日，嘉靖帝让朝廷命妇们都来朝贺，答谢往来的生日礼物都比往年惯例贵重一倍。

等到张太后生日的时候，嘉靖直接下令，不要办仪式过生日。

当时嘉靖的命令一出，御史马明衡、季本、员外郎林惟聪等人先后上书，对此表示异议，结果都因言获罪。

在蒋太后从湖北到皇宫后，张太后还是拿过去对王妃的做法对待她，但此刻的嘉靖已经是皇帝了，蒋太后自然也就是皇太后了，张太后的举动弄得嘉靖帝特别火大。

按照礼仪，嘉靖帝也需要经常向太后请安，等他给张太后请安的时候，这张太后也特别倨傲，给嘉靖脸色。

后来正好张太后的弟弟张延龄被人告了，嘉靖帝直接给张延龄定了一个谋逆罪要判死刑，张太后一下感觉到大势已去，去求嘉靖也没用，自己弟弟的命都保不住了，这在弘治朝、正德朝都是不可想象的事情，老公弘治帝死了，儿子正德帝死了，自己虽然还是太后身份，但真的是无依无靠了，嘉靖朝真的已经越来越没有自己说话的地方了。

等到嘉靖有孩子了，张太后请求借着这个喜事祝贺一下，然后拉近和嘉靖的关系，并给自己的弟弟说说话。

结果嘉靖的做法是：对张太后的祝贺表示感谢，但不见她人。

张太后又绕着弯找人去求嘉靖放自己弟弟一条生路，但都被嘉靖拒绝了。

后来张太后托人托到了大学士张璁那里，他是大礼议中嘉靖帝的绝对铁杆，这时候也就看他能不能出面说说话了。

张璁为张延龄说了话，结果嘉靖帝亲自手书："天下者，高皇帝之天下，孝宗皇帝守高皇帝法。卿虑伤伯母心，岂不虑伤高、孝二庙心耶？"意思就是，这是朱元璋打下来的天下，张太后的老公弘治帝也要遵守祖宗的成法。你们担心杀了张延龄，张太后伤心，你们就不担心放了这谋逆的人，伤了朱元璋、弘治帝的心吗？

张璁还是有些坚持的，继续进言道：皇帝您刚当皇帝的时候，听微臣的建议，称张太后为"伯母皇太后"，朝臣都把过错归到陛下身上，到现在也没完。现在抓了张延龄这事，朝廷内外大小臣工都不说话，不过是等着看张太后被皇帝你逼死，然后给你增加罪过而已。而且按照张延龄定的谋逆罪，这是要株连太后族诛的，张太后她也是张家人啊，陛下怎么处理这种场面啊？

张璁这番进奏后，嘉靖帝暂时收手，没有立刻杀了张延龄。

等到冬天，按惯例要处斩囚犯，嘉靖帝又想把张延龄给杀了，但在张璁的劝阻下又罢了。

没过多久，有人举报，不光是张延龄有罪，张太后的另一个弟弟张鹤龄也有问题，嘉靖帝一听此语，把张鹤龄也弄到监狱里了。

看到两个弟弟都进了死囚牢房，张太后坚持不住了，"衣蔽襦席藁"请罪。"襦"是短衣、短袄，"席藁"指坐卧藁上，是古人请罪的一种方式，就是张太后脱掉了她那皇太后尊贵的头饰、服饰，穿着短袄坐在席子上向嘉靖帝请罪。嘉靖帝依然不听，但也没杀张家这兄弟俩。

嘉靖七年（1528 年），《明伦大典》修成，嘉靖重定议礼诸臣之罪。杨廷和被定为罪魁。嘉靖降敕称杨廷和“为罪之魁，以定策国老自居，门生天子视朕”，将其削职为民。

嘉靖八年（1529 年）六月，一代重臣杨廷和病故于新都，享年七十一岁，以平民礼下葬。

因为嘉靖帝既不杀也不放，张太后的两个弟弟一直都被关在死囚牢里，久而久之，张鹤龄病死狱中。

嘉靖二十年，张太后去世，嘉靖帝立刻杀了张延龄。

杨廷和之子杨慎发配云南后，终身未得召回，在滇南三十年，因大礼议之故，嘉靖对杨廷和、杨慎父子极其愤恨，常问及杨慎近况，大臣则回答杨慎“老病”，嘉靖才稍觉宽慰。杨慎听闻此事，更加放浪形骸，常纵酒自娱，游历名胜。《乐府纪闻》称他“暇时红粉傅面，作双丫髻插花，令诸妓扶觞游行，了不为愧”。

终嘉靖一世，曾经有过六次大赦，但杨慎始终不得还，按明律年满六十岁可以赎身返家，但无人敢受理杨慎赎身的申请。杨慎年近七旬时，曾返回泸州短住，不久又被巡抚派四名指挥将其押解回永昌。嘉靖三十八年（1559 年），杨慎卒于戍所，年七十二。

就是在被贬的漫长生涯之中，杨慎不负那状元之才，创作了大量诗词，其中有一首便是现如今家喻户晓的《三国演义》开卷词：

滚滚长江东逝水，浪花淘尽英雄。

是非成败转头空。

青山依旧在，几度夕阳红。

白发渔樵江渚上，惯看秋月春风。

一壶浊酒喜相逢。

古今多少事，都付笑谈中。

（七）

在这场持续三年、波澜甚大的大礼议之争中，王阳明非常沉默，再也不是提笔迎战刘瑾时的王阳明了。因为宁王之役后，王阳明已经心凉。

所谓功高适足以遭嫉，王阳明才获叛王，各种针对他的谣言已纷然四起。随正德帝亲征南下的太监张忠、大将许泰等捏称王阳明“实同贼谋”，污称王阳明与宸濠同谋，只是见其必败，才从背后杀其一枪，并以此窃功；又称“宁贼金宝财货俱为（平乱）诸臣满载一空”。在众奸佞的“扇谗”倾陷下，王阳明虽侥幸免祸，并在正德十六年受封“新建伯”，追随他平乱的官员们也得到一定的升赏（多只是升二三级，并无不次之赏），但不久之后，这些官员多因“考察不及”，或降调，或致仕，甚至罢官为民——实际上遭到了排斥。

王阳明见朝廷赏罚不明不公，即便在新君嘉靖皇帝即位后，平乱诸臣仍然得不到公正的待遇，反而名誉遭损。他为此愤慨不平，在嘉靖元年连上两疏，请辞伯爵之封，名为辞爵，实为部下鸣冤！他不能眼看平乱官员皆黯然凋零，独他一人安享高爵！

王阳明等之所以遭到压制，从根儿上来说，在于正德末年至嘉靖初年任首辅大学士的杨廷和与兵部尚书王琼等不合，矛盾很深。王阳明是王琼重用提拔的人，他不幸成为朝廷政治斗争的牺牲品。在平宸濠之乱后，王阳明一度名望爆表，成为入阁和兵部尚书的大热门，最后也因杨廷和的阻挠而无果。

王阳明乃于嘉靖元年回乡奔父丧，遂居乡达六年之久。

尽管王阳明的多位弟子、朋友都或多或少地参与大礼议之中，席书、方献夫还由此事获得了平步青云的机会，但王阳明对此事始终不愿公开表态。王阳明是对此没态度吗？并非如此。在嘉靖三年（1524 年）秋“大礼”激争时，王阳明作了两首诗，其间涉及了“大礼议”，也可见端倪。

其一，《碧霞池夜坐》：

一雨秋凉入夜新，
池边孤月倍精神。
潜鱼水底传心诀，
栖鸟枝头说道真。
莫谓天机非嗜欲，
须知万物是吾身。
无端礼乐纷纷议，
谁与青天扫旧尘？

其二，《夜坐》：

独坐秋庭月色新，
乾坤何处更闲人？
高歌度与清风去，
幽意自随流水春。
千圣本无心外诀，
六经须拂镜中尘。
却怜扰扰周公梦，
未及惺惺陋巷贫。

此外，王阳明作于此一时，主题相近的尚有《秋声》：

秋来万木发天声，
点涩回琴日夜清。
绝调回随流水远，
余音细入晚云轻。
洗心真已空千古，
倾耳谁能辨九成？
徒使清风传律吕，
人间瓦缶正雷鸣。

三首诗皆于末联点题，“无端礼乐纷纷议，谁与青天扫旧尘”，“却怜扰扰周公梦，未及惺惺陋巷贫”，“徒使清风传律吕，人间瓦缶正雷鸣”。

看其诗意，对于“大礼”激争，诗意所透露的是讥刺与不屑。

作为几百年的后人，我们翻过来想，其实不得不佩服王阳明真是一代人杰。

对整个国家、民族来言，讨论“嘉靖帝管他父母叫什么”这一问题有多大意义？

看似事关国家礼仪，其实呢？

这根本都不是问题，不过嘉靖的家事，因为嘉靖的皇帝身份加上廷臣偏执，把一件家长里短放大成了国家大事，但这种事情无论怎么放大，都改变不了其琐事的本质。

“无端礼乐纷纷议，谁与青天扫旧尘？”

满朝文武都为这样一破事大动干戈，真正的国家大事怎么办？

整个时代的精英都为这种小事要死要活，难道再没有其他国计民生的大事可做了？北方边患、遍地灾民、南方盗匪，多少大事？一个个不去理会，圣人开创儒家一派，难道就是为了给皇帝老子爹妈起称号的？孟子云：“民为贵，社稷次之，君为轻。”宛如惊雷，震人心扉。可满朝文武都在做什么？

杨廷和一代能臣、杨慎一代才子，两百多个大臣宫门哭谏，为什么？一百多位大臣被廷杖，十六位被杖死，为什么？

王阳明此时一定会回想起正德初年，在宫门外被廷杖的自己。年轻的自己上书为什么？为的是扳倒权奸，让刘瑾下马！

而现在呢？同样的惨剧，甚至更为悲壮，这样多朝廷精英为此拼上前途性命，争的是什么？嘉靖就算叫父母是叔父叔母，又怎样呢？国家会为此富强吗？人民会为此安康吗？在这种事情上就算争论一万年，又有什么用？“却怜扰扰周公梦，未及惺惺陋巷贫。”你们这种做法，就算把周公从地下唤醒，让周公自己出来解决这个礼法问题，也不能解救天下贫苦的人。我们从政一方、为学一世，求的是什么？是为往圣继绝学，是为万世开太平。

（八）

由此可见，王阳明的人格是高贵的，在大礼议之中，有几人是为了争个道理出来？有多少人是为了政治投机而来？谁能说得清？

就在此次纷争中，张璁、桂萼、席书、方献夫等一批人就此登上中枢舞台，杨廷和父子倒台，真是宦海沉浮啊。

照理来说，杨廷和阻碍了王阳明的上升通道，打击了王阳明的伯乐王琼，应该是王阳明的政敌，借此机会，作为颇有声望的大员、能臣，王阳明如果能旗帜鲜明地站出来，像自己的朋友席书、弟子方献夫那样，公开支持嘉靖，那前途不可限量。

张璁不过是一个进士，就凭借此次大礼议之功劳，后来做了内阁首辅，入主中枢；

桂萼不过是一个六品主事，凭借此次大礼议之功劳，火箭式提拔，相继成为礼部侍郎、礼部尚书、吏部尚书、太子少保兼武英殿大学士等职，升迁之快，历史罕见；

席书被特旨授礼部尚书，自此嘉靖倚为亲信，眷顾隆异，虽辅臣不敢望，嘉靖六年（1527 年）二月初五日席书进武英殿大学士致仕，赐第京师。

王阳明的弟子方献夫大礼议之前，不过一员外郎职位；礼仪之后，一路升迁，历任光禄大夫、柱国、少保、太子太保、吏部尚书、武英殿大学士，飞黄腾达。

如果王阳明以打击杨廷和为目的，借此出手，入阁简直就是板上钉钉儿的事情。

但他并没有这样做，他并没有为打击对手而做政治投机。他真正秉承了他的狂者境界，不做乡愿，不会拿忠信廉洁来取悦君子，不会拿同流合污来取悦小人，不会拿大礼议来取悦嘉靖，不会拿大礼议作为自己飞黄腾达、打击政敌的武器。

也就因为王阳明就“大礼议”之事始终没有公开表态，嘉靖帝对其的态度也发生了改变。

可以想象，嘉靖这个十几岁的少年，在面对杨廷和等一干廷臣围攻时，是多么希望得到重臣的有力支持，王阳明的朋友席书、弟子方献夫都能站出来支持嘉靖，那王阳明呢？

作为当代军事家、著名儒学大家的王阳明如果能够站出来公开表态支持自己，那大礼议之争，嘉靖方面该增加多么大的筹码啊。

在长达三年的大论争中，王阳明未曾打击杨廷和，未曾借机发难，没有只言片语支持嘉靖。

作为嘉靖，他肯定无法理解王阳明的态度和判断，“无端礼乐纷纷议，谁与青天扫旧尘”，此事对你王阳明“无端”，但对嘉靖呢？好好的亲生父母就成了叔父叔母，换任何一个人都要争一争的，你不但不帮忙，还说什么“无端”，嘉靖的事，对你都不是事，那什么才是事？你的“有端”又是什么？

从其后嘉靖对王阳明的态度来看，王阳明的拒不表态、两不相帮，给嘉靖造成了很深的刺激。

大礼议看似是一件琐碎家事的极端放大，但杨廷和集团的覆灭，中断了杨廷和在正德帝去世之后推行的政治和经济改革。此后嘉靖又日渐腐化，迷信方士、尊崇道教，又好长生不老之术，此后明朝政治风气越发颓废。

议礼派“以片言至通显”，看到张璁、桂萼、方献夫等人不过是因为迎合皇帝，就能从下级官员升至首辅、六卿，使朝廷官员看到奉迎君主带来的好处。既然拍马屁，写篇议礼的文章奏折就能爬上高位，那还要什么军功政绩？

嘉靖十七年后，内阁十四个辅臣中，如徐阶、顾鼎臣、严讷、夏言、郭朴、严嵩、袁炜、高拱、李春芳等，有九人是通过撰写道教的青词起家的。从此明朝官员中谄媚阿上之风盛行，政风日益败坏。

有人提过：大礼议表面是嘉靖与杨廷和就兴献王的称号问题发生的争论，实际上体现了君权与相权之争。不是小事，是国之大事。但这一论点乍一听有理，深文周纳。但细推想一下，当时国家没大事吗？嘉靖与杨廷和为别的事就不能争论了？国家财政、军事哪件事不能正儿八经地议论议论？小事毕竟是小事，天大的人物、再多的人员掺杂进去，都改变不了事件的本身意义。

由此更能看出王阳明是一个有独立人格的人，具有自己清醒的价值判断，从早年为扳倒刘瑾而愤然上书，到中年为了劝正德帝迎接佛像，写好奏章而不上，再到晚年，拒绝评价大礼议。

真正关系百姓生命的，比如宁王造反，那不用你朝廷下旨意，自己就站出来，勇于承担责任，宁可身居千刀万剑之下，也要救民于水火。像这些管“亲爹要不要叫叔父”这种事，于万民何关啊？

什么叫大丈夫有所为有所不为？王阳明针对不同事情的出手与袖手，就是一个最生动的解说。大丈夫抛头颅洒热血没问题，但要为值得的事业去奉献。

面对大礼议，王阳明不参与，但面对真正的国计民生大事，他是愿意为之抛头颅洒热血的。

第十三章 朝堂再度血雨腥风，王阳明已踏入狂者境界

（一）

除去这些宦海沉浮，在大礼议的这几年里，王阳明却是着实把心学发扬光大了。

正德五年（1510 年），黄绾经友人引荐，结识王阳明，订终生共学之盟。不久因病归家，迁址江北新宅，于紫霄山樊川书院旧址办石龙书院，研究王守仁哲学。为捍卫“王学”，他经常与人辩论，王阳明赞曰：“吾党之良，莫有及者。”

明正德十六年（1521 年），王阳明省亲归姚，钱德洪率弟子门生七十四人迎请于中天阁，拜王阳明为师（钱德洪是王阳明之后儒家心学的重要代表人物之一，于同时期的哲学家、思想家王龙溪齐名）。请授“良知”之学，四方知，来学者甚众，后来钱德洪成为王阳明的主要教学助手，王阳明奉旨出征广西，钱德洪主持中天阁讲席，人称为“王学教授师”。

王艮年轻时豪迈不羁，嘉靖二年（1523 年），因试礼部进士不第，返乡受业于王阳明。五年会试中武，未参加廷试，协助王阳明指导后学，时有“教授师”之称，为王阳明最赏识的弟子之一。嘉靖八年赴京殿试，途中闻王阳明卒，奔广信料理丧事，服心丧三年。

心学一派日益光大，门人日众。

此时环绕王阳明而住的门人已经非常多，当地的天妃庙、光相寺都已经住满了前来学习心学的书生，经常是几十个人一起吃饭一起住宿一起研读心学，有时候晚上人多得没有地方睡，那就索性不睡觉了，起来夜读，吟咏之声直到天亮。周围南镇、禹穴、阳明洞等几个山岭、远近寺庙，只要能走到的地方，到处都是前来读书的同志之人。

王阳明每次讲学的时候，前后左右环坐而听次次都达数百人，迎来送往天天不停，因为来来往往的人太多了，有些人待了很久，都没被老师王阳明记住姓名。

对着这来自四方、一心求学的天下书生，在分别的时候，王阳明经常感叹："君等离别，不出在天地间，苟同此志，吾亦可以忘形似矣！"我们就算此时分手离别，依然在这一天地之间，只要我们心同此志，致良知，我就不会为分别而感伤。

王阳明曾在一次讲学间隙对弟子们说："人人胸中都有个圣人，只是不自信，又不肯努力，所以埋没了这位圣人。"

弟子们唯唯。

王阳明看着一位弟子说："你胸中有个圣人。"

这名弟子马上站起，慌张得很："不敢。"

王阳明叫他坐下，笑着说："众人皆有，你怎么就没有？天下万事都可谦虚，唯独这事不可谦虚。"

该弟子笑着接受。

王阳明扫视众弟子，先诵了自己的一首诗："个个人心有仲尼，自将闻见苦遮迷。而今指与真头面，只是良知更莫疑。"人人心里都有个圣人，不过是为生平的所闻所见遮盖、迷惑，现在我把你心中圣人的本来面目揭示出来，只要肯致良知，不用怀疑，自然就会达到圣贤境界。

还有位友人曾经问王阳明：天天读书，但读过之后不记得怎么办？王阳明答道：我们读书是为了晓得，只要晓得，如何要记得？就算是要晓得，这已经是落了第二义，只要明白自家本体。如果读书时只是想记得，那就不可能晓得；如果只要晓得，那就会弄不明白自家的本体。

古人常讲“尽信书不如无书”，又讲“读万卷书不如行万里路”，背后隐含的就是书中道理如何与现实结合的问题。但这些都没有王阳明这席话说得清楚，我们读书不是为了当记忆机器，不是为了复读无碍，我们是为了读通书中的感情、是非与感悟，晓得书中的道理。晓得了之后呢？为的是学以致用，为的是更加明白自己，明白世界，明白自家本体。读书记忆不是目的，读太多道理也不是目的，弄明白你自己是谁，过好这一生才是目的。

（二）

王阳明的弟子薛侃有一天在花园中除草时，累了一身大汗，文人一感叹就成了：为什么天地之间，善难培养，恶难铲除？！

王阳明当时也在花园，于是接口道：你就没培养善，也没有铲除恶。

薛侃莫名其妙，因为他觉得自己忙了半天，不就是在铲除杂草，培养鲜花吗？

王阳明继续说道：如此看待善恶问题就是一种错误。

薛侃表示不理解老师的意思。

王阳明解释说：花园里的花和草都是天生万物，哪里有善恶之别？想赏花，花就是善的，草就是恶的。可要在门前搞个草坪，草又是善的，花就成了恶。这种善恶都是由你的私意产生。

薛侃吃惊地问：那按这个逻辑推理，岂不就是无善无恶了吗？

王阳明正色道：天下任何事物本来就没有善恶，它之所以有善恶，全是你强加给它的。我问你，黄金是善还是恶？

薛侃说：黄金是好东西，当然是善的。

王阳明又说：这要看黄金在什么地方。它在你手上，肯定是善的，可如果它在你胃里呢？

薛侃摇头道：那这就是恶的了。

王阳明又问：粪便是善的还是恶的？

薛侃肯定地回答：那玩意儿肯定是恶的。

王阳明笑了：粪便可以让庄稼生长，在老农心中，它就是善的。天下的万事万物哪里有善恶之分？都是人强行加到它上面的。一座山，旅游的人就认为它善，有急事要翻越它的人就认为它恶。同样一人，在朋友心中是善的，到他敌人心中，他就是十恶不赦的。

有一位地方官常去听王阳明的心学讲座，每次都听得津津有味，偶尔会呈恍然大悟之态，眉飞色舞。月余后，他却深表起遗憾来：老师讲得实在太精彩了，可是我不能每天都来听，我那还有好多政事需要处理，不能抽出太多时间来修行啊。

王阳明接口道：我什么时候让你放弃工作来修行？

该官员吃惊地问道：难道在工作中也可以修行？

王阳明回答道：工作就是修行啊！

这位官员没理解，难道你是让我一边工作一边温习你的学说？

王阳明解释道：心学不是悬空的，只有把它和实践相结合，才是它最好的归宿。我常说去事上磨炼就是因此。你要断案，就从断案这件事上学习心学。例如，当你判案时，要有一颗无善无恶的心，不能因为对方的无礼而恼怒；不能因为对方言语婉转而高兴；不能因为厌恶对方的请托而存心整治他；不能因为同情对方的哀求而屈意宽容他；不能因为自己的事务烦冗而随意草率结案；不能因为别人的诋毁和陷害而随别人的意愿去处理。这里所讲的一切情况都是私，唯有你自己清楚。这就是良知，良知就是自己知道而别人不知道。你必须认真省察克治，心中万不可有丝毫偏离而枉人是非，这就是致良知了。如果抛开事物去修行，反而处处落空，得不到心学的真谛。

还有一个朋友主要是通过静坐这种方式来提升修养，一天静坐后有所见解，便飞驰来向王阳明请教。王阳明回答道：我以前在滁州时，见很多人缺乏见识、所说所感差异很大，这样彼此研讨也没有什么进步，就先教他们静坐。那时还颇有效果，但静坐久了，就会有喜静厌动，流入枯槁之病。与世隔绝静坐久了，往往内心枯槁。所以到现在，我只讲“致良知”三个字，因为你心里的良知最明白，随你去静处体悟也好，随你去事上磨炼也好，良知的本体就是无动无静的。

又有人接着问：那我也认真致良知了，但总觉得时断时续，有时候觉得照应不及，真正去做事的时候，反而忘了平时感悟的那些道理，这怎么办？

王阳明解答道：这就是致良知不真，还有内外之分的缘故。致良知这个功夫，你急也是急不得的，只有朴实用功，自会透彻领会，到了这一步自然就内外两忘，此时心事自然合一。

这就是王阳明，朝中有奸佞，则争之；天下有反叛，则灭之。无聊之事不参与，自有心学发扬光大。不论顺境、逆境，不论军事政治，凡遇事则迎之，诚心正意，造福一方，传播学术。

（三）

大礼议之后消停了没两年，杨廷和的余党又借李福达案，与桂萼开始了新一场的夺权之战。说起来这开始本是一个地方小案。

嘉靖三年八月，山西太原府五台县人张寅被其仇人薛良告上公堂，薛良揭发这张寅是反贼李午变易姓名而来。

这李午是陕西洛川县谋反事件的幕后白莲教首领，初名李福达，系山西太原府崞县人，正德初年与王良、李钺组织宗教反明，被判处山丹卫充军。这李福达充军后没多久就从山丹卫逃出，改名为李午，但很快又被发现，再次被发往山丹卫。后来这李福达再次出逃，又逃到了陕西洛川，不但逃了还高调地传习起了白莲教，“远近争附，随其贫富，有献至千金者，破产也所甘心，或子女，或器物，接踵而至”，和邵进禄、惠庆等人在陕西造反，又被镇压，邵进禄被杀后，李福达（李午）下落不明。

这李福达（李午）逃狱、传教、两次造反，也算是大明正德、嘉靖年间的一个要犯。

按照薛良的指控，这李福达陕西洛川造反失败后，就改名为张寅，在徐沟一带居住来往。几年后，张寅（或李福达）花钱买了一个官儿，当上了万原卫指挥使。他的三个儿子此时已改名为李大仁、李大义、李大礼，他们都到京城里当工匠，还自称能烧炼丹药点化金银，得到了当时朝廷中权倾一时的重臣武定侯郭勋的宠信。

接到薛良的举报后，当地官府不敢怠慢，连忙逮捕了张寅，问官马禄升堂后，经仔细辨认并反复审讯，认定此冒名张寅的人正是李福达本人。马禄尚恐有失，使无辜蒙冤，便又招来居住于洛川的李福达的老友邵继美、宗自成等来京相认，二人认后都称此人即李福达，并签字画押为凭。于是马禄将李福达打入死牢，准备上奏朝廷。

但后经巡抚都御史毕昭的审讯后，认为此案完全是诬告，后经按察使李珏审理，结果与毕昭所审相同，再经都御史江潮复审，仍与毕昭相同，都认为是诬告，都认定张寅就是张寅，没李福达什么事。案子此时有些纠结，还难以判定张寅的真实身份到底是不是李福达。

这时正在郭勋家中炼金银丹药的张寅（或李福达）的三个儿子听说了，忙聚到一起商议对策。想来想去，别无良策，最后只有求郭勋出面说情。三人一同求见郭勋，长跪不起，涕泪交流。郭勋见状，当即答应，随后派人去见马禄，要他大事化小小事化了。

没想到马禄并不理会，反而立即将此案上奏，并揭发郭勋要他通融的事，弹劾郭勋与逆党相互包庇，串通一气。疏奏上奏后，嘉靖皇帝看了大怒，立刻下旨，要将李福达父子一律处斩，妻女没入宫府为奴，家产抄没，并令郭勋到司法部门对质解释。

这郭勋是大礼议新贵一党，是张璁、桂萼初入京城时的庇护人，看到郭勋这次被嘉靖问责，杨廷和的余党一致认为这是个好机会，应该牢牢把握，借机发难，把这样一起刑事案件变成政治事件，好一举把郭勋、桂萼等人赶出朝堂。

于是马禄开始游说江潮等人，遂将张寅作李福达按以谋反重罪，并与众官员各疏弹劾“郭勋交通妖贼李福达背君父”之罪。这可是重罪啊，如果论定，足够把郭勋推到菜市口问斩的。一时间上疏的大臣有四五十人，有人上了一道疏还不解气，又上一道，送到嘉靖皇帝案前的奏疏，竟然有七八十道之多。

由此一件擒拿反贼、辨识身份的案件，彻底演变为“大礼议”新旧两党的生死之战。

郭勋一见大事不妙，一边连连上疏为自己解释开脱，一边找来桂萼、张璁二人商量对策。

三人反复计较，觉得为今之计，只有一口咬定李福达之狱是一桩冤案，群臣这是借题发挥，表面是问责郭勋干预司法，实际上他们是为了打击报复，仍是对嘉靖帝给自己的生身父母上尊号不满，明着是借郭勋一事发泄对皇帝的怨气，实际上还是冲着嘉靖去的。

计议之后，桂萼、张璁二人第二日便上疏嘉靖，力保郭勋，反指控群臣借李福达一案指斥郭勋，其实别有用心，是妄想借此案打击郭勋、张璁、桂萼等一心忠君的大臣，借此打倒郭勋翻案，而且要翻皇帝钦定的“大礼议”案。

在朝堂上大礼议新旧两党，这次真可谓是白刃相搏。

嘉靖看了桂萼、张璁的奏章后，也不由得再度深思起来，这到底是群臣激愤抗议权贵郭勋干预司法，还是群臣挟私报复呢？

后来嘉靖让亲信太监去查，结果查出上奏章弹劾郭勋的大臣里，有一多半都在大礼议事件中被他责令痛打过，可以说这里面操纵的痕迹就很明显了。你们一堆讨论大礼议的家伙，为什么会异口同声地在一起刑事案件中再度集体上书？怎么会这样异口同声？这背后必然是有过串联啊。那你们这些人串联想干什么？于是，嘉靖马上认定这果然如桂萼、张璁所说，是“群臣挟私报复”。

棋局到此，李福达案已经不是李福达案了，张寅到底是不是李福达已经不再重要，重要的是新旧两党又以此为战场展开了厮杀。明白了其中要害后，嘉靖当即传旨，令三法司会审李福达。

嘉靖六年（1527 年）二月二十二日，以刑部尚书颜颐寿为首的三法司在京畿道审讯张寅案，无法取得归一供词，但颜颐寿赞同马禄之说。此时，张寅的二十多位邻里与友人赶到京城欲为张寅申冤。

三月二十六日的审讯，颜颐寿汇报结果时仍执前词，认定张寅就是李福达。

但审讯结果上报后，直接被嘉靖帝驳回，待三法司审毕，嘉靖再次传旨，令文武大臣复审。

后在四月四日的再一次审讯中，颜颐寿改拟张寅为妖言罪，嘉靖帝认为在没有证据的情况下不能胡乱定为妖言罪，并认为颜颐寿等审案含糊不清，于是命原勘官员毕昭、李珏、李璋、江潮等人到北京当面对质。

原勘官员们抵京之后，于嘉靖六年（1527 年）八月初三日，“仍会官廷讯，乃归罪于薛良，言良原与张寅有隙，将李五妄作李福达，李福达妄作张寅，并无聚众谋反，惑众称乱等情”。但对于冤案详情，仍需进一步审讯，并追责制造冤案的官员。

嘉靖六年八月初五日，嘉靖帝令桂萼摄刑部、张璁摄都察院、方献夫摄大理事，主审张寅案，并将原先这三个司法部门的最高官员们，如刑部的颜颐寿、王启等人，都察院的聂贤、刘文庄、张润等人，大理寺的汤沐、徐文华等人一网打尽，统统抓进牢狱。顿时三法司群龙无首，乱作一团，剩下的中、下级官员急急如丧家之犬，惶惶如漏网之鱼，整日提心吊胆战战兢兢，不知何时自己也会被捉进大牢。

桂萼到任后，即将马禄捉拿严刑拷打，马禄咬紧牙关不承认自己有罪。桂萼又搜查马禄的衣物，从中翻出马禄与朝内几位重臣如贾泳、张仲贤、阂楷、张英以及汪渊的私信。贾泳引咎辞职，剩下的人一律被捉进牢房。

接着，桂萼又公报私仇，上章指责以刘琦为首的十五名大臣拉党结派，横行不法，于是刘琦等十五人也一块儿被关进铁窗。大臣汪元锡、余才私下里对此案的审理说了两句不满的话，被桂萼派人侦听到，当即被押了起来。此时朝上朝下一片风声鹤唳，谁也不敢再多说半句，多行半步。

桂萼收拾了朝臣后，又开始收拾马禄。马禄起初虽咬牙不承认有罪，无奈桂萼变着法儿地给他上刑，最后马禄为不再受苦求得速死，便按桂萼要求，承认自己陷害张寅，目的是把郭勋牵连进去，替那些挨过皇帝廷杖痛打的朝臣们出气。

有了马禄的口供后，桂萼结案，上奏称，张寅并非李福达，被刁民薛良诬告。马禄等人与郭勋为仇，借此案兴风作浪，包藏祸心，现已真相大白，可以了结。

嘉靖看了表示满意，令其处置与此案有牵涉的群臣。桂萼就此对朝堂上的对手们做了大清洗，以李璋为首的五名官员被永远监禁；以刘琦为首的七名官员被发往沪境充军；以聂贤为首的十一名官员被削职为民；以颜颐寿为首的十七名官员被革职闲住，地方官员革职闲住的又有五人。薛良以诬告罪被处死，众证人以伪证罪被充军，马禄以“入人于罪”被流放，张寅被放还归乡。

一场“李福达”案，清算掉了四五十个大臣。至于张寅到底是不是李福达，此时还有谁关心，又有谁知道呢？

此案过后，杨廷和的余党彻底被一扫而空，朝堂上再也没有能和郭勋、张璁、桂萼相抗衡的势力了。

桂萼在此案中的辣手无情，也让文武百官闻风丧胆。

（四）

就在大明朝堂上为了大礼议、李福达案、新旧党争反复折腾的时候，南方边境上出事了。

广西田州是西南出海通道的必经之路，是广西西南出海通道的重要交通枢纽，壮、汉、苗、瑶等多民族聚居于此。境内有石山区、土山区和河谷平原三种自然地形地貌，素有“两山一谷”之称。广西与交趾（现越南北部，当时越南北部归属于大明版图，为大明的交趾省，管辖十五个府、四十一个州、二百一十个县）是接壤之地，民情复杂。

岑猛是明广西田州（治所在今田阳）土官，字济夫，壮族人。正德三年（1508）袭父职为当地土司。这岑氏家族在广西势力庞大，号称从宋代起就统治广西一方，历经宋、元、明三朝，数百年不倒。

嘉靖五年（1526 年）四月，明政府以其屡侵邻部，不听征调，命都御史姚镆率兵进击。姚镆调遣永顺、保靖兵马，命令沈希议、与张经、李璋、张佑、程鉴各统兵八万，分道进讨。姚镆则与总兵朱麒等将领攻破罗定、丹梁，并采用谋士沈希仪的计议，交结岑猛岳父岑璋，使其为内应，大破岑猛。恶战中斩杀了岑猛的儿子岑邦彦，后来岑璋诱杀了岑猛，献上了岑猛的首级。

但没多久，岑猛手下的两个头目卢苏、王受又开始勾结众人作乱。

卢苏、王受等诈言岑猛不死，从交趾借兵二十万，一下子势力大增，交趾、广西的“夷民皆相信之”。一个盘踞数百年的家族，又号称从邻邦引兵二十万，在这里闹事，邻近边疆，民族掺杂，这种边患如果处理不当、拖延日久，那将给大明的南疆造成不可弥补的损伤。

看到卢苏、王受叛乱声势渐大，巡抚御史石金劾姚镆失策罔上。而嘉靖帝以姚镆有功，许其便宜抚剿。

后来卢苏、王受数次请求赦免，但姚镆不准许，还是打算准备大力讨剿。此时，大明中央的期盼是不管采用什么手段，希望尽早平叛，恢复边疆稳定。都御史姚镆在前线还是坚持以军事手段镇压，但姚镆决心虽然在，打起仗来进展确是缓慢。在广西绵绵群山、无尽洞壑中，敌方仗着本乡本土的优势拖延起来，派再多大军也难见效。

此时大明内阁已经是张璁、桂萼当政，面对广西这种胶着态势，这两位阁臣共荐王阳明出征，总督两广及江西湖广军务。

（五）

当王阳明重新被起用时，嘉靖初年论平宁王朱宸濠之功的旧事也被重提，既是议礼新贵，同时又是阳明弟子的黄绾上疏，为王阳明等鸣不平。嘉靖帝没有明确表态，只是命先“给阳明（伯爵）券、禄，俟广西事定，别有委任”。其他“江西有功诸臣”，下御史核实，其致仕、罢黜有才识可用、清议无干者，吏部议请举用——也就是还要甄别使用。

这年王阳明已经五十六岁了，此时的他已将自己的思想归纳为四句，即

无善无恶心之体，
有善有恶意之动，
知善知恶是良知，
为善去恶是格物。

这四句被称为“王门四句教”。

王阳明奉命将出征广西，临行前，他与学生们告别，有意思的是王学门人们此时此刻还没有为老师即将开始的刀光剑影的征程担心，一群文人凑在一起后，竟然又为心学问题争了起来，但也就是这次争论，才为后人留下了这篇“天泉证道”，这也是王阳明晚年对心学做的最重要的一次总结。

他的学生钱德洪与王畿对理解王守仁这四句教，发生了分歧。钱德洪认为这是教人的根本所在，而王畿则认为这四句教只是权宜之法，因为若心是无善无恶的心，那么意、知与物也皆是无善无恶的了。

他们三人就走到了阳明宅院里的一座小桥之上开始谈论关于四句教的问题，因为这座小桥叫天泉桥，所以这次事件被称为“天泉证道”。

在天泉桥上，钱德洪表明：无善无恶心之体，良知原本就是无善无恶的，无善无恶是为至善，对圣人来说就是如此。但对普通人来说，一般人不免会有物欲、私心、私意，所以意之动就会有善有恶，这就要求我们在一念发动之处把不善的念头给克倒了，是还是非，良知原本就知道，就是知善知恶是良知，既然知善知恶所以要为善去恶。

钱德洪认为“四句教”是王门宗旨，是定本，是一个字都不能更改的，讲学就是要按照四句教去讲。

王畿则认为，既然心体是无善无恶的，“意之动”怎么会有善有恶？所以他认为这四句并不是王门讲学的不可改变的最后究竟之说，不是最后的究竟圆融之说，只不过是权宜之说。他认为，如果心体是无善无恶的，那么意动也是无善无恶的；意如果是无善无恶的，那么知也是无善无恶的，物也是无善无恶的。在此基础上，王畿提出了“四无说”，即“无心之心则藏秘；无意之意则应圆；无知之知则体寂；无物之物则用神”。

听完两人的争论后，王阳明回答道：你们两位说的都对，我这里接引众人原本就有两种方法。因为人原本就有两类，一类是利根之人，一类是钝根之人，利根、钝根这本来是佛家的说法。利根之人是特别聪慧的，是一点就透的一类人；钝根之人是比较笨拙、愚昧之人，只能是一步一个脚印，慢慢学习。对于利根人，一悟本体即是功夫，一了百了，王畿所讲的正是我这里接利根的人；但对于一般普通人来说，还是要讲为善去恶，要讲知善知恶。阳明先生最后重申了四句教，并且关照钱、王二位要相须为用，不要各执一边，如果各执一边，眼前就会失人。

回首王阳明一生，尽管他学究天人、通晓古今、继往开来，为一代儒宗，但他始终把自己的学问打造得通俗易懂，他非常注意要让自己的学说能够在不同人群中落地，在提倡“知行合一”时，王阳明也反复提到过这个问题，学问要接地气，对利根之人、钝根之人要因材施教，王阳明所提倡的“致良知”一说更是简单通晓。“无善无恶心之体，有善有恶意之动，知善知恶是良知，为善去恶是格物”这四句教是一个完整的体系。

当代哲学有两个概念，一是“世界观”，一是“方法论”，世界观是对世界的基本看法；方法论根据这种对世界的基本看法，提出改造世界的方法。世界观是方法论的理论基础，方法论是世界观在实践中的体现。

借用“世界观”和“方法论”这两个当代哲学概念，“无善无恶心之体，有善有恶意之动”谈的是本源，是事物的根本，其实就是“世界观”，心体是无善无恶的，但普通人会有意之动，这才分出了善恶；有了基本的世界观后，怎么认识这个世界呢？那就是“知善知恶是良知”，要认识到善恶；落实在行动上，落实在“方法论”上，还是要“为善去恶”。“四句教”循环一体，密不可分。

等到王阳明故去后，钱王二位并没有执行好先生“天泉证道”的意图，限于各人天生气质，两人还是各执一边，钱德洪所谓“把缆放船”，基本上还是合乎阳明先生的意思，但也正因为如此所以创造性不足；王畿一天到晚讲四无，渐失王门宗旨。明清交替时的大宗师黄宗羲评价说：“姚江之学（阳明之学），因有王艮、王畿而风行天下，也因有王艮、王畿而渐失其传。”

第十四章 临终一句遗言，力量穿透五百年

（一）

嘉靖六年（1527 年）九月，王阳明挥别数百门生，开始了自己人生“三大征”的最后一征。

出征前，王阳明对朝廷谈了自己的用兵思路。王阳明认为：思恩之地还没有设立汉人充任的流官时，民族首领每年派出三千士兵听从官府征用。设流官以后，朝廷反而年年派兵数千人在这里防守。这样说来虽然朝廷在此设立了流官，但显然可知的是没有发挥任何积极作用的。况且田州与交趾接壤，深山绝谷，都被瑶人、僮人盘踞着，肯定还是设立土著人充任的土官，才好凭借他们的兵力作为中国的屏障。如果改土官为流官，都是汉人为官，那么边境的兵患，只有朝廷自己担当了，长此以往，朝廷一定会有悔恨的。

对王阳明的招抚思路，朝廷一时议论不休，未做定论。

十一月，王阳明到达广西梧州。

在展开军事行动之前，王阳明先召开了多次军事会议，与当地官员反复座谈、会商后，王阳明制定了一个超级大胆的军事策略，那就是撤军。

因为王阳明知道，其实自元朝以来，南方就一直有一句谚语“思播田杨、两广岑黄”，讲的就是贵州、广西区域有杨、田、岑、黄四大土司，其中黔东北地区思南、思州的田氏家族已经在当地盘踞八百多年，从唐代起就是当地土司，为历朝历代统治者所依赖；播州杨氏土司、广西岑氏土司那都是割据一方的地方势力。此次田州之乱，始作俑者就是岑氏土司家族。

这些土司势力在当地盘根错节动辄数十年、上百年，枝繁叶茂，根系复杂。稍一不慎，就是刀兵相见，譬如铜仁地区，自明永乐年间至清雍正年间，三百余年的历史，竟发生大小战事百余起，几乎是三五年一次，贵州总兵自嘉靖至万历曾有二十余届，在近半个世纪的时间里不驻省城而专驻铜仁，以平息战事。由此可窥其时“华”“夷”之间民族矛盾和斗争之激烈。

这些对手是以家族、群落、族群甚至民族形态出现的，你斩杀了一个首领，家族还会推选出另一个首领，你打击掉这个家族，又会有新的家族出现，就如同杀不死的九头怪兽，所有人都有可能被挟裹成叛乱者。作为执政者，你总不可能实行“三光政策”，见人杀人、见村屠村吧？

都御史姚镆此前已经斩杀了岑猛，照理说首恶已除，但为何叛乱不息？就是这个道理，叛乱如同九头怪兽。

（二）

基于这种实际情况，王阳明制定了一个大胆的策略，那就是撤军招抚。

王阳明认为绝大多数叛乱者也是为生活所迫、为贪官所迫、为叛乱挟裹。你重兵压境，这些叛乱者为了活命也得拿起刀枪跟你干，但如果你能给出一条活路，大军撤退，可以允许他们回乡踏实过日子，这些叛乱者并没有什么雄心壮志，没有要称王称帝的诉求，自然也就想回家度日了。对于一些被迫造反的人，可以给他们一条生路，让他们改过自新。

十二月，王阳明抵达浔州，正好巡按御史石金已经定计准备招抚，就遣散了各路兵马，留下永顺、保靖的土著士兵数千人，解除战备，原地休息。

卢苏、王受本来就想得到招安而不能，听说王阳明的部队来更加害怕了。直到这时看出王阳明的招抚意向，他们才高兴起来。

王阳明到南宁，卢苏、王受二人连忙派遣使节请求投降，王阳明命令他们来帐前听候命令。

卢苏、王受私下里议论说：“这位王公一向多诡诈，可别给他哄骗了啊。”是啊，当年池仲容纳降，可是被全部屠杀了，所以这两人布置了兵阵方才进去相见。

见面后，王阳明列举了他们的罪过，各打了一顿大棍，然后放了他们。王阳明又亲自进入他们的军营，安抚他们的七万兵卒。真可堪称兵不血刃，一场困扰大明南疆的大叛乱就这样消于无形。

王阳明的胆气不得不让人佩服，毕竟是深入敌营，万一有变，就算有一百条命也回不来了，但他真也就去了，也平安回来了。

看看王阳明的这两次平叛历程，该杀的杀，投降了也杀；该放的放，孤身入敌营也要放，放和杀之间，重要的就是对这些叛逆者每一个人的把握，谁能放，谁该杀，算无遗漏。这种对人心、对局势的把握，真是别具只眼。

（三）

王阳明也知道这些当地土司、首领，跋扈一方、桀骜难驯，事急则反，事缓则降，自己平叛虽然功勋已成，但这里如何才能长治久安呢？

王阳明接着写奏章上报给朝廷，陈说了用兵的十种害处与招安的十大好处。就此请仍旧设立流官，酌情裁割田州的地盘，另立一新州，以岑猛的第二个儿子岑邦相为代理长官，暂时管理州事，等以后立了功正式提升为知州。

在田州，设置了十九个巡检司，以卢苏、王受等人统领其事，一并接受流官知府的管辖，“土流并治”，即流官政权和土官政权同时并存，同在一个区域里，由政府官员、当地土司同时进行统治。

王阳明采取的另一个措施就是攻心为上，在思恩、田州、南宁等地兴办学校、书院，并亲自登台讲学，倡导读书习文，发展教育。如果给当地人灌输了先进的汉文明，让他们认同了汉民族的文明模式，那彼此之间的冲突就会少很多。

王阳明在《敷文书院记》中较详细地记述了创办的原因，阐释了“凡乱之起，由学不明”的判断，明确了“放之还农，两省以安”的举措，提出了要以书院“决蔽启迷，云开日出”的方针。

他说：

守仁曷往视师，勿以兵歼，其以德绥，乃班师撤旅，散其党翼，宣扬至仁，诞敷文德。

凡乱之起，由学不明，不失其心，肆恶纵情，遂相侵暴，荐成叛逆，中土旦然，而况夷狄？

不教而杀，帝所不忍。熟近弗绳，而远能准？爰进诸生，爰辟讲室，决蔽启迷，云开日出。

各悟本心，匪从外得。厥风之动，翕然无远。诸夷感慕，如草斯偃。我则自减，帝不我殄。

释于自缚，泣诉有泫。旬日来归，七万一千。濈濈道路，踊跃权阗。放之还农，两省以安。

昔有苗徂征，七旬来格。今来期月，而蛮夷率服。

绥之斯来，速于邮传，舞干之化，何以加焉？明明天子，神武不杀。好生之德，上下孚格，神运无方，莫窥其迹。

爰告思田，毋忘帝德。既勒山石，昭此赫赫。复识于此，俾知此院之所始。

王阳明认为，“凡乱之起，由学不明，不失其心，肆恶纵情，遂相侵暴，渐成叛逆”，所以只有提升教育水平才是治本的良方。经过一番治理，不过短短半年而已，广西文风大盛。

（四）

照理来说，朝廷要求王阳明做的，他都已经做到了，叛乱已平；朝廷没要求做的，王阳明也做了，连长治久安的事情也打好基础了。按照这种功绩，凯旋就好。

但此时桂萼又给王阳明提了新的命令，那就是直接挥兵交趾，拿下交趾。

中华文明与交趾的关系错综复杂。公元前 111 年，汉武帝灭南越国，并在越南北部地方设立交趾、九真、日南三郡，实施直接的行政管理。在之后的一千多年时间里，交趾地区虽然屡有反抗，但是大体上一直受到中国古代政权各朝代（汉朝、东吴、晋朝、南朝、隋朝、唐朝、南汉和明）的直接管辖。

明朝初年，大明兴兵征伐，宣布撤销安南王国，改称交趾省，管辖十五个府、四十一个州、二百一十个县。

但没过多久，交趾又发生了叛乱，再度独立。

大明王朝也没想着对交趾再度兴兵，就顺势册封陈暠当安南国王，撤销交趾省。这个新省回到大明只二十一年，再度脱离直属。

嘉靖六年，也就是公元 1527 年，交趾发生了大规模内乱。

此时王阳明正拥兵广西。

桂萼就有意想让王阳明挥兵南下，趁交趾内乱，把交趾再度纳入大明版图。如果成功了，这也算是嘉靖朝了不起的功绩，足以让嘉靖内阁彪炳史册。但王阳明并没有顺承上意，对桂萼的建议没有听从，没有发兵交趾。

王阳明拒绝兴兵，并不是因为怯战，据揣测，王阳明之所以拒征交趾，还是因为中国文明传统上视交趾为化外之地，认为虽屡次征伐，但劳而无功，占领成本太大。

但该打的仗，王阳明不会手软，放着内阁暗示去打的交趾，他没有动手，随即他又主动发起了“八寨、断藤峡”之战。

八寨、断藤峡之乱，那可真是堪称由来已久。

广西浔州地境中万山盘绕，其中有浔江，发自柳州、庆州，向东绕至浔州，途经象州、永安、修仁、荔浦、平乐县等。在浔江附近的山脉均为陡峭的山崖，其中最险恶地称为大藤峡。其向南截浔江为府江，相距三百余里，地唯藤峡最高。登在藤峡山巅，可以看尽军旅聚散往来；藤峡中有上百个山洞，其中如仙人关、九层崖最幽深险峻。峡南有牛肠村、大岵村，均缘江立寨，亦为险要。藤峡、府江之间为力山，力山又比藤峡险峻几倍。再向南为府江，周遭盖六百里，其中多为险谷悬崖峭壁。其中少数民族为以蓝、胡、侯、盘四姓为主的瑶族；力山中又有善于制作毒矢的僮族。

断藤峡一带的蛮寇之祸真当得起“源远流长”四个字。

早在八十多年前的正统年间，大明军队就跟这里的瑶寇们厮杀个没完，那时候的“断藤峡”还叫“大藤峡”，“大藤峡等山，瑶寇不时出没，劫掠居民，阻绝行旅。近山荒田，为贼占耕”。正统、景泰、天顺年间，时时作乱。明朝景泰年间，瑶渠侯大狗等率先作乱，聚集上万，修仁、荔浦、力山、平乐等地都相应，各系留守官吏无法控制，于是以招抚平定。当时明朝朝廷正忙于与北方瓦剌交战，没有急迫解决此地的问题。

到了天顺五年，都督佥事颜彪佩征夷将军印，调南京、江西及直隶九江等卫官军一万出征大藤峡。

打了一年，颜彪战报："臣率军进剿大藤，攻破七百二十一寨，斩首三千二百七十一级，复所掠男妇五百余口。"

看似颜彪剿匪已经成功，但等到了天顺七年，"大藤峡贼夜入梧州城"，"遂入府治，劫库放囚，杀死军民无算，大掠城中"，诸多官员被杀，随军器械并备赏银物，皆为贼有。消息传回，把当朝天子气得暴怒，大骂道："梧州蕞尔小城，总兵、镇、巡、三司俱拥重兵驻城中，乃为小贼所蔑视，况遇大敌乎！"

由此也可见，大藤峡匪患之严重。

到了成化年间，大明政府又合诸军十六万人，由佥都御史韩雍、总兵赵辅领兵，分五道进，先破修仁，穷追至力山，生擒千二百余人，斩首七千三百余级。

在成化元年十二月，明军水路并进，而当地匪徒们知道大军进剿后，"先移妻子钱米入桂州横石塘等处藏匿"，"乃于山南各寨，立栅自固，用木石镖枪药弩，凭险拒守"，意图与明军决一死战。

明军则采用团牌、扒山虎等武器，鱼贯而进。双方一番死战，一日之间，明军攻破山南、石门、林峒、沙田、古营诸巢，纵火焚其积聚。余匪又逃到了横石塘、九层楼等山里，立栅数重，复用木石、枪弩拒守。

明军又是"缘木攀萝，蚁附而上，四面夹攻，连日鏖战，贼不能支。破贼寨三百二十四所，斩首三千二百七级，生擒七百八十二人，获贼妇女二千七百一十八人，战溺死者不可胜计"。

此战明军大胜，胜战之后将大藤峡改为断藤峡，以示斩断了这些蛮寇造反的根基。

但没过多久，断藤峡残贼侯郑昂等七百余人，夜入浔州府城，焚军营城楼，夺百户所印三颗，杀掠男妇数十人。

连年征战，杀人无数，但打了几十年，大明政府还是不得不感叹："大、小桐江、洛口与断藤峡、朦胧、三黄等处，村巢接壤，路道崎岖，聚众劫掠，终不能除。"

到了正德帝当朝，正德帝天天荒唐淫乐，疏于正事，天下民不聊生，像"八寨、断藤峡"这种穷山恶水，自然又开始盘踞各色叛乱人员。

正德十一年，总督陈金再次对断藤峡蛮寇们发起征讨，督调两广官军土兵，分为六大哨，按察使宗玺，布政使吴廷举，副总兵房闰，镇守太监傅伦，参将牛桓，都指挥鲁宗贯、王瑛将之，水陆并进，斩七千五百六十余级。

但陈金也发现，这些人拿起刀就是匪徒，放下刀就是百姓，土匪们盘根错节，有的干脆几代都是靠劫掠为生，实在是剿不胜剿。最后陈金想了一个法子，这些蛮寇无非是想要钱、要盐，与其等他们来抢，大家打打杀杀这样多年，不如干脆让走断藤峡那条路的商船主动交钱，主动给蛮寇们保护费，就等于跟上税一样。

这样做一开始还挺灵，蛮寇们给钱就放行。陈金也挺开心，还以为这个办法可以长远使用，直接把断藤峡又改名作了"永通峡"。

但没过多久，蛮寇们觉得靠收税来钱太慢，还得和这些商人打交道，一个个啰里啰唆，"稍不惬，即杀之"，没多久又是"因循猖獗，江路为断"，大家又把"永通峡"叫回"断藤峡"了。

这时候王阳明刚平定完田州，"两江父老遮道言峡贼阻害状"。

（五）

对这些真正危害百姓生活的大寇，王阳明出手了。直接命湖广佥事汪溱、广西副使翁素、佥事吴天挺及参将张经、都指挥谢佩监湖广土兵，袭剿断藤峡叛军。此后仍然总督永顺兵进剿牛肠等寨，保靖兵进剿六寺等寨，约好以四月初二各至抵达地点。

当时，这些当地土匪听闻明军檄湖广土兵抵达征剿，均逃匿深险之中；又听闻卢苏、王受归降，王阳明进驻南宁，故以为王阳明以散遣诸兵布阵，于是防备弛缓。

至此，湖广兵皆偃旗息鼓驰马抵达，诸军一同突进，四面夹击。当地匪徒们大败，于是退守保仙女大山，据险结寨。

官军攀木缘崖仰攻，并随后连连攻破油榨、石壁、大陂等地，直击断藤峡。

随后王阳明密檄诸将移兵剿仙台等贼，分永顺兵、保靖兵各自进剿，约定在五月十三日抵达巢穴。

经过几番清剿，至此，断藤巨寇几乎全尽。

于是王阳明命军队沿着横石江向下，打败了仙台、花相、白竹、古陶、罗凤等地的乱民；命令布政使林富率领卢苏、王受的部队一直挺进八寨，攻克石门，副将沈希仪请出兵斩杀败逃的乱民，就这样荡平了八寨。

明朝中期土兵以永保土兵为最盛，永即指今湖南永顺县境，此地如今仍有土家族土司王朝的遗迹（老司城），保指今湖南保靖县境，此县有全国重点文物保护基地汉朝迁陵镇遗迹。永保两地土兵经过长期与其他少数民族和中央王朝的征战，形成了自己独特的军事体制和军事文化。

据明嘉靖实录，“旗各有长……各旗分隶各州司，而统属于总司”。旗、州司、总司（后改宣慰宣抚司）组成土司军政合一的权力机构。土司寓兵于农，土民亦兵亦农。“有事则调集为军以备战斗，无事则散处为民以习耕凿”。土民要在规定的训练场里经过严格的训练。“永顺司治西二里许有校场坪，土人常于此处演武。又西北五里有博射坪，又北五里日射圃，地势均宽敞，土人每于此博射”。

在王阳明征调永顺保靖土兵之前，这些永保土兵在打击倭寇的战役中表现得很出色。

土家族世居山间，善于山地平地作战，“短兵相接，楼贼甚精，近能治者，惟湖广钩镰枪弩之技，必动永（顺）保（靖）二宣慰司精兵”。步兵是土兵主要兵种，主要使用的武器有藤牌、钩镰枪、强弩，钩镰枪有长短，藤牌兵配砍刀（俗称砍柴刀，用来取首级）。

土家族之所以战力强悍，除了民风彪悍，更有完善的作战阵形。土兵阵形为三角形，旗（每州或司六百二十五人，每旗二十五人）组成战斗序列。“每司立二十四旗。头，每旗一人居前；次，三人横列为第二重；次，五人横列为第三重；次，七人横列为第四重；又其次，七八人横列为第五重。其余皆至后，欢呼助阵”。三角阵以藤牌为首，枪左右，强弩次之。小三角组成大三角，阵形不密集但是稳定性强，武器长短配合，阵形前后左右互为配合。土兵纪律严明，采用连坐法，记军功不以个人割首为准，而已本队割首兵所割首级为准，其他士兵专使刺击（这点非常重要，不会因为抢占军功破坏队列秩序，导致阵形混乱）。从队列、战术、纪律来看，土家兵的阵形能够保持稳定，而且近战时能够长短配合，突击能力非常强。

在断藤峡战役中，永保土兵也是勇猛无比，战功赫赫。但战争总有伤亡，为祭奠阵亡将士，王阳明特意写了篇祭文。

这篇文章在王阳明创作史上地位并不高，远低于后来被收入《古文观止》的三篇文章——《瘗旅文》《象祠记》《稽山书院尊经阁记》，但这篇文章感情深沉，无尽悲悯，堪称杰作。

王阳明《祭永顺保靖土兵》全文如下：

维湖广永顺、保靖二司之土兵，多有物故于南宁诸处者。嘉靖七年六月十五日乙卯，钦差总制四省军务尚书左都御史新建伯王委南宁府知府蒋山卿等告于南宁府城隍之神，使号召诸物故者之魂魄，以牛二、羊四、豕四祭而告之曰：

呜呼！诸湖兵壮士，伤哉！尔等皆勤国事而来死于兹土，山溪险绝，不能一旦归见其父母妻子，旅魂飘摇于异域，无所依倚，呜呼痛哉！三年之间，两次调发，使尔络绎奔走于道途，不获其所，况忍驱无辜之赤子而填之于沟壑？且兵之为患，非独锋镝死伤之酷而已也，所过之地，皆为荆棘；所经之处，遂成涂炭。民之毒苦，伤心惨目，可尽言乎？还者思、田之役，予所以必欲招抚之者，非但以思、田之人无可剿之罪，于义在所当抚，亦正不欲无故而驱尔等于兵刃之下也。而尔等竟又以疾病物故于此，则岂非命耶？呜呼伤哉！人孰无死，岂必穷乡绝域能融会贯通人乎？今人不出户庭，或饮食伤多，或逸欲过节，医治不痊，亦死矣。今尔等之死，乃因驱驰国事，捍患御侮而死，尽得其死所矣。古之固有愿以马革裹尸，不愿死于妇人女子之手者。若尔等之死，真无愧于马革裹尸之言矣。

呜呼壮士！尔死何憾乎？今尔等徒侣，皆已班师去矣。尔等游魂漂泊，正可随之西归。尔等尚知之乎？尔等其收尔游魂，敛尔精魄，驾风逐雾，随尔徒侣去归其乡。依尔祖宗之坟墓，以栖尔魂；享尔妻子之蒸尝，以庇尔后。尔等徒侣或设有征调，则尔等尚鼓尔生前义勇之气，以阴助尔徒侣立功报国，为民除患，岂不生为壮烈之夫，而没为忠义之士也乎！予因疾作，不能亲监祭所，一哭尔等，以舒予僵感之怀。临文凄怆，涕下沾臆。今季知府布告予衷，尔等有灵，尚知之乎？呜呼伤哉！

将此文与写于正德四年（1509 年）的《瘗旅文》相比，同样是祭文，同样因身边人之死而引出文章，《瘗旅文》的文字颇有奇幻色彩，文风绮丽，读来跌宕起伏，隐隐有楚辞韵律；而《祭永顺保靖土兵》虽然在语法结构上依然注重排比、对仗等手法，但文字已经返璞归真，王阳明已不再使用“幽崖之狐成群，阴壑之虺如车轮”、不用“连峰际天兮，飞鸟不通。游子怀乡兮，莫知西东”、不用“朝友麋鹿，暮猿与栖兮”这些瑰丽的词语，而只是“依尔祖宗之坟墓，以栖尔魂；享尔妻子之蒸尝”，家事国事就这样深沉而无奈地交织在了一起，文章满是设身处地的肺腑之情，真是字字可见作者的良知。

1509 年的《瘗旅文》，1529 年的《祭永顺保靖土兵》，对比来读，一在贵州驿站，一在广西剿匪，二十年来起伏，终还是为家为国为民，文章中有多少是祭奠他人，有多少是祭奠自己呢？

写好此祭文，王阳明自己也已是命不久矣。

（六）

平定广西匪患的捷报送到京城后，不料嘉靖帝不喜反怒，他认为，阳明“此捷音近于夸诈，有失信义，恩威倒置，恐伤大体”。皇帝竟然对王阳明的措置持怀疑甚至是否定的态度，自然王阳明再次沦于有功无报，并遭羞辱的地步。

其实想来也正常，桂萼当时建议王阳明攻打交趾，肯定不是无缘无故之语。嘉靖、桂萼当权之后也是迫切地想建功立业，打出自己威信的。尽管没有证据表明攻打交趾的建议出自于嘉靖本人，但这种灭国之战，如果没有嘉靖的许可，光桂萼一人就能拍板吗？其中嘉靖必然或多或少地了解一些情况，常理来说，桂萼不可能不经皇帝批准，就指使前线擅自兴兵的。但发起此战未知胜败，所以一开始嘉靖并不愿出面，只是通过内阁暗示的方法，建议王阳明兴兵，这样给大明中央留有余地，如果前线打赢了，那自然是中央号令有功、归功于上，嘉靖乃中兴大帝，功比太祖；如果王阳明前线打败了，自然就是前线将领贸然突进，与皇帝的盛德无关。无论进退胜败，于嘉靖的尊严和圣明无损。

所以啊，让你打交趾，你当听不懂；没让你去打断藤峡，你清剿得很积极。这回来能给你叙功？

但此时王阳明的身体每况愈下，已经顾不上分辨这些了。嘉靖七年十月初十，王阳明因肺痨复发，上书《乞恩暂容回籍就医养病疏》具言：“臣自往年承乏南、赣，为炎毒所中，遂患咳痢之疾。岁益滋甚。其后退休林野，稍就医药，而疾亦终不能止。自去岁入广，炎毒益甚……病日就危，而尚求苟全以图后报，而为养病之举，此臣之所以大不得已也”，请求“能悯其濒危垂绝不得已之至情，容臣得暂回原籍就医调治”。此时王阳明似乎已经有了命不久矣的预感，未等到朝廷批复，匆忙回返。

十一月二十五日，王阳明从广东南雄府翻越粤赣交界的大庾岭梅关，进入江西南安府。

二十八日，王阳明从南安东山大码头乘船，顺章江而下，当船行至南安府青龙铺（今大余县青龙镇赤江村）江面时，天时已晚，便停泊歇息，并趁机前往探访附近的丫山灵岩寺。

灵岩寺坐落于青龙镇境内的丫山，是“江南有数，赣南为甚”的名刹。自南唐时期始建以来，香火一直旺盛。

传说王阳明一行来到灵岩古刹，恰逢寺庙住持将要圆寂。住持命僧徒将其禅门关闭上锁，并告诫不得打开，还说一句“姑候我至”。王阳明来到住持将要圆寂的禅室前，见禅门紧闭，甚感奇怪，便询问僧徒何因，僧徒将师父之嘱告之。按规矩，王阳明此时不宜进入。但王阳明听后，笑道“姑候我也”，并让僧徒打开禅门，发现禅室内案几上有本满是灰尘的书。王阳明便拂去书上的灰尘，打开书页，见书内有张偈语，便轻声读起来：“五十七年王守仁，启吾钥，拂吾尘，若问前生事，开门即是闭门人。”

等到次日早上，王阳明病情危重，召见门生南安推官周积，周积便入内服侍，过了一会儿，王阳明睁开眼睛对周积说：“吾去矣！”

周积泣问先生有何遗言。

王阳明留下一句“此心光明，亦复何言？”之后逝去。

此时为嘉靖七年十一月二十九日辰时，享年五十七岁。

纵观王阳明的仕途生涯，从正德帝登基之后，共经历了刘瑾上台、刘瑾被杀、宁王造反、正德帝驾崩、大礼议、李福达案等六大政治风潮。算起来平均三四年就会来一次朝局震动。在这一次次诡谲的政潮斗争之中，你方唱罢我登场，眼见他起高楼，眼见他宴宾客，眼见他楼塌了。

刘瑾、钱宁、江彬哪一个不是气焰熏天？最后刘瑾被凌迟，钱宁、江彬被处磔刑（古代酷刑，割肉离骨，断肢体，再割断咽喉），连个全尸都没有，整个家族也被一网打尽，永无翻身之日。三大权奸落马之时，也都是连带着自己的一票人马，动辄清空半个朝堂。

大礼议案、李福达案让杨廷和、王琼这样的官场精英也在劫难逃，而大佬的更迭又带动了门生故吏的大量变动。

宁王造反更是裹挟了无数的贪念、无奈和悲剧，刘养正、李士实那样的名流贤达也被功名利禄烧红了眼，最后被明正典刑。

在每次风潮的对立面上，同样还有众多的官员付出惨痛的代价，为弹劾刘瑾，从大佬级的刘健、谢迁，到王阳明、杨源等中下层官僚，无不付出了事业、家庭乃至生命的代价。宁王一反，孙燧、许逵两个精明强干的官员就这样殉职，诸多官员就这样被卷入其中大礼议案中。张璁、桂萼的幸进背后，也是无数杨派官员的人仰马翻。

放眼到王阳明从政之前，大明帝国的官场似乎也总是体现了高频的风潮变革，土木堡之变、夺门之变、于谦平反、汪直当权……哪一关也都不好过；在王阳明身故之后，嘉靖一朝里大礼议就不说了，后面的壬寅宫变、严嵩上位、倭寇之乱、严嵩下台……也是一出接一出，官场起落没完没了。

在这样高频的震荡中，谁能独善其身？任何不出于初心的政治投机，或可得意于一时，但最终下场总是归于黯淡，因为投机就意味着站队，就意味着不能以公为本、不能以民为本，必定要为自己的派别说话。所站的队伍自然也是一荣俱荣一损俱损，放眼天下，哪会有只胜不败的队伍呢？从某种程度上看，官场派系斗争里的得意都是一时的，下台落马是必然的归宿。

假想下，如果王阳明一见刘瑾那边压力大，就低头逢迎，那刘瑾垮台时，那些被贬的大员之中，是否会加上王阳明的名字？如果他在宁王的力邀下，加入反叛，那会是什么结局？如果他擒获宁王后，把所缴获的大把金银都中饱私囊、结交江彬之流，那江彬垮台时，能幸免于外吗？如果王阳明不是靠着自身的努力，得到了王琼的赏识，如果两人只是相识于私交、结交于私情，把王阳明提拔到了二品大员，那王琼垮台的时候，王阳明还能在官场上保持一份超然吗？

一个个看似只要低下头、做一点儿妥协，就可以获得晋升的良机摆在面前，当你真正经历时，能否克制住私欲，不让私欲蒙蔽，真正知行合一？

透视王阳明一生的政海风潮，尽管他会时时受到风潮干扰、打压，但他从不以一时的仕途得失作为诉求，不逢迎、不变形，对比来看，更感知王阳明品格的高贵，他真正做到了不忘初心，以民为本，他的所思所行，都是为了减少民间的疾苦，拯救一方百姓，一生所行真正为君子之道，知行合一。

时间	事件	影响	王阳明动态
正德元年（1506 年）	刘瑾上台	以内阁首辅刘健、谢迁为首的五十三名官员被打为奸党。刘瑾时代拉开序幕，明朝政治进入空前腐败黑暗时期。	时年三十五岁，六品主事。被廷杖四十，谪贬贵州龙场。
正德五年（1510 年）	刘瑾垮台	以张彩、曹元、刘宇为首的阁臣被罢免，九位尚书、十二位侍郎、十位巡抚、总督等六十多位官员被随之拿下。	时年四十岁，七品知县。重新进入官场。

时间	事件	影响	王阳明动态
正德十四年(1519年)	宁王之乱	宁王世系被一网打尽，以钱宁为首的多位重臣被牵扯其中。	时年四十九岁，巡抚南赣。四品。
正德十六年(1521年)	正德帝驾崩	宠臣江彬被杀，兵部尚书王琼入狱。杨廷和独掌朝纲。	时年五十一岁，南京兵部尚书。正二品。
嘉靖三年（1524年）	大礼议之争	以首辅杨廷和为首的多名重臣去职，五品以下官员一百三十四人下狱拷讯，四品以上官员八十六人停职待罪。张璁、桂萼等人上台。	时年五十四岁，在家讲学。
嘉靖六年（1527年）	李福达案	借由李福达案，清算掉四五十个大臣。杨廷和余党被彻底清洗。	时年五十七岁，总督两广。
时间跨度 合计二十一年	共六起大规模政治风潮，平均三年半一次。	六次政潮，每次都导致朝廷权力格局出现巨变，其中有四次导致内阁出现重大变动。	从反对刘瑾开始，以平定宁王为巅峰，在后三次风潮中置身事外。终其一生，不参与政治斗争，只努力为老百姓办实事。

第十五章 世事翻云覆雨，王阳明为何被越来越多的牛人所膜拜

（一）

王阳明逝世于南安青龙铺赤江村。南安知府何宗伊知道消息后，第一时间派人飞报江西巡抚、上奏朝廷。当天，王阳明的两位门人张思聪和周积，乘舟载遗体入南安城。随后在南安举行了三天大祭。

三天过后，诸多门人都赶到南安了，恭送老师入棺。

十二月四日，诸多门人扶棺乘船返乡，经赣州、南昌、上饶、衢州，奔王阳明的故乡余姚而去。

南昌、赣州都是王阳明剿灭匪患、平定宁王的地方，一生军功事业所在，沿途无数百姓风闻而来，从章江到赣江，来送别王阳明的人多得把两岸都站满了，一路上哭声不断，有的百姓甚至“驾船于江，拦路哭吊”。

走到南昌时，巡按御史储良材、王阳明的门人赵渊都建议，这次正逢新年时节，建议过了年再走，于是送丧队伍就停在南昌多日。

南昌人感念王阳明护了这一方生灵，纷至沓来，朝夕哭祭。

直到翻过年，嘉靖八年正月才准备出发。但连日逆风，舟不能行。

弟子们纷纷感叹：这是王阳明留恋南昌士民啊。

正月初三，送丧队伍才到信州（今上饶）。

二月，王阳明遗体才回到浙江境内，终于返乡。

二月四日，在绍兴设奠，每日门人来吊者百余人。

最后千余门人披麻戴孝，将王阳明葬在了洪溪兰亭五里处。一代大师，魂归故里。

（二）

后世学人论断，阳明一生波澜不断，王学也是历经“三变”。

纵观阳明的前半生，原本就有家学渊源，青少年又遍历道家、佛家、兵家，终归于儒家。与前儒不同，王阳明的儒，不是书斋里的儒，而是偏重实践，看重“事上磨炼”。

三十八岁，王阳明在贵州龙场悟道，也就是从龙场开始，王阳明提出了“知行合一”的概念。在被发配的环境下，面临人生事业的重大挫折，在贵州的山洞里，与瘴气、当地土人为伍，哀吊着死于路途的孤魂野鬼，多容易沉沦或放弃啊，但王阳明以“石椁”为床，以《易经》为法，将自己的内心从极度的动荡与挫败中救起，获得了内心的安静，龙场悟道，胸中洒洒，“渐次地空了，连怕死的一念也没有了”，从此“圣人之道，吾性自足，不假外求”。

也就是经过此次磨炼，王阳明做到了明心见性，彻底把私欲抛开，内心再也没有被私欲蒙蔽过。“须是平日好色、好利、好名等项一应私心，扫除荡涤，无复纤毫留滞；而此心全体廓然，纯是天理；方可谓之喜怒哀乐未发之中，方是天下之大本。”也就是在斩断种种私心后，见本体，“知行合一”。这是王学的第一变。

在四十六岁后，先是刀光剑影中平定宁王之乱，后是在正德的近臣构陷中惶惶自保，也就是经过这一番虽不见血却更加惊心动魄的磨炼后，王阳明提出了“致良知”，“良知真足以忘患难，出生死”，“某于此良知之说，从百死千难中得来”。“致良知”是王学的第二变。

到了五十三岁，临近王阳明晚年，看着朝政纷争，王阳明淡然处之，权贵们走马灯一般换来换去，王学的地位也随之遭受褒贬。此时的王阳明提出，王学门人不要踏入疏狂一途，那样容易“有轻灭世故、阔略伦物之病”。

当时天下学王学者甚多，但又有几人能够明白王阳明一生波折、理解他见本体后的“知行合一”？又有几人能够当一方长官，去平定匪患、安抚百姓？还有几多门人亲自跟随老师见证过平南赣、定宁王、周旋于权贵的过程？名气越大，门生越多，王学的品类也就越杂。很多学而不明的人容易记得“知行合一”“致良知”这些概念，空发议论。王学是一门求真务实的学问，所有的概念要于“事上磨炼”，空记那几个概念是没有用的，为了纠正学风，所以王阳明指点要从狂转入中道，这是王学的第三变。

对王学有兴趣的人，一定要仔细留心王阳明的一生起伏，他的“此心全体廓然”“知行合一”“事上磨炼”“致良知”都是由他的经历而来。如果只听概念，那不会理解阳明真意；王学也是一个系统，不知去私欲、见本心，谈“知行合一”，那就是虚妄。

王学更注重的是身体力行，在王阳明少年时就立有做圣贤的大志向，在以后王阳明又多次说过，“诸公在此，务要立个必为圣人之心，时时刻刻，须是一棒一条痕，一掴一掌血，方能听吾说话，句句得力。若茫茫当当度日，譬如一块死肉，打也不知痛痒，恐终不济事”。如果没有人生志向，就是要浑浑噩噩度日，就是想混日子，那谈什么心学呢？

只有立志、慎独，“省察是有事时存养，存养是无事时省察”，日复一日，不复松懈，向着自己的志向努力，诚心正意，这才是不负心学。

（三）

王阳明死后，桂萼依然不肯放过他，攻击王阳明并请申禁其学。但方献夫、霍韬又各上疏替王阳明辩解，大礼诸臣意见各不相同，杨一清、陆粲乘隙攻击。张璁、桂萼与杨一清很快又陷入新一轮权力倾轧之中。

嘉靖七年，因斗争落于下风，杨一清乞求辞退，嘉靖帝几经考虑，允许杨一清致仕，仍赐金币。

嘉靖八年，已退休的杨一清被张璁等人诬告，被控受贿，杨一清大恨道："我老了，却被这些孺子给欺凌玩弄！"之后背部疽发而死，留遗疏，死而不瞑，享年七十六岁。嘉靖一看逼死了杨一清这样的老臣，也是颇为懊恼，于是下令对以前的事不再追究，数年后恢复杨一清官职。后赠太保，谥文襄。

嘉靖七年，朝廷因西北边事紧急，由内阁大臣桂萼等推荐，诏令王阳明的伯乐、一代能臣王琼"以兵部尚书兼右都御史提督三边军务"。老辣的王琼不负众望，很快就平定了西北军情，嘉靖十年（1531 年）冬季，嘉靖派行人拿着敕书前往召王琼回朝。嘉靖十一年（1532 年）秋天，王琼死在任上，享年七十三岁，被赠为太师，谥号恭襄。

嘉靖八年八月，桂萼和张璁一度被解职，遭受重大挫折。

嘉靖九年四月后，张璁、桂萼又被召回入阁。

嘉靖十年正月，桂萼引疾乞归，八月卒于家，被朝廷追赐太傅，谥文襄。

王阳明死后两年，大礼议的首功之臣张璁发起重拳，改革宦权，张璁以不事声张和渐进的革除方式默默推进，嘉靖十年（1531 年）闰六月，大规模的革除活动全面展开，浙江、两广、福建、独石、永宁、万全等处的镇守中官因"贪纵害事"皆被裁革（《明世宗实录》卷 127）。这与当时大规模裁革冗官是同步进行的。不久，陕西、四川镇守太监以"贪肆"亦被裁革（《明世宗实录》卷 129）。这次集中裁革的主要是分布于内地的镇守内官，把边镇镇守中官放在了最后革除。张璁对镇守中官的革除真正清除了长期以来镇守太监乱政害民之弊，使被镇守中官扰乱的地方政治趋于有序。史称有明一代，只有嘉靖期间没有出现过太监弄权把持朝政的局面。

嘉靖十四年（1535 年）春，张璁得疾，屡请致仕，嘉靖帝舍不得放他走，"为之亲制药饵"。后来，张璁在朝房值班时晕过去不省人事一天多，因病情急剧加重，嘉靖不得已乃许致仕回家调养。

嘉靖十八年二月，张璁病殁于温州，卒年六十五岁。嘉靖闻之伤悼不已，赐祭葬有加，赠太师，谥文忠。

嘉靖二十一年的一个晚上，十多个宫女决定趁嘉靖睡觉时勒死他，但慌乱之中，绳子被打成死结，嘉靖又被救活了。谋杀皇帝的宫女都被杀了，嘉靖也被吓坏了。后来每次睡觉，他都在卧室里摆上二十七张床，以防止别人的谋杀。嘉靖又借口受惊吓，从此不回宫也不上朝了。

嘉靖二十七年，六十八岁的严嵩再次出任内阁首辅，从此擅专朝政二十年。

嘉靖三十六年夏天，北京又发生了一场大火，把外朝的主要部分全都烧光了。原本已经厌政的嘉靖更是一心修道，不再上朝。据统计嘉靖在位四十五年，有二十七年不上朝。

嘉靖四十一年，严嵩被罢官，其子严世蕃因罪被斩。

嘉靖四十五年，海瑞进《直言天下第一事疏》，直言嘉靖迷信巫术、生活奢华、不理朝政等弊端。《明史》上记载了另外一个小故事，说海瑞被关押后，嘉靖又把他交上来的意见书好好看了一遍，边叹气边说，海瑞准备了一口棺材等死，摆明了是想做商朝那个被挖了心的忠臣——比干。嘉靖又说：我不是纣王。

嘉靖四十五年农历十二月十四，嘉靖帝驾崩，享年六十岁。明朝使用嘉靖年号共四十五年，为明朝使用第二长的年号（最长的是明神宗万历帝，一共四十八年）。

《明史》中给嘉靖帝的盖棺定论是："世宗御极之初，力除一切弊政，天下翕然称治。顾迭议大礼，舆论沸腾，幸臣假托，寻兴大狱。夫天性至情，君亲大义，追尊立庙，礼亦宜之；然升祔太庙，而跻于武宗之上，不已过乎！若其时纷纭多故，将疲于边，贼讧于内，而崇尚道教，享祀弗经，营建繁兴，府藏告匮，百余年富庶治平之业，因以渐替。虽剪剔权奸，威柄在御，要亦中材之主也矣。"

意思是：嘉靖刚登基的时候，也是力除一切弊政，全天下也是一片赞叹之声。但好日子没多久，嘉靖帝就为了“大礼议”之争和群臣们掐了起来，弄得舆论沸腾，一些幸臣就此投机获得晋升，打破了官员正常的仕途流程，为了这事嘉靖还严惩重臣，频兴大狱。这是嘉靖和自己父母的天性亲情，本来没什么可以非议的，“追尊立庙，礼亦宜之”，但最后把自己那没当过皇帝的父亲弄得地位比当过皇帝的正德帝还高，那也是搞过头了，基本事实还是应该尊重的。就因为大家集中精力都去搞这些事情，弄得纷纭多故，“将疲于边，贼讧于内”。嘉靖自己还崇尚道教，天天神神道道的，“营建繁兴”，弄得国库空虚。虽然嘉靖帝的一生牢牢掌控了权力，先打击了杨廷和，后灭掉了严嵩一党，但总体看来，他也就是个“中材之主”。

对待王阳明，嘉靖一开始觉得王阳明是国之功臣，风风火火地想要重视，遇到一点杨廷和的阻力，却又忘却了这位重臣。等到了平定广西之役，就因为一点点没顺着他的意思，他就给王阳明扣了一堆大帽子，连货真价实的功劳都成了虚报。帝王心性之苛刻，前后变化之快，随自己心意臧否却不在意事实，这也是让人喟叹。

到了 1567 年，也就是隆庆元年丁卯五月，嘉靖帝葬礼刚一办完，新皇帝刚刚登基，下诏赠王阳明为新建侯，谥文成，永为一代之宗臣，实耀千年之史册。

1584 年，也就是万历十二年甲申，王阳明从祀于孔庙，奉祀孔庙东庑第五十八位。心学终于得到了官方认可，从儒家反叛成为儒学一支。

又六十年后，1644 年，大明灭亡，大清定鼎中华。从所谓康乾盛世，再到同光中兴，直至神州陆沉，多少豪杰志士，直到如今，中华民族再度迎来伟大复兴。期间，帝王将相不知几许，权力倾轧不知多少乱，战乱兴亡不知多少代，王学却一点心灯不灭，泽布天下。

（四）

王阳明逝世后，王学虽被排斥，但依然渐渐风行天下，分有浙中、江有、南中、楚中、北方、粤闽、泰州等七大学派，其中泰州学派的创始人是王阳明的高足王艮。王艮出身灶丁，家贫不能竟学，后师从王阳明，颇得阳明思想的精髓，然往往驾师说之上，持论益高远，出入于释道二教。王艮死后，其子王襞继承其讲席，其学以不犯手为妙，即一切听任自然，所谓鸟啼花落，山峙川流，饥食渴饮，夏葛冬裘，"至道无其蕴矣"。王艮之学除了传其子之外，其弟子尚有林春、徐樾。其子的弟子有韩贞、李贽。徐樾的弟子有赵贞吉、颜均。颜均的弟子有何心隐、罗汝芳。在这些众多的及门及三传、四传弟子中，像李贽、颜均、何心隐等人均具有极强的叛逆性格和异端思想，故而他们的学术传承系统虽仍属于王学一系，但其思想资源自非王学一孤立的系统，而是具有似儒、似道、似禅，亦儒、亦道、亦禅的复杂特征。

在王学后学尤其是泰州学派的传人中，最具有异端性格和叛逆精神的还要数明代的李贽。他实是泰州后学中的"异端之龙"，因而被当朝视为"敢倡乱道，惑世诬民"的洪水猛兽，被逮捕入狱，迫害致死。

明清交替之际，阳明心学的代表人物黄宗羲、顾炎武、王夫之等反君主专制的尖锐思想，已经具有一种冲破千年专制网罗之潜势。

在 16 世纪初《阳明全集》就传入日本、朝鲜。16 世纪中期中江藤树将阳明学在日本传播，使之兴盛。后来继续有三轮执斋、大盐中斋、吉田松阴等传播阳明学。

明末清初三大思想家、有"中国思想启蒙之父"之誉的黄宗羲曾赞曰：王阳明可谓"震霆启寐，烈耀破迷"，自孔孟以来，未有若此深切著明者也。

发起维新变法、在中国近代史上掀起滔天波浪的大文豪梁启超曾赞誉王阳明：“他在近代学术界中，极具伟大，军事上、政治上，多有很大的勋业。阳明是一位豪杰之士，他的学术像打药针一般令人兴奋，所以能做五百年道学结束，吐很大光芒。”

中国革命的先行者孙中山先生也曾说：“日本的旧文明皆由中国传入，五十年前维新诸豪杰，沉醉于中国哲学大家王阳明的‘知行合一’说。”

曾经带领日本海军击败俄国、大清北洋水师的日本海军元帅东乡平八郎曾写过：“一生低首拜阳明。”

近代国学大师钱穆曾总结道：“阳明以不世出之天姿，演畅此愚夫愚妇与知与能的真理，其自身之道德、功业、文章均已冠绝当代，卓立千古，而所至又汲汲以聚徒讲学为性命，若饥渴之不能一刻耐，故其学风淹被之广，渐渍之深，在宋明学者中，乃莫与伦比。”

到现在，王阳明的故里都以他为荣，他扫平匪患、平定宁王的江西也一直流传着他的功绩，他所写的文字为人们热爱，就连他当年被发配谪居的贵州龙场，也成了心学圣地。

心学一脉，心灯相传。

翻读《传习录》，似乎有时我真可以感觉到，那声音穿过五百年，对我说：“你未看此花时，此花与汝同归于寂；你既来看此花，则此花颜色一时明白起来，便知此花不在你心外。”

附录一 王阳明年谱

1472年明宪宗成化八年壬辰夏历九月三十日亥时，王阳明出生于浙江省绍兴府余姚龙泉山附近瑞云楼。

1481年成化十七年辛丑，王阳明十岁，住于浙江余姚。当年，王阳明的父亲王华考中状元，王阳明跟随全家搬到北京生活。

1484年成化二十年甲辰，王阳明十三岁，在京师。生母郑氏去世，先生为母守孝三年。生母早逝，让王阳明开始感叹生命有限，从而为王阳明对道家求仙、长生不老的研究埋下伏笔。

1486年成化二十二年丙午，十五岁，王阳明出游居庸关（今北京昌平区境内），凭吊古战场，缅怀先辈于谦，慨然有经略四方之志。经月始返，夜梦拜谒伏波将军马援庙。

1487年成化二十三年丁未，十六岁，在北京。王阳明感慨时事，纵横兵书战策，屡次欲上书皇帝，被父亲王华制止。

1488年孝宗弘治元年戊申，十七岁，在江西南昌。七月，与诸氏完婚于江西南昌。妻子诸氏名“芸”，也是浙江余姚人，当时新娘的父亲诸养和时任江西布政使参议。新婚当天，王阳明偶入铁柱宫，与道士相对而坐忘归。

1489年弘治二年己酉，十八岁，寓江西，先生始慕圣学。十二月，携夫人归余姚，乘船路经广信（今江西上饶），识理学大儒娄谅（号一斋），信“圣人必可学而至”。

1490年弘治三年庚戌，十九岁，在浙江余姚。开始研习“格物致知”之学，遍读朱熹著作，思宋儒“物有表里精粗，一草一木皆具至理”，格竹七日，无果，患咳嗽病。

1492 年弘治五年壬子，二十一岁，王阳明中举浙江乡试。孙燧和胡世宁同举，后宁王造反，“三人好做事”。父亲王华丁忧期满，回京复命。

1493 年弘治六年癸丑，二十二岁，在京师。春闱，会试不第。

1496 年弘治九年丙辰，二十五岁，在京师。春闱，会试再不第。王阳明面对第二次会试失败说道：“汝以不得第为耻，吾以不得第动心为耻。”

1497 年弘治十年丁已，二十六岁，寓京师。时边关甚急。王阳明苦学诸家兵法，以果核列阵为戏，但被人讥笑为赵括“纸上谈兵”。

1499 年弘治十二年己未，二十八岁，在京师。春闱会试第二名，殿试赐进士出身，二甲第七（全国第十名）。

1500 年弘治十三年庚申，二十九岁，在京师。授刑部云南清吏司主事，上书《陈言边务疏》。

1501 年弘治十四年辛酉，三十岁，在京师。奉命到直隶、淮安审决积案重囚，平反多件冤案。

1502 年弘治十五年壬戌，三十一岁。五月复命，八月告病归越城，筑室会稽山阳明洞天，静坐行导引术，能先知，后因其簸弄精神，不能成圣，摒去。自号“阳明子”，人称“阳明先生”。

1504 年弘治十七年甲子，三十三岁，在北京。秋季，主考山东乡式，撰写《山东乡试录》，拜谒孔庙，登泰山。九月改兵部武选清吏司主事（正六品）。

1505 年弘治十八年乙丑，三十四岁，在北京。开门授徒。王阳明与湛若水定交，共倡圣学。

1506 年武宗正德元年丙寅，三十五岁，在京师。徐爱拜师，未收。刘瑾擅权，二月，先生为南京言官戴铣上疏，下诏狱，廷杖四十，贬谪贵州修文龙场驿驿丞。父王华明升暗降调任南京吏部尚书。家庭变故致夫人流产，后终身未再孕。

1507 年正德二年丁卯，三十六岁，王阳明南下赴谪，中途去南京看望时任南京吏部尚书的父亲。十二月回越城，正式收徐爱为大弟子。

1508 年正德三年戊辰，三十七岁。春，至贵州修文县龙场，途中收多名弟子。大悟“圣人之道，吾性自足，向之求理于事物者误也”，史称“龙场悟道”。

1509 年正德四年己巳，三十八岁，在贵阳。受提学副使席书聘请主讲文明书院，始揭“知行合一”之旨。

1510 年正德五年庚午，三十九岁。刘瑾伏诛，三月，任江西庐陵知县，路过辰州、常州时教人静坐功夫。十一月入京，住大兴隆寺，和湛若水、黄绾订终日共学。十二月升南京刑部四川清吏司主事。

1511 年正德六年辛未，四十岁，在京师。正月调吏部验封清吏司主事。二月为会试同考官。十月升文选清吏司员外郎。

1512 年正德七年壬申，四十一岁，在京师。三月升考功清吏司郎中，穆孔晖、黄绾、徐爱等几十人同受业，讲学内容由徐爱记录整理，名《传习录》。十二月升南京太仆寺少卿，赴任南京便道归省。

1513 年正德八年癸酉，四十二岁，二月回越城。十月至滁州，督马政。地僻官闲，日与门人游琅琊山水间。新旧学生大集滁州，教人静坐入道。

1514 年正德九年甲戌，四十三岁。四月，升南京鸿胪寺卿，五月至南京，在南京教人“存天理、去私欲”。

1515 年正德十年乙亥，四十四岁，在京师。上疏请归，不允。八月写《谏迎佛疏》。立正宪为嗣子，正宪时年八岁。

1516 年正德十一年丙子，四十五岁，在南京。九月，经兵部尚书王琼特荐，升都察院左佥都御史，巡抚南赣汀漳等处。十月，回越城看望祖母和父亲，祖母岑氏九十七高龄。

1517年正德十二年丁丑，四十六岁。正月至赣，二月先平漳寇，四月班师驻军上杭，五月奏设福建平和县，六月上疏请疏通盐法，九月改授提督南赣汀漳等处军务，得旗牌，可便宜行事。十月平横水、桶冈等地，行十家牌法。十二月班师，闰十二月奏设江西崇义县。

1518年正德十三年戊寅，四十七岁。正月，征三浰。三月上疏乞致仕，不允，平大帽山、浰头。四月班师，立社学教化沿途当地百姓。五月奏设广东和平县。历经一年又三月，危害多年的四省流民暴乱被王阳明平定。六月，升都察院右副都御史，世袭百户，辞免，不允。七月，刻古本《大学》《朱子晚年定论》。八月，门人薛侃在赣州刻《传习录》。九月，修濂溪书院，四方学者云集于此。徐爱卒，王阳明为之恸哭。十一月，再请疏通盐法。

1519年正德十四年己卯，四十八岁，在江西。六月，奉命勘处福建叛军，至丰城，闻宁王朱宸濠反，遂返吉安，起义兵，平宁王之乱。仅43日，宁王之乱宣告失败。八月，武宗南下，与前来抢功悦君的宦官张忠、许泰群小周旋。祖母岑氏仙逝，乞便道省葬，不允。

1520年正德十五年庚辰，四十九岁，在江西。当年王艮投门下，后来王艮创泰州学派。

1521年正德十六年辛巳，五十岁，在江西。正月，居南昌，始揭“致良知”之教。三月，正德崩。世宗嘉靖上台。五月，集门人于白鹿洞。六月升南京兵部尚书。八月回越城，九月归余姚省祖茔，访瑞云楼，钱德洪等拜入门下。十二月，归越城为父王华祝寿，封“新建伯”，特进光禄大夫柱国，兼两京兵部尚书。

1522年壬午世宗嘉靖元年，五十一岁，在山阴。正月，疏辞封爵，二月，父王华仙逝，享年七十七，丁忧。首辅杨廷和旨意倡议禁遏王学。

1523年癸未嘉靖二年，五十二岁，山阴。来从学者日众。南京刑部主事桂萼大礼议得宠。

1524年嘉靖三年甲申，五十三岁，在山阴。正月，门人日进。四月，服阕，朝中屡有荐者，有人以大礼见问，不答。八月中秋，宴门人于天泉桥，盛况空前。十月，南大吉续刻《传习录》，增五卷。

1525年嘉靖四年乙酉，五十四岁，在山阴。正月夫人诸芸卒，四月祔葬于徐山。六月，礼部尚书席书力荐先生入阁，未果。九月，归余姚省祖茔，会门人于龙泉山中天阁，决定每月四次在中天阁授课。十月，建阳明书院于越城。

1526年嘉靖五年丙戌，五十五岁，在绍兴系统讲授心学理论。十一月，继室张氏生子正聪。

1527年嘉靖六年丁亥，五十六岁，在山阴。五月命兼都察院左都御史，征广西思恩、田州。九月，出征广西思恩、田州。出发前夜，天泉桥上证道，与钱德洪、王畿立善恶四句教法，谓“天泉证道”。十二月，抵达广西梧州，开府议事。十二月命兼任两广巡抚。

1528年戊子嘉靖七年，五十七岁，在梧州。二月平定思田之乱，然后兴学校，抚新民。七月破八寨、断藤峡之乱。十月，病重，上疏请告，被桂萼压住。十一月，启程返家，二十九日辰时（公元1529年1月9日8时）许，病逝于江西南安府大庾县青龙铺码头舟上，门人周积等人陪伴，留下“此心光明，亦复何言”的临终遗言。

1567年隆庆元年丁卯，五月，下诏赠王阳明为新建侯，谥文成，永为一代之宗臣，实耀千年之史册。

1584年万历十二年甲申，王阳明从祀于孔庙，奉祀孔庙东庑第五十八位。

附录二 明朝官员品级和俸禄

说明：明朝共传12世，历经16帝，享国276年，期间官制也颇有变化调整，如细加研究又是一部大书，此官制品级列表只是记述了明朝一代的大致品级情况，仅供读者了解书中涉及人物的官场起伏变化。

正一品（月俸八十七石）

太师　太傅　太保　宗人令　左右宗正　左右都督　左右宗人

注：在明代粮食多指大米，一石约为155斤，这里的斤不是我们现代的市斤（500克），而是明代的市斤（596克），明朝一斤为16两，一两为37.25克，所以明代一石粮食约合现在185斤（92.5千克）。

从一品（月俸七十二石）

少师　少傅　少保　太子太师　太子太傅　太子太保　都督同知

正二品（月俸六十一石）

太子少师　太子少傅　太子少保

［所谓三公就是：太师、太傅、太保（正一品）。所谓三孤就是：少师、少傅、少保（从一品）。太子太师、太子太傅、太子太保（从一品）。太子

少师、太子少傅、太子少保（正二品）。这些均为加官，用来表明受官者的功绩与崇高身份，没有实际管辖范围。]

尚书 [吏部、户部、礼部、兵部、刑部、工部。六部各设尚书一人，为正二品，直接对皇帝负责，尚书之下有左右侍郎（副部长）、郎中（司长）、主事等。]

左右都御使

都督佥事　正留守　都指挥使

从二品（月俸四十八石）

布政使　都指挥同知

正三品（月俸三十五石）

太子宾客　侍郎　副都御使　通政使　大理寺卿

太常寺卿　詹事　府尹　按察使　副留守

都指挥佥事使　指挥事

从三品（月俸二十六石）

光禄寺卿　太仆寺卿　参政

都转运盐使　留守司指挥同知　宣慰使

正四品（月俸二十四石）

佥都御史　通政　大理寺少卿　太常寺少卿　太仆少卿

少詹事　鸿胪寺卿　京府丞　按察司副使　行太仆寺少卿

知府　卫指挥佥事　宣慰司同知　提督四夷馆少卿

从四品（月俸二十石）

国子监祭酒　布政司参议　盐运司同知　宣慰司副使　宣抚司宣抚

正五品（月俸十六石）

华盖殿大学士　谨身殿大学士　武英殿大学士　文渊阁大学士　东阁大学士

春坊大学士　翰林院学士　庶子　通政司参议　大理寺丞

尚宝寺卿　光禄寺少卿　六部郎中　钦天监正　太医院使

京府治中　宗人府经历　上林院监正　按察使佥事　府同知

王府长史　仪卫　正千户　宣抚使同知

从五品（月俸十四石）

侍读侍讲学士　谕德　洗马　尚宝少卿　鸿胪少卿

部员外郎　五府经历　知州盐运司副使　盐课提举　卫镇抚

副千户　仪卫　副招讨　宣抚司副使　安抚使安抚　团练指挥使

正六品（月俸十石）

大理寺正　詹事　丞　中允　侍读

侍讲　司业　太常寺丞　尚宝司丞　太仆寺丞

行太仆寺丞　主事　太医院判　都督院经历　京县知县

府通判　上林苑监副　钦天监副　五官正　兵马指挥

留守司经历　都司经历　断事　百户　典仗正

神乐观提点　长官司副诏讨　宣抚佥事　安抚同知　善世正

从六品（月俸八石）

赞善　司直郎　修撰　光禄寺丞　光禄寺署正

鸿胪寺丞　大理寺副　京府推官　布政司经历　布政司理问

盐运同判官　州同知　盐课司提举　市舶司提举　河梁副提举　安抚司副使

正七品（月俸七石五斗）

都给事中　监察御使编修　大理寺评事　行人司正　五府都事

都察院都事　通政司经历　太常寺博士　大常寺典簿　兵马副指挥

营膳司所正　京县丞　府推官　知县　按察司经历

留守司　都司都事　副断事　审理　安抚司佥事　蛮夷长官

从七品（月俸七石）

翰林院检讨　左右给事中　中书舍人　光禄寺典簿

光禄寺署丞　詹事府主簿　京府经历　灵台郎

祠祭署奉祀　州判官　盐课司副提举　布政司都事　副理问

盐运司经历　卫经历　宣慰经历　招讨司经历　蛮夷副长官

正八品（月俸六石六斗）

国子监丞　五经博士　行人　部照磨　通政司佑事

京主簿　保章正　御医　协律郎　典牧所提领

营缮司所副　卫知事　府经历　县丞　煎盐司提举

按察司知事　宣慰都事

从八品（月俸六石）

清纪郎翰林院典籍　国子监助教　国子监典簿　国子监博士

光禄录事　光禄监事　鸿胪寺主簿　京府知事　运司知事

挈壶正　祠祭署祀丞　布政司照磨

正九品（月俸五石五斗）

校书　侍书　国子监学正　部检校　鸿胪寺署丞

五官监侯　五官司历　营缮所丞　府知事　龙江宝钞副提举

县主簿　长史司主簿　长史司典仪正　长史司典乐　牧监正

茶马大使　赞礼郎　奉銮知事　宣抚知事　安抚知事

从九品（月俸五石）

待诏　司谏　通事舍人　詹事府录事

司务学录　典籍　鸣赞　序班

司晨　漏刻博士　司牧局大使　牧监副圉长

太医院吏目　提举司吏目　盐课司吏目　州所吏目　副教授

染造大使　织染局大使　府仓大使　司库司大使　司狱副使

巡检副使　茶马副使　教坊司韶舞　司乐　按察司检校

府照磨　宣抚司照磨　典仪副教授　草场大使

军储大使　御马大使　都督府大使　门仓大使　军器局大使

典牧所副使　会同馆副使　文思院副使　伴读　颜料局副使

承运库副使　宝钞广惠副使　广积库副使　赃罚库副使　十字库副使

广盈库大使　太仓银库大使　太仆寺大使　京府库大使　都税大使

宣课大使　柴炭司大使　京府织染局副使　皮作局副使　鞍辔局副使

宝源局副使　织染所副使　正科　都纲

都纪　太常寺同乐都司　运司　府学　京卫　宣抚　宣慰司学教授

司牲司大使　杂造局副使　节慎库大使　营膳所丞